U0577111

作者简介

杨兴林 公历1958年3月生于湖北房县，法学博士，北京信息科技大学教授，主要学术著作有：《走向自由——领导艺术的把握与运用》、《现代政府决策论》、《国民素质论》、《新飞跃、新阶段——邓小平理论与马克思主义》、《全面建设小康社会与人的全面发展》、《新形势下马克思主义大众化问题研究》，发表学术论文200余篇，部分论文被《新华文摘》、《高等学校文科学术文摘》、《光明日报》等摘编，或被中国人民大学报刊复印资料有关专集复印。

当代人文经典书库

现代大学治理问题研究

Study on Modern University
Governance or Study on the Problems
of Modern University Governance

杨兴林◎著

光明日报出版社

图书在版编目（CIP）数据

现代大学治理问题研究 / 杨兴林著 . -- 北京：光明日报出版社，2016.12（2022.9 重印）

ISBN 978 - 7 - 5194 - 2582 - 1

Ⅰ.①现… Ⅱ.①杨… Ⅲ.①高等学校—学校管理—研究—中国 Ⅳ.①G647

中国版本图书馆 CIP 数据核字（2017）第 032773 号

现代大学治理问题研究
XIANDAI DAXUE ZHILI WENTI YANJIU

著　　者：杨兴林

责任编辑：曹美娜　　　　　　　责任校对：赵鸣鸣

封面设计：中联学林　　　　　　责任印制：曹　净

出版发行：光明日报出版社

地　　址：北京市西城区永安路 106 号，100050

电　　话：010 - 63169890（咨询），010 - 63131930（邮购）

传　　真：010 - 63131930

网　　址：http://book.gmw.cn

E - mail：gmrbcbs@ gmw.cn

法律顾问：北京市兰台律师事务所龚柳方律师

印　　刷：三河市华东印刷有限公司

装　　订：三河市华东印刷有限公司

本书如有破损、缺页、装订错误，请与本社联系调换

开　　本：710×1000　1/16

字　　数：323 千字　　　　　　印　　张：18

版　　次：2016 年 12 月第 1 版　　印　　次：2022 年 9 月第 2 次印刷

书　　号：ISBN 978 - 7 - 5194 - 2582 - 1

定　　价：95.00 元

目　录
CONTENTS

引　言

　　世界上最早具有真正意义的大学自博洛尼亚大学算起已近千年,在这千年的历史进程中,大学经历了从单一的培育人才为基本功能到以培育人才、科学研究为基本功能,再到培育人才、科学研究与社会服务为基本功能的发展延伸,从社会边缘逐渐进入到社会中心,成为国家强大、社会发展的强大引擎。有学者指出,人类社会自近代以来"科学活动中心"不断转移,而转移背后的强力支撑正在于大学发展,1540 至 1610 年间的意大利、1660 至 1730 年间的英国、1770 至 1830 年间的法国、1810 至 1920 年间的德国、1920 年以后的美国莫不如此。正是在这一意义上,早在 19 世纪中叶西方就有学者明确指出,大学已经成为人类社会发展的"动力站"和"加油站",深刻阐明了大学对人类社会发展的重大意义和作用。

　　我国近代意义的大学诞生于半殖民地半封建社会基础之上,经历了效法欧美、学习苏联,再到改革开放时期的新发展。其中,新中国的建立为我国大学发展开辟了崭新天地和广阔的发展远景,有力推动了我国国民素质提高和经济社会发展。进入改革开放新时期,我国大学更是进入前所未有的发展期,适龄人口中接受大学教育的比例大幅提高,从精英化教育快速进入到大众化教育,科学研究、服务社会的能力大幅度增强,对我国实现"两个一百年"发展目标和中华民族伟大复兴提供了巨大的智力支持和人才保证。与此相应,我国大学发展也面临各种复杂的现实问题,对现实的大学治理提出了严峻挑战,也提供了发展的重要契机,迎接挑战,把握契机,需要实践者的大胆探索,更需要理论研究者的深入思考。

　　北京信息科技大学 2004 年实现原北京机械工业学院和北京信息工程学院的实质性合并,学校党委在确定组织机构设置时,顺应国内外高等教育发展潮流及自身发展需要,设立了独立建制的高教研究室,主要职责是在校内组织开展高教研究活动,传播高教发展信息,进行校本研究,为学校发展决策提供咨询和建议。机缘巧合,本人进入高教研究室工作,基于知识基础及兴趣、特点和偏好,主要进行高教管理问题研究。弹指挥间,12 年过去。在 12 年里我与室内同事一起关注高等教育的国内外发展大势,深入学习、把握党和政府关于我国高等教育发展的重大方针和政策,立足学校发展现实,就学校发展的一些重大问题进行思考,发表了一系列论文,并且学以致用,将有关所思所得渗透于学校事业发展的"十一五""十二五""十三五"发展规划、有关重要工作报告及重要工作建议之中,对学校发展战略目标、人才培养目标的确定发挥了积极作用。其中,"应用型人才"理念自"十一五"规划开始一直成为我校人才培养目标,以"应用型人才"培养为主题的北京市高教研究规划重点课题获得批准,学校深入探索应用型人才培养的若干教学成果多次获北京市教学成果奖,其中一项获国家教学成果奖。

为进一步梳理自己在高教管理研究方面的所思所得,本人从发表的论文中抽出部分论文,经过重新审读,适当删减和调整,归纳为七个专题,定名为《现代大学治理问题研究》,算是对自己12年来研究工作的一个小结。

第一个专题是人才培养问题,主要阐述人才培养作为高校中心工作的确定性意义以及如何坚持这一中心工作不动摇;大学生创新意识与能力培养在现代大学的重要地位及其核心培养路径;拔尖创新人才的深层意蕴及其培养的基础和重点;再有就是适应我国高等教育大众化快速发展及地方经济社会发展需要,地方高校承担高素质应用型人才培养亟须实现的深刻转变。

第二个专题是学术评价问题。主要立足国内学术评价现状及学术评价本质,阐述了学术评价的突出特点、国内学术评价存在的认识误区及其矫正;代表作评价应当着力把握的关键要素和特征以及课题和经费不宜成为高校部分学科教师职务晋升学术评价条件的内在缘由。

第三个专题是学术争鸣问题,主要阐述教育无论是传统的还是现代的,其本质都在于智育与德育的完整统一,为了突出教育观念创新,生硬割裂二者之间的关系实不足取。高等教育的本质在育人,它的知识扩大再生产功能从属于育人功能,混淆二者之间的关系,理论上失当,实践中有害。教授治学是教授本质内涵的合理延伸,教授治校超越了教授的本质规定;教授治校是特殊历史条件的产物,现实中不宜机械照搬。依法治校是依法治国的本质要求,是依法治教的重要组成部分;大学依法行为的必要性不容置疑。

第四个专题是体制机制问题,主要阐述高校内部行政化的涵义、表现以及其"去行政化"的路径选择;高校中层干部年度考评在学校管理中的重要地位、突出问题及其矫正;学术委员会在现代大学治理中的重要地位及其有效发挥职能必须正确认识和处理的一系列重要问题;大学校长在大学的重要地位以及实现我国大学校长公开遴选的现实考量。

第五个专题是"双一流"建设问题,主要阐述国家推行"双一流"建设战略的根本价值追求、战略重点以及作为"双一流"建设重要意蕴的"一流专业"建设,同时阐述在"一流学科"建设中需要注意避免一系列已经存在和可能出现的认识误区。

第六个专题是学习借鉴问题，主要阐述美国教育学者肯·贝恩在《如何成为卓越的大学教师》中集中展示的美国杰出大学教师的卓越教学及其启示；美国大学在人才培养、科学研究、社会服务以及筹款办学方面的管理精粹及其对我国大学的重要借鉴意义；最后是创业型大学的重要意蕴、本质特点、理论边界和中国关切。

第七个专题是大学文化，主要阐述大学精神蕴涵最高、基本和具体三个层次及其相互关系以及当下我国大学有效培育大学精神的着力点；大学文化的意蕴、源头及建设；校友文化的涵义、中美两国大学文化的异同以及有效汲取美国大学校友文化建设经验，着力推进中国大学文化建设等问题。

自20世纪70年代中期任职民办教师开始，本人从事教育工作已逾40年，工作轨迹从小学、中学到大学，主体时间是大学教学，期间虽然一直承担部分管理工作，但始终没有离开教学一线，一直在与学生的交流、学习中度过，最近12年时间则是一边从事高教研究，一边继续从事中国特色社会主义理论的研究与教学，"舌耕"、"笔耕"不辍，如上所思所想，均源自工作实践与理论研习的碰撞与触动，其中部分论文发表后，曾被《新华文摘》《高等学校文科学术文摘》《光明日报》的论点摘编所选用，或被中国人民大学报刊复印资料有关专集全文收录，但是作为学术探索，其中势必存在这样那样的疏漏与不足，诚恳希望学界同仁赐教。

当下，国内大学的高教研究主要有两个取向，一是综合大学设立的高等教育研究院之类的学术组织，在从事理论研究与实践研究的同时，一直为高等教育学科的建设和发展探索、呐喊；一是其他大学设立的高教研究室之类的组织，主要从事校本研究。在12年的校本研究实践中，本人积淀有三点深切体会：第一，这类研究的价值追求是为学校制定、实施相关发展战略或为学校解决建设发展中的重大问题提供合理咨询或建议，因而必须具有强烈的问题意识，绝不能回避现实，为研究而研究。第二，这类研究的理论基点应当把握两个基本方面：一是大学如何立足和适应自身发展规律，始终坚守自己的本质与追求以及如何在不同时代背景、不同历史条件下有效贯彻自身的本质与追求；一是高校如何立足和适应经济社会发展要求，既为自身发展创造宽松的条件和机会，又为推动经济社会持续健康协调发展提供重要的动力和保证。第三，这类研究应善于做大学发展在思维和理念上的"稳定器"，当今时代的高等教育充满改革激情，各种改革理论、改革实践不断涌现，甚至于各种概念热炒，令人眼花缭乱，目不暇接，而大学的本质决定了它既需要改革，也需要守成，没有改革，大学的发展难免落后于时代，没有守成，大学则难以稳定持续地发展。与此相应,大学校本研究应当始终坚守理性精神,立足大学本质和规律,及时地分析、审视各种改革理论、思潮和实践,尽可能为学校决策提供一些合理的咨询和建议,吹进一些清新的风,使大学多一些清醒和镇定,少一些功利和热闹,明确地向着自己的发展目标稳步推进。此言是否有些道理,同样期盼学界同仁指正。

杨兴林

2016 年 11 月于北京信息科技大学

01

| 人才培养问题 |

人才培养作为高校工作的中心，既具有相对于高校其他工作的比较性意义，更具有高校特殊本质所决定的确定性意义。现实中，影响高校人才培养中心地位的客观因素纷繁，主观因素中，利益追求过度至为关键。高校牢固确立人才培养中心地位，必须着力突出"中心"意识，提高坚持人才培养中心地位的自觉性；改革内部管理体制，确保人才培养中心地位不动摇；创新人才培养模式，促进人才培养中心地位的实质性牢固。

现阶段我国大学生的创新意识与能力培养取得了不小成就，也存在突出问题。立足人才培养规律，借鉴国外高校经验，有效培养大学生的创新意识与能力必须将相关教育教学理念与要求有机融入培养方案以及教育教学全过程，严把课程教育教学关则是其核心路径，但这并不排斥多种类型和层次的学科竞赛以及课外科技活动在培养大学生创新意识与能力方面的作用，不过其中确有一个基本与提高的关系，二者绝不可倒置。本科生教育不同于研究生教育，创新意识与能力培养固然重要，要求却必须适度。

拔尖创新人才，一般是指在某一行业、某一领域、某一方面具有远高于同时代其他人才的专业造诣、智慧及远见，其思想与工作对社会及人类发展具有突出贡献的人才。拔尖创新人才的成长是一个系统的过程，并非某一环节突击培养就可达成。美国是培养拔尖创新人才最多的国家，但是它的研究型大学高度注重本科教育；我国有海外学位的学术精英大都接受的是中国的本科教育以及在世界顶尖大学的研究生院到处可见中国学生，并不能充分表明中国的本科教育水平"并不低"。本科教育是研究生教育的重要基础，没有高水平的本科教育，绝不可能有高水平的研究生教育，在拔尖创新人才培养中本科教育更为关键。

适应我国高等教育大众化快速发展及地方经济社会发展需要，地方高校应用型人才培养必须着力实现四个转变：专业及其课程的设置，应由与地方经济社会发展要求相脱节转变为紧密与地方经济社会发展实际相结合；人才培养和教学方式的组织，应由无差别培养转变为注重差异和差别，使每个学生的个性、特点都得到健康地发展；教学与科研关系的处理，应由重科研轻教学转变为以教学为中心，统筹教学与科研，使广大学生得实惠；实践教学问题上，应由理论与实践、第一课堂与第二课堂、校内实践与校外实践相割裂转变为统筹考虑和安排，确保实践教学各环节有序开展和落实。

关于人才培养中心地位的思考

《国家中长期教育改革和发展规划纲要》(2010～2020)明确指出,要牢固确立人才培养在高校工作中的中心地位。[1]其实,对这一问题,学术界此前曾有不少讨论,政府教育管理部门也曾采取过不少措施和方法,但就是收效不大,人才培养口头上是中心,实际非中心的情况仍不同程度地存在。育人原是高校之本,现在反而成了一个"老大难"问题,确实令人深思。不过,反思先前的学术讨论及政府管理部门采取的方法和措施,多局限于就事论事,"头痛医头,脚痛医脚",不能不是未能促使问题有效解决的重要原因所在。基于理论逻辑与现实逻辑的统一,笔者认为破解这个"老大难"问题,必须超越就事论事的思维,既要科学认识和把握"人才培养中心地位"的基本内涵与要求,又必须深入认识和分析现实中影响人才培养中心地位的关键性因素。本文的高校主要指以培养应用型人才为主的地方本科高校,人才培养也主要指应用型本科人才培养。

一、人才培养中心地位的科学认识与把握

"中心",原属方位意义的概念,是指与周围距离相等的位置。在社会科学意义上使用,多数情况下,它所体现的都是比较性意义,是指在一事物内部诸方面之间具有或发挥主导作用的方面,或一系统内部诸要素之间具有或发挥主导作用的要素,没有一事物内部诸方面之间或一系统内部诸要素之间重要性或重要程度的比较,就无所谓中心。因此,"中心"具有相对性和可变性,往往随一事物内部诸方面或一系统内部诸要素之间的变化而变化,发展而发展。但是,另一方面有些"中心"又具有高度的确定性,往往不可更移或改变。现实中,一些事物或社会组织的中心部分或功能天然地由其特殊本质所决定,在这些事物或社会组织变化发展过程中,其具体形式可能会发生变化或改变,但"中心"本身却绝不会因此而改变,否则就意味着这些事物或社会组织的终结。

人才培养作为高校工作的中心,既具有相对于高校其他工作的比较性意义,更具有高校特殊本质所决定的确定性意义,是两重意义的有机统一。把握其比较

7

意义,有利于在错综复杂的现代高校工作中清晰地凸显人才培养的中心地位;把握其确定意义,有利于自觉坚守高校的特殊本质与要求,确保高校始终以育人为本。在这样的意义上,所谓人才培养的中心地位,就是指人才培养是高校各项工作必须围绕它而开展,其他工作必须服从和服务于人才培养的需要,以促进人才培养,提高人才培养的质量与水平为出发点和归宿,绝不能背离人才培养要求,各行其是,更不能以影响甚至削弱人才培养的方式为前提。在人才培养工作体系中,教学又是所有工作的中心。没有教学工作中心地位的牢固确立,就不可能有人才培养中心地位的牢固确立。衡量人才培养质量与水平的标准,首先是教学工作的质量与水平。衡量一所高校人才培养投入的力度,首先是学校、基层院系及一线教师对教学投入的力度。其中,学校投入是前提,基层院系投入是关键,教师投入是保障,是实现。学校投入主要是教学经费的投入,教学的宏观组织与管理的投入以及时间和精力的投入;基层院系投入,主要是直接从事教学组织及其时间与精力的投入;教师投入,主要是教师在实施具体教育教学过程中精力、时间、责任心、事业心及其爱心的投入。与人才培养的中心地位相适应,相对于高校内部所有机构,直接从事人才培养的教育教学管理及组织机构自然居于中心地位,它们的建设和发展必须受到高校的优先考虑和重视,其中特别是管理人员的配备,必须精干高效,熟习教育教学以及管理工作的规律与特点,能够有效满足人才培养的需要。相对于全体教职工,直接从事教育教学的教师尤其居于中心地位,不仅其工作应当受到优先考虑和尊重,工作条件、发展要求及价值实现也应得到优先解决和满足。其中,师资队伍建设更是必须在职工队伍建设中居于优先、关键和突出的地位。这是高校人才培养中心地位的根本要求与保证。

牢固确立人才培养中心地位,不仅是高校的特殊本质所要求,更是我国社会主义现代化建设所要求,是"教育兴国、教育立国、教育强国"[2]的国家意志所要求。当今中国,面临国内外发展的巨大压力和挑战。世界格局大变革、大调整,科技进步日新月异,人才竞争日趋激烈,发达国家对我国的科技优势和经济优势压力仍然很大。国内改革发展正处于关键阶段,经济、政治、文化、生态、社会建设全面推进,工业化、信息化、城镇化、市场化、国际化深入发展,人口、资源、环境压力日益加大,经济发展方式加快转变,所有这一切都迫切要求进一步提高国民素质,提高教育发展质量,着力使我国从人力资源大国向人力资源强国转变,从世界教育大国向世界教育强国转变。高等教育是为国家培养拔尖创新人才和高素质专门人才的教育,在实现这样"两个转变"过程中担负着极其重要的任务。完成这一重要任务,客观上要求高等教育必须把"重点放在提高质量上",[1]坚持以人才培养为中心,以教学工作为中心。还应当看到,牢固确立人才培养中心地位,在现阶段尤其具有特殊的重要性和迫切性。随着我国高等教育大众化快速发展,有的地区在单纯毛入学率指标上甚至已经快速进入普及化,高校生源大幅度增长,除"985""211"高校生源基本仍属精英范畴外,①其他高校生源与过去相比,在综合知识基础、自学能力、学习兴趣与能力倾向等方面均产生了显著的差异,这些高校要适应国家特别是地方经济社会发展的需要,引导各方面情况差异较大的学生在世界观、人生观、价值观、知识、能力、心理、情感、行为习惯等方面和谐发展,学校管理者,特别是直接从事教育教学的教师必须投入比过去更多的时间和精力。同时,即使对于"985""211"高校而言,它们的生源虽然仍属精英教育范畴,但与过去的精英教育相比,今天的生源在思维、眼界、评判问题方式等方面都已呈现出明显不同的特点和差异,与现实社会重大变化相适应,精英人才的标准与要求也发生了重大的变化与不同。在这种情况下,肩负为国家和社会培养拔尖创新人才和高级专门人才的"985""211"高校,同样需要比过去投入更多的时间和精力,牢固地树立以人才培养为中心,以教学工作为中心,致力于学生的健康成长和成才。

二、现实中影响人才培养中心地位的关键因素

以人才培养为中心,本是高校的特殊本质所决定,现在却成了一个"老大难"问题,需要国家以教育发展的纲领性文件来强调,似乎不可思议。其实原因确实错综复杂,从不同视角审视,既有主观的原因,也有客观的原因;既有国家管理层面的原因,又有高校自身管理的原因;既有高校领导者、管理者方面的原因,又有教师和教育工作者自身的原因;既有市场经济的影响,又有人的价值追求失范等等。比如,从客观方面说,与欧洲中世纪时期诞生于意大利的教师和学生自治体不同,现代大学结构复杂,组织严密,关系纷繁,头绪众多,既要履行人才培养、科学研究、社会服务等功能,又要处理大量党、政、工、团等事务,还要与外部利益相关者保持联系和沟通。这种复杂状况,既易在客观上分散高校人才培养精力,使人才培养的中心地位事实上受影响,打折扣,又极易使高校管理层在不知不觉的状态下减弱对人才培养的精力和重视。在全国高校本科教学水平评估过程中,不少高校都是在"以评促建、以评促改、以评促管、评建结合、重在建设"的过程中集中出台教育教学管理文件,有的甚至在教育部专家组进校前几个月还在集中出台相应规章和制度,就很能说明问题。不过,另一方面,深入考察我国高校发展现

---

① 严格地说,部分"211"高校事实上也较大程度地承担了"大众化"教育任务,但在整体上,"985""211"高校生源却毫无疑义的属于精英教育生源。为分析方便,文中对"985""211"高校未作进一步区分。

实,也不难发现:其关键因素却不能不是渗透于众多原因之中的利益追求过度。与之相应,科学分析和认识这一问题的表现与影响,对于广大高校认真落实《国家中长期教育改革和发展规划纲要》精神,采取有力措施,牢固确立人才培养中心地位,自当十分重要和关键。具体而言,利益追求过度,表现主要有四:

其一,过度的科研取向导致重科研轻教学,不仅直接分散教师教书育人的精力,也极易扭曲学校和教师从事人才培养的价值追求与取向。科教兴国,高校具有义不容辞的责任和义务,既需要努力为国家培养大批高质量人才,又需要利用自身丰富资源为国家科学技术发展作贡献。但是,在这一过程中,由于各种复杂的原因,一些学校出现了科研追求过度的倾向。无论是研究为主还是教学为主的高校,都极力强调论文、著作,科研经费、课题和获奖,科研业绩不仅成为教师职称评聘和获得各种荣誉的硬指标,而且还能得到优厚的奖励和待遇。迫于过度科研追求的压力与导向,广大教师不得不花费大量时间填表格、作申请、跑关系、找课题,严重削弱其直接从事人才培养的精力。其中,特别有两种情况对人才培养的影响极为消极。一是,一些学校为片面追求科研经费总量,往往饥不择食,不管什么课题,都予以奖励,以至于有些横向课题立项人,甚至根本不知道自己的课题到底要做什么,到校经费又很快以各种形式报销返回,这样的课题虽然表面增加了学校科研经费的总量,事实上却鼓励了造假行为。二是,为提升知名度,一些学校片面追求科研获奖,不仅频繁地组织教师填写申请和表格,而且花费大量时间和经费疏通"关系"和"门路",有的甚至滋生出种种形式的科研造假,既严重削弱教师教书育人的时间和精力,也严重扭曲高校及其相关教师教书育人的价值追求与取向,对人才培养中心地位的损害十分突出。

其二,对教学质量工程"标志性成果"的过度追求,往往导致部分或某些教学改革成果奖及教学团队与专业建设项目"含水分",同样严重扭曲学校和教师从事人才培养的价值追求与取向。"高等学校本科教学质量与教学改革工程",曾是国家适应我国高等教育大众化快速发展所采取的重大举措,为有效推进这一工程,国家教育主管部门设立了教学改革成果奖,优秀教学团队建设、特色专业建设等项目,各省市亦推出相应举措。这些奖项与建设项目,为增加高校教学投入,改善教学条件,提高高校和教师推行教育教学改革,提升人才培养质量与水平的积极性与主动性,发挥了积极作用。但不容忽视的是,由于这些奖项和项目既能为高校带来不菲的经费,又在世人眼中实际成为学校教学质量与水平的标志,因而为尽可能获得或较多地获得这类标志性成果,各高校无不在组织申报上投入很大精力,有的甚至在实际工作与申请存在较大差距的情况下,花费大量时间在申报材料上"动脑子",各种关系上"做文章"。其结果,不可避免地使国家或省市教育主管部门批准的部分奖项或建设项目名不符实,不仅无法使广大学生真正获益,反而因其操作者的不良心态和作法而对校风、学风和人才培养滋生严重的负效应。

其三,过度的经济效益追求,严重影响高等教育的教学与管理,影响人才培养的质量与效益。随着社会主义市场经济体制逐步建立,我国高校在为经济社会培育人才、创新知识、提供服务过程中,逐步产生了讲求效益的观念,相比于计划经济体制下办学,这是历史的进步。然而,一些高校对效益却仅从经济意义去理解,讲效益变成了单纯讲经济效益,由此滋生出一系列影响和损害人才培养质量的行为,如有的学校,一些专业虽然只能招一个标准班,却硬要招两个,便于经济合算;基础课、专业基础课大班、超大班教学,教室和课时费在得到尽可能节约的同时,学生听课效果却大受影响;教室、实验室超负荷运转,学生自习时间无空余教室和实验室资源可利用,以至于正常的教学管理在不自觉或不得已中放松,管理者及相当一部分教师责任心下降,教学质量的基础被削弱,人才培养的中心地位当然得不到有效的保障。

其四,过度的行政取向与政绩追求,直接影响人才培养中心地位的保证。过度的行政取向,实际就是高校管理行政化。行政权力蕴涵的资源与利益,往往导致人才培养一线教师自觉不自觉或者不得不崇尚"学而优则仕",严重削弱一线优秀教师资源。有的学校,一个处长职位竟有几十名教授去竞争,正是这类问题中的突出表现。过度的政绩追求,就是校内有关职能部门或学校管理者出于各种因素的考虑,通常将某一时期获得某种政绩作为基本的工作目标和方针,只要完成了相应工作,获得了政绩,就达到了目的,至于这样的政绩与人才培养到底有多大关系,却很少考虑或根本不考虑。现实中,这类纯粹的政绩追求不仅严重地与人才培养争资源,甚至渗透进人才培养工作,导致一些重要工作往往停留于形式,无从真正发挥预期的作用,达到预期的目的。

三、牢固确立人才培养中心地位的思考

牢固确立人才培养中心地位,在国家大政方针已定的情况下,主要是高校内部管理的问题,是高校办学指导思想的问题。基于上述有关人才培养中心地位内涵的探讨以及影响人才培养中心地位因素的分析,有效解决这一问题,高校尤其需要在三个方面着力:

(一)着力突出"中心"意识,提高坚持人才培养中心地位的自觉性

意识是实践的先导。牢固确立人才培养中心地位,高校首先必须以着力突出"中心"意识为前提。汲取历史经验与教训,一是在办学指导思想上,必须着力突出"高校就是高校"的意识。高校是一个以育人为本的社会组织,虽然人们公认现

代高校有培育人才、科学研究、社会服务三大基本功能,但育人始终是其首要和根本,正是它从根本上决定了大学之所以是大学,而不是其他任何社会组织。现实地看,人才培养中心地位在我国高校之所以成为"老大难"问题,从根本上说,就在于这一意识尚未成为高校的自觉。正因为如此,着力突出"高校就是高校"意识,对于牢固确立人才培养中心地位就具有根本性意义。二是在学校工作布局上,必须自觉突出以利于人才培养为前提的意识。现代高校作为一个复杂社会有机体,确实需要科学安排和处理多方面的利益与关系,但无论是何种利益与关系,它们都只能以人才培养的存在为前提,都只有在人才培养有效开展及其质量稳步提高的前提下才有价值和意义。与此相应,高校的经费、人力和物力等安排等都必须在确保人才培养的前提下统筹;同样地任何部门或方面的政绩意识或追求,也必须服从和服务于这一前提的要求。三是在教职工利益关系处理上,必须突出以教师为办学主体的意识,着力关心一线教师核心利益的解决。所谓教师核心利益,最为基本的是教师职务评聘和业务提高两方面。教师职务是学术水平的反映,获得教师职务是教师自我价值的重要实现,有些学校却由于种种原因,教师职务评聘多处于非持续状态,许多本该早就解决的问题拖而无期。业务提高方面,广大高校面临的突出问题,就是适应大众化背景下大量培养应用型人才的需要,采取得力措施,为教师特别是年轻教师创造社会实践和工程实践的机会,着力提高实践教学能力。这一问题,虽说早已引起有关高校重视,却就是多挂在口上,写在纸上,不能有效落实于实际。这两方面问题的存在,严重影响教师的成长和发展,也影响教师特别是年轻教师的积极性和主动性,客观上使人才培养中心地位受到严重影响。正因为如此,着力关注和解决这两方面问题,也就成为高校着力突出"中心地位"意识的重要要求和体现。

(二)改革内部管理体制,确保人才培养工作中心地位不动摇

改革高校内部管理体制的问题相当复杂,对牢固确立人才培养中心地位而言,从现实看,急需解决的问题有二:一是必须着力明晰书记、校长作为人才培养第一责任人的内涵与要求,切实促进第一责任人作用的发挥。应当说,经过几年的本科高校教学水平评估,高校书记、校长作为人才培养第一责任人的地位已经明确,这对于围绕人才培养统筹高校工作,牢固确立人才培养中心地位具有重要意义,但也应当看到,现实中无论官方文件还是高校管理文件对第一责任人的权力与责任等都还缺乏明确的界定,学术界和政府教育管理部门应加强研究,尽早促成这一问题的解决。当然,从根本上讲,还是要着力建立健全甄选教育家办学的体制和机制,毕竟"大学的兴旺与否取决于其内部由谁控制"。[3]毫无疑问,人才培养中心地位能否牢固地在高校确立,在根本上当然取决于有无教育家或有志于

成长为教育家的校长领路和导航。另一问题是要着力统筹教学与科研的关系,使其有效服务于学生成长和发展。人才培养、科学研究都是现代高校的重要功能和责任,在高校内部管理中处于十分重要的地位,学校领导分工,一般都是由两位副校长分别负责,具体工作设教务处、科技处管理。从教学与科研的内在关系看,二者也确实联系紧密,相互促进。但不容否认的是,现实中由于过度科研取向的影响,教学与科研关系的处理,存在着相当程度的矛盾,甚至是分力大于合力。解决这一问题,最为根本的是要在牢固树立全校一盘棋的前提下,着力把教学与科研作为一体来统筹,体制上可以考虑主管教学与科研的校领导相互兼职,如教学副校长同时兼管科研,科研副校长同时兼管教学,主管全局工作的书记、校长尤其要加强对两个方面的统筹和协调,确保二者有机整合,克服分力,增强合力,相互促进,使广大学生受益。

(三)创新人才培养模式,促进人才培养中心地位的实质性牢固

牢固确立人才培养中心地位,说一千,道一万,最根本的还在于对"信念执著、品德优良、本领过硬的高素质专门人才和拔尖创新人才"的培养,[1]没有稳定的人才质量为保证,就没有人才培养中心地位的实质性牢固。契合当今时代和我国经济社会发展趋势与要求,立足我国高校人才培养现状,着力提高人才培养水平,使人才培养中心地位得到实质意义的牢固,大力创新人才培养模式极为重要。对此,关键是要在五个方面着力:一是,培养目标必须适应大众化背景下高校生源基本素质的品格与特点,着力从过去同专业同目标的"大一统"思维转变为注重差异、差别,实施分类培养的多样化思维,促进学生的全面成长和多样化成才。二是,课程设置必须由简单照抄照搬官方规定或他校经验转变为立足具体培养目标,着力构建总量、比例、单元群落科学合理的课程结构与体系,有效提高教学的针对性和科学性,努力提高人才培养的质量与效益。三是,教育教学组织必须由过去的整齐划一转变为立足大众化生源特点与要求,因材施教、因才施管,保证不同素质特点的学生学得其所,健康成长。四是,在培养体制机制建设上,必须推进"学校-社会"合作办学,积极探讨、创立高校与科研院所、行业、企业联合培养人才的新机制,共同研讨有关专业的设置、改造以及教育教学培养方案的制订与修订,共建教师团队、实验室和教学实践基地,从根本上保证高校的专业设置、课程内容、人才培养更加贴近经济社会发展需要,促进高校与合作方发展的"双赢"。五是,人才培养质量的检测评价,必须由过去不太重视培养目标、教学内容、培养结果的内在一致转变为以紧扣培养目标、教学内容和培养结果的一致来进行,同时要更加重视社会评价,建立健全落实社会评价的制度与机制,使社会评价成为高校人才培养的重要"参考仪"和"校正仪",有效推动高校人才培养质量与水平

的提高。

参考文献:

[1]国家中长期教育改革和发展规划纲要[N].中国教育报,2010-07-30(1-3).

[2]刘延东.在全国教育工作会议上的总结讲话[N].中国教育报,2010-09-20(1-2).

[3]林永柏,邬志辉.教育家办学:高校的期待[N].光明日报,2010-09-29(11).

全面发展视角的大学生创新意识与能力培养

　　适应当今时代科学技术及社会的飞速发展与变化,我国高校教育必须注重把学生的创新意识与能力培养放到突出的地位。现实中,蓬勃开展的实践确已取得不小成就,也存在不少需要认真思考和解决的问题。下面,笔者试在全面发展视角下对大学生创新意识与能力培养的核心路径略作探究,希冀能够对相关理论研究及其实践发展提供一些有益的借鉴或启迪。要说明的是,本文的分析更多的是针对我国地方高校(除去属于"211"工程建设以外的地方高校)应用型本科学生培养而言。

一、全面发展视角下大学生创新意识与能力培养现状审视

　　人的全面发展,指的是人的智力、才能、素质、兴趣、个性、情感、意志等方面的自由而协调发展。它是马克思关于共产主义社会的本质规定、基本原则和价值追求,也是"建设社会主义新社会的本质要求"。[1]大学生是我国社会主义现代化建设者和中国特色社会主义事业接班人的后备军,更是必须着力推动全面发展的社会群体。

　　大学生全面发展的基本内涵无疑就是马克思关于人的全面发展的基本内涵。但是,大学生的全面发展,主要可以理解为德、智、体、美、意志、心理、情感等方面的全面发展,各方面相互联系,相互促进。其中,德、智、体三方面尤为基本。德是导向,是引领,是其他方面素质健康养成、发展、提升之"帅";智是核心,是关键,是其他方面素质健康成长、发展、提升之"资";体,是物质基础,是支撑,是其他方面素质健康养成、发展、提升的重要保证。创新意识和能力,既是智的重要内涵,又是智的集中体现,是人们对已获取知识的创造性运用和发展。创新意识和能力的强弱是智力强弱的突出体现。哲学家培根指出:"学问底本身并不教人如何用它们;这种运用之道乃是学问以外,学问以上的一种智能。"[2]这种智能,本质上就是创新的意识和能力。法国哲学家拉·梅特里指出:"有多少迂腐的学究,辛辛苦苦了四五十年,被偏见的重荷压得弯腰驼背,比被时间压得还要厉害,看起来什么都

学会了,却单单没有学会思想。"[3]"没有学会思想",就是没有学会创新性思考,就是缺乏创新的意识和能力。如果说,一个人没有德或道德素质低下不能够正确地做事,无法有益于社会和人民;没有良好的身体及美育、意志、心理、情感等素质,将无法保证人的多方面素质有效地发挥,再好的愿望也可能难以实现,而没有良好的智育素质,尤其是没有良好的创新意识与能力,一个人虽然能够一般地做事,却绝不可能为社会和公众做出有重要贡献的事。

当今时代,世界科学技术特别是高新科学技术飞速发展,发达国家在经济、科技方面仍给我们以巨大的优势压力,我国的现代化又是"后发外生型"现代化,在一个高度压缩的时空里,既要完成第一次现代化即工业化的繁重任务,又要同时进行第二次现代化即信息化建设,种种困难和挑战以叠加的方式呈现。就今天而言,我们事实上已经面临或将要面临五个方面的巨大挑战,这就是:物质资源包括能源资源短缺的挑战;生态环境恶化的挑战;经济社会发展不平衡导致的一系列严峻问题的挑战;未来岁月可能发生的巨大自然灾害的挑战;当前国际范围同时发生的金融、能源、粮食三大危机以及未来岁月国际范围可以预料和难以预料的种种危机的挑战。同时,还面临巨大人口和就业压力的挑战。有资料显示,现阶段我国每年新增就业人员 2400 万,市场只能容纳 1200 万,就业岗位供需存在巨大缺口,[4]全国大学毕业生连续多年高达 100 余万人无法当期就业。[5]有效应对种种严峻的挑战和困难,根本途径只能是坚持不懈地实施科教兴国战略,着力提升国民素质,努力实现由人口资源大国向人力资源强国的转变。其中,大力提升大学生群体的综合素质,尤其是要把创新意识和能力培养置于大学生教育的重要地位。

从现实看,大学生的创新意识与能力培养已经引起了党和国家及高等教育领域的高度重视。一方面,从党和国家领导人有关高等教育人才培养的重要讲话以及相关政策与文件,到各类高校发展改革的指导思想与方案、人才培养模式创新以及有关人才培养的理论研究等,大学生的创新意识与能力培养都是特别强调或突出的高频词;另一方面,从国家到地区以及高校层面,各种各样的学科竞赛、创新竞赛、课外科技活动持续推行。特别是在高校层面,有的为鼓励大学生科技创新,制定、出台了一系列政策和制度,如将各种学科竞赛、创新竞赛的获奖等级折算成学分,抵消某些课程的选修或必修;有的为解决大学生科技创新的经费困难,从教学经费中列出大学生科技创新专项,相当多的高校建立了大学生科技活动中心,实验室实行大学生自主管理和开放。所有这些都有力地塑造了大学生创新意识与能力培养的氛围与环境,推进了大学生创新意识与能力的增强。但是,不能不看到,当下我国高校关于大学生创新意识与能力的培养,也确实存在值得认真思考和高度重视的问题。

其一,概念理解存在严重偏差。大学生创新意识与能力培养是一个涵义很广的概念,蕴涵在人文、社会、专业等多方面内容的基本知识学习和把握、科学思维方式的启迪与训练、多视角发现问题、解决问题的引导与体验,实践技能的培养与把握,社会实践、工程实践的综合性训练等等过程之中,其价值追求在于大学生的全面发展。现行的学科竞赛、科技竞赛、课外科技创新等活动,主要是培养大学生的科技创新意识和能力,尽管它在大学生的创新意识与能力培养中占有极其重要的地位,却绝不能够等同或代替大学生创新意识与能力培养。

其二,对象严重缺位。诚然,大学生群体中的不同个体在综合知识基础,发展潜质、兴趣、特长以及能力倾向等方面确有不同,但是这种情况并不剥夺那些相对弱势的学生在创新意识与能力培养方面所享有的基本权利,着力培养所有大学生的创新意识与能力是高校及其教师应尽的责任与义务。当然,在实现创新意识与能力培养权利人人平等的前提下,学校和教师为那些发展潜质优异,兴趣、特长及能力倾向突出的学生更多地提供一些锻炼的条件和机会,不仅无可非议,而且正是因材施教的本质要求。现实情况是,不少学校参加学科竞赛、创新竞赛、开展课外科技创新活动的学生都是精心挑选出来的少数"尖子",有专门的教师辅导和专门场地的训练,对绝大多数学生的培养在很大程度上仍是单一的信息传播式课堂教学,实验、实践在一些学校往往因条件的限制大大"缩水"。就实验而言,往往多是验证性实验,综合性创新性实验很少,并且往往因课时等因素限制,实验质量难以有效保证。社会实践、工程实践方面,往往因为各种条件限制,相当程度上得不到有效落实。即使一些学校推行的大学生科技创新立项,学生自由申请、专家评审、学校决定,但最终能够立项者也是极少数"尖子",大多数学生的创新意识与能力培养仍然无法实现。

其三,价值追求严重扭曲。大学生的创新意识与能力培养本应面向全体学生,然而由少数"尖子"参与的学科竞赛、创新竞赛获奖却更容易为学校彰名,面向全体大学生的创新意识与能力培养固然重要,但它既受所有教师教学理念、方式、方法,特别是创新意识与能力的制约,又受不同学生学习兴趣、智力潜力、能力倾向等多方面制约,[6]培养过程比辅导少数"尖子"的学科竞赛或课外科技创新活动费力得多,出成效也慢得多,因而一些学校为追求人才培养的"标志性"成果,往往在各种竞赛类活动上为参赛选手提供各种优惠的条件和机会,甚至"一俊遮百丑",只要竞赛获了奖,不仅按获奖级别、等级折算相应学分,冲抵相应课程,甚至对其因准备竞赛而受到影响的课程考试也采取加分、照顾等方式。这种做法看似重视大学生创新意识与能力的培养,实则是一种片面的政绩追求,不仅对提高全体大学生的创新意识与能力没有帮助,也不利于少数"尖子"生本身的全面发展。

二、国外高校大学生创新意识与能力培养借鉴

在我国,着力推动大学生包括创新意识和能力在内的全面发展,是高校及其教师义不容辞的责任和义务,也是每一个大学生享有的基本权利。对高校而言,要在保证推动每一个大学生全面发展的前提下,有效培养其创新意识与能力,当然必须将相关教育教学理念与要求有机融入大学生的培养方案以及教育教学全过程,其中特别是有机融入相关课程教育教学的全过程,严格课程教育教学关则是其核心路径。在这方面,国外高校有许多成熟的有益经验。笔者所在的北京信息科技大学,在"十一五"计划期间为创新人才培养模式,培养适应首都经济社会发展和行业发展需要的创新能力较强的高素质应用型人才,多次派出管理人员和教师团组到美国、英国、爱尔兰、德国、法国、澳大利亚等国的同类高校深入调研、交流和学习。虽然不同的国家,国情不同、校情不同,但是,其中确有许多经验值得认真汲取和借鉴。

第一,培养方案的制定注意兼顾国家要求、历史传统以及科学技术发展的趋势,注重面向行业和人才,尊重学生意愿,重视校友意见反馈,注重学科知识体系和基础理论的学习,强调工程实践能力、创新能力以及应变能力的培养。培养目标贴近现实,保持对环境的高度敏感,注重对市场的分析和预测,并且以满足市场需求为目标确定人才培养的整体素质要求。这方面,美国的辛辛那提大学很有代表性,它特别注意立足市场需求,着力培养学生的批判思维能力、知识综合能力、有效沟通能力和社会责任感等核心素质。

第二,课堂教学注重以学生为中心,重视学生的主动学习、经验学习、互动学习、团队学习,让学生学会学习、学会做事、学会创新。欧洲理工学院的计算机学院在这方面尤其出色,它所推行的"游泳池"教学模式相当成功。新生入学正式开课前,就安排3个月上机实践,学生围绕教师布置的项目作业查找资料、相互讨论、寻找解决问题的方法与思路,完成项目作业。进入课程学习后,教师们对相关课程的讲解也只是提要式,甚至干脆通过布置项目作业指导学生边学习边解决问题。由于教师的项目作业库来自企业实践及工程实践的积累,学生完成这类项目作业的过程,既是学习相关课程知识的过程,更是不断开动脑筋,培养解决实际问题的创新思维和能力的过程。

第三,推行小班教学,为有效培养学生的创新意识与能力提供重要保证。国外高校,教学班人数虽然不尽一致,但基本上都在20人左右,最大不超过30人,不仅为教师在教学过程中充分与学生沟通提供了保证,而且非常方便各种讨论活

动的开展以及相应实践的开展,有利于充分调动学生学习的积极性和自主性,培养学生的创造性思维与能力。

第四,教学与科学研究相结合,科学研究自觉为教学服务。教师们不仅立足学科发展承担各类课题,开展科学研究,而且十分注重将自己研究的最新成果转化为教学内容,不断提升相应课程的教学质量与水平,将学生引领到学科发展或企业生产、工程实践前沿,有力保证了大学生创新意识与能力培养水平的提升。

第五,检测评价注重知识的理解和运用。考试、考查没有难题、怪题,有的甚至给出解题所需的公式及数据,但测试题却只有充分开动脑筋,灵活运用知识才能完成,并且一门课程的教学有多次阶段性检测,每次检测都旨在检查学生科学理解和灵活运用知识的能力,以确保学生创造性地掌握课程内容。最终成绩由最终检测及历次检测综合确定,但历次检测成绩占居较大权重。这样的检测,既给学生以正确的学习导向,即必须全面掌握、灵活运用所学知识,不能心存任何侥幸,又是对学生分析问题和解决问题能力的进一步培养,无疑是培养学生创新意识与能力的重要基础。

第六,课程实习、实践注重深入企业和社会解决实际问题。所有高校都与企业、社会保持密切的联系。美国巴尔的摩大学的商学院,每门课程都要安排两周左右的企业实习,学生们根据课堂所学知识、企业实际进行实际市场调研,发现问题,提出对策,制定解决方案,提供企业选择,企业获得了较低费用的劳动力,学生们获得了实际发现问题、分析问题与解决问题的机会,深受企业和学生欢迎。除课程实习外,还有交换项目实习,通常由相关教授带领学生到有关国家或地区的交换单位进行较长时间的专题调查、研究和策划,提出解决问题方案,甚至还要将方案付诸实施,取得实际效益。

第七,毕业设计真题真做,尽可能从企业或工程实践中获得真实问题,依托企业先进技术、先进实验条件及其他有利条件,充分发挥自己的创新思维与能力,按照企业要求完成毕业设计,成果直接为企业所用。当然,毕业设计也可以源自学生的专业学习或企业实习等过程中的发现,依托学校的图书、情报和实验条件等完成,但是必须具有实用价值,毕业设计完成后,学校都要尽量向企业推荐,以获得实际应用和效益。

三、全面发展视角下大学生创新意识与能力培养的核心路径

借鉴国外高校大学生创新意识与能力培养经验,着眼于人的全面发展,将大学生创新意识与能力培养的教育理念与要求有机融入培养方案及其教育教学全过程,尤其是遵循大学生创新意识与能力培养的核心路径,严把各门课程的教育

教学关,使大学生创新意识与能力培养的基础坚实而牢固,从我国高校实际出发,也至少应当考虑七个方面:

一是,精心研究教学内容,科学设置课程体系,为大学生创新意识与能力培养提供必备的前提。现阶段,我国高校本科教学的一个突出问题是片面理解宽口径培养,课程设置多多益善,在总课时压缩的情况下,具体课程特别是专业基础课、方向课的课时过少,通常连基本教学内容都无法完成,根本无法安排足够的练习和实践,更谈不上综合性、创新性实验与实践,学生连牢固掌握基本知识、基本技能都无法做到,创新意识和能力培养自然无从提及。有效改变这种状况,其根本措施就是立足不同专业培养目标,突出能力培养要求,根据课程之间的逻辑联系及其与实现整个课程体系培养目标的关系,划分出相对独立又密切联系的若干课程单元,对各单元内部相关课程的内容选择、教学重点、教学目标等进行科学划分和整合,构建逻辑严密的教学内容体系,精简课程数量,增大课程教学时数,为学生牢固掌握基本知识和技能,进而有效培养创新意识和能力提供相对宽松的前提。

第二,采取得力措施改变大班教学,尽量实行小班制,着力推动教师教育教学方式的多样化和灵活性。我国现阶段存在的一个突出问题是随着高等教育大众化,有的地区甚至是普及化的快速发展,不少高校在校生人数大增,但资源紧张的情况尚未得到根本性改变,也由于片面的经济效益追求,大班授课十分普遍,教师既无暇针对不同学生实际有针对性地教学,更无法组织利于学生创新意识与能力培养的各种教学活动,机械灌输成为常用的教学方式,以至于无论是基础较好还是基础较差学生的学习要求都无法满足,久而久之进校时的满腔激情逐渐消解,学习的内在动力逐渐降低,创新意识与能力培养自然无从提及。严把各门课程教育教学关,为大学生创新意识与能力培养奠定坚实而牢固的基础,这种状况必须改变。

第三,改变单一的信息传播式教学方式,引导学生主动学习、经验学习和互动式学习,不断激活大学生的创新意识与思维,培养大学生的创新习惯与能力。单一信息传播式教学在我国高校本科教学中长期存在,学生的主体作用难以有效发挥,掌握知识的路径多是被动地以教师讲授为转移。有效培养大学生的创新意识与能力,必须牢固确立大学生在学习中的主体地位,把科学组织、引导大学生主动学习、经验学习、互动学习作为教育教学的主要方式,使大学生对每一知识内容的学习和把握都建立在主动思考、积极实践的基础上。这样的过程本质上正是创新意识与能力逐步培养的过程。

第四,严把作业训练环节,科学设置作业内容,融大学生创新意识与能力培养于基本知识与技能的严格训练中。作业训练既是大学生熟习知识、掌握知识的过程，也是熟能生巧、巧能生华的过程，而生巧、生华，正是创新的重要体现。值得指出的是，在我国现阶段的本科教育，尤其是非理工科教育中，不少学校及其教师长期以来对作业训练缺乏重视，甚至连专业必修课或方向类课程长期没有作业的现象都不在少数。这种状况无论如何都必须从根本上改变，否则连基本的作业训练都没有，何谈创新意识与能力的培养？

第五，检测评价以机械的知识考查为主转向以灵活理解和运用知识为主，引导大学生把能力培养放到第一位。科学理解和运用知识是大学教学的根本价值追求，也只有这样的学习才有创新意识与能力培养可言。然而，这一要求不仅应当实实在在地贯彻于日常的教育教学活动中，更需要实实在在地贯彻在学习成效检测评价的环节中。其中，检测的问题既应当是学生系统学过的知识，又能够使学生充分利用现有知识分析和思考。这样的检测评价才不仅是对相应教学效果的有效判定，更是对大学生学习习惯、方式、心理的有效导引，创新意识和能力培养自然蕴涵其中。

第六，统筹安排实践教学，确保实践教学各环节有序开展、相互衔接，有效提升实践教学的质量和水平，为大学生创新意识与能力培养奠定坚实的基础。现阶段，我国高校实践教学越来越受到重视是事实，另一方面也存在理论教学与实践教学、第一课堂与第二课堂、校内实践与校外实践的严重割裂现象，有效提升实践教学的质量和水平，进而在各类实践教学中有效培养大学生的创新意识与能力，必须将各类实践教学的学时、进度、方式及其保证条件和措施等统一纳入培养方案，统筹考虑和安排，以便在实际教学中有序、扎实地推进，确保各类实践教学有机衔接和促进，并在各个环节得到实实在在的落实。

第七，面向企业、工程、社会实际开展毕业设计，推动大学生的创新意识与能力在解决真实问题过程中磨砺和提升。毕业设计是综合运用所学知识分析和解决问题的创新性训练，对提升大学毕业生有效适应科学技术和社会飞速发展需要的能力十分重要。实现这一培养目标，毕业设计必须面向企业、工程、社会实际，在真实环境中，真题真做，实战实练，多方面培养和磨砺大学生的素质和能力，特别是创新的意识和能力。契合这一要求，高校必须进一步拓展校企等多种合作办学渠道，将开放办学放到更加突出的地位。现阶段，不少高校这方面还有不少困难和问题，需要高校自身也需要政府进一步采取措施，切实地解决。

此外，这里还要特别对通识教育类课程严把质量关，有效促进大学生创新意识与能力培养作点强调。通识教育类课程对应用型人才培养同样十分重要，一方面，它通过一系列人文、社会、艺术等方面知识的哺育和启迪，"鼓励年轻人认识自我,并发现自己生活的道路",深刻认识"自己应对社会知恩图报,应该利用自己掌握的知识为人类谋福利,而不仅仅追求自身的经济富足",[7]从而逐步成长为合格的社会公民;另一方面,它在学习各环节对学习者思维方法、学习方法和研究方法的严格要求与训练,又为学习者进入相关应用型专业的学习提供牢固的知识、思维、方法和习惯的基础,有利于学习者在专业教育方面更好地拓展思维,开阔眼界,感悟知识,培养能力,这既是大学生全面发展所必须,又是创新意识与能力培养的重要基础。我国现阶段通识教育类课程教学存在一个极其突出的问题,这就是不注意精选课程,不注重教学质量,通识教育类课程甚至成为教师工作量不够时的"凑数课",学生易混学分的"便宜课"。根本改变这种状况,一是课程数量应强调精、强调质量,而不在于多、在于数量,必须力求在"通"和"识"上作文章;二是课程内容的选择应当注意科学和适宜,标准过高或过低都无法达到相应教育的目的;三是教学过程与要求必须严格和规范,保证学分的获得建立在学生付出艰苦努力的基础上。

强调大学生创新意识与能力培养的核心路径在于将相关教育理念与要求有机融入各门课程教育教学的全过程,严把课程教育教学关,并不排斥多种类型和层次的学科竞赛以及课外科技活动在培养大学生创新意识与能力方面的作用,更不排斥包括这方面内容在内的丰富多彩的第二课堂为学生开启多方面智慧闸门的作用。但是,这里确有一个基本层面和提高层面之间的关系。前者的重点是强调面向学生全体,保证所有学生都能得到基本的创新意识与能力培养与训练,后者更适合部分具有较好发展潜质及其能力倾向的学生,是为这类学生提供更好的发展机遇和舞台。二者皆为高校培养大学生创新意识与能力所必须,有条件的高校尤其应当在两个层面都力争卓越。但在一般意义上,前者无疑更具有基础性意义,它既是大学生平等受教育权以及平等地得到全面发展权利的根本要求,也是大学应尽的基本责任与义务以及少数"尖子"得到更好发展的基础。从国家发展战略看,前者还是整体提高我国人力资源水平,实现人力资源大国向人力资源强国转变的根本要求。在这一意义上,一所大学无论它的学生在学科竞赛、课外科技活动竞赛中获得了多少奖项,只要它的全体学生的创新意识与能力没有得到基本的培养,它的任务就没有能够很好地完成。

参考文献:

[1]江泽民选集. 第一卷[M]. 北京:人民出版社2006:294.

[2]培根论说文集[M]. 北京:商务印书馆,1996:180.

[3]拉·梅特里. 人是机器[M]. 北京:商务印书馆,1959:9～10.

[4]郑必坚.继续解放思想的中心任务仍然是"解放生产力"[N].光明日报2008 – 10 – 21(9).

[5]叶季夏.教育:培养精英还是普通劳动者? ——大力发展职业教育是中国教育的根本出路[J].卫生职业教育,2005(17):30～32.

[6]杨兴林.地方高校应用型人才培养模式应着力四个转变[J].扬州大学学报(高教研究版).2011(1):3～7.

[7]哈瑞.刘易斯.失去灵魂的卓越[M].上海:华东师范大学出版社,2007:1.

拔尖创新人才培养主要依靠研究生教育质疑

　　"拔尖创新人才"概念最早出自2002年党的十六大报告,[1]2003年党中央、国务院召开新中国成立以来第一次全国人才工作会议,将拔尖创新人才培养作为实施人才强国战略的重要目标。2009年底,教育部联合中组部、财政部启动"基础学科拔尖学生培养试验计划"(简称"珠峰计划"),选择清华、北大等19所著名高校的数学、物理、化学、计算机、生物学科率先试点,力求在创新人才培养方面有所突破。2010年《国家中长期教育改革和发展规划纲要》(2010~2020)再次强调高校要培养拔尖创新人才。[2]与此相应,学术界开始就这一问题陆续发表研究论文。其中,清华大学学者叶赋桂、罗燕在《复旦教育论坛》2011年第4期发表的《拔尖创新人才培养的新思维》(下简称《叶文》),对我国现阶段拔尖创新人才培养存在的问题、根源进行比较深入的剖析,对如何适应教育规律培养拔尖创新人才阐述了看法,给人以有益启迪,不少观点,笔者颇为赞同。但是,《叶文》关于"研究型大学人才培养质量的关键在于研究生培养质量,拔尖创新人才的培养主要依靠研究生教育"的观点却有失偏颇。[3](下引此文不再标注)这一观点不仅直接涉及研究型大学拔尖创新人才培养,而且直接涉及研究型大学整个人才培养,有必要认真斟酌,以下从三个方面来讨论。

　　一、拔尖创新人才的成长是一个系统的过程,并非某一环节的突击培养就可达成

　　《叶文》在阐述"人才培养的认识和实践误区"时指出:"检视有关教育的报章论著,细析一些大学的办学实践,可以发现很多人、很多大学都把人才培养等同于本科生培养,又把本科生培养等同于本科教学,更把本科教学等同于课堂教学。这显然是极其片面和狭隘的。实际上,研究型大学的人才培养包括本科生培养和研究生培养,而研究型大学人才培养质量的关键在于研究生培养质量,拔尖创新人才的培养也主要依靠研究生教育"。应当说,当下《叶文》描述的"很多大学都把人才培养等同于本科生培养,又把本科生培养等同于本科教学,更把本科教学等同于课堂教学"的情况确实存在,批评其"片面"、"狭隘"确有道理。但是,认为"研究型大学人才培养质量的关键在于研究生培养质量","拔尖创新人才的培养也主要依靠研究生教育"却大可商榷。

拔尖创新人才,具体是指与一般人才相比较而具有明显区别的一类人才。拔尖的基本涵义是出众,超出一般。创新,具体是指在原有基础上有所发现、有所发明、有所创造、有所前进,或者是利用已经存在的自然资源或社会要素创造出新的产品、新的体制、新的机制等,或者如熊彼特所言是实现新的组合,对旧的一切进行替代或覆盖。人才,通常是指具有一定的专业知识或专门技能,进行创造性劳动,对社会做出突出贡献的人。整合"拔尖""创新""人才"的涵义,所谓拔尖创新人才,大体可以理解为在某一行业、某一领域、某一方面具有远高于同时代其他人才的专业造诣、智慧及远见,其思想与工作对社会及人类发展具有突出的贡献。我国现阶段强调的拔尖创新人才培养,主要集中在自然科学领域,具体就是要培养适应当代自然科学飞速发展的要求,能够引导相应科学群体进行高水平的科学研究和创新,特别是能够在基础理论研究领域取得重大原始创新的科学人才。这类人才的数量越多,结构越合理,国家科技发展的潜力和实力就会越强大。

但是,拔尖创新人才的成长是一个系统的过程,要受一系列复杂因素的影响,不可能仅在某一环节突击达成。一方面,它与早期家庭环境影响有重要关系。有人曾对 2005~2009 年的诺贝尔奖得主进行分析,其中多数都出身于中产阶级家庭,父母是知识分子或者专业人员的比例高达 90%,母亲是教师的比例高达 40% 左右。"中产阶级、知识分子、教师等等名分,其实反映了家庭所拥有的社会资本,这种社会资本我们或者理解为一种文化品位、趣味,或者理解为家庭所拥有的社会关系网络,或者理解为一种合理有益的教育或引导方式,等等,他们在诺奖得主的早期启蒙与教育中都存在重大影响,在培养兴趣、引导好奇心、创造想象力、鼓励自己动手和冒险探索等方面功不可没。"[4]另一方面,就是小学、中学、大学各个阶段系统的自然科学教育、社会科学教育、人格养成教育,思维方式及其发现问题、分析问题、解决问题的习惯和能力培养等。正是在这一系统的过程中,某些人由于特殊的天赋、潜质,逐渐养成了善于发现问题、深究问题的习惯和能力,或是观察科学现象的慧眼与敏感,成长为超越众人的佼佼者。诚然,科学发展史上,确有极少数并未接受多少正规学校教育,后来也成长为科学大家,为科学发展和人类事业作出重大贡献者。但是,这毕竟属于特例。

正是由于拔尖创新人才需要系统的培养过程,当代世界科学技术综合发展水平最高的美国,鉴于自身过分依赖大量海外科学、技术、工程、数学(STEM)领域杰出创新人才的现状,2010 年国家科学委员会在大量调查研究基础上,发布了《培养下一代科学、技术、工程、数学杰出创新人才——选拔和培养美国人力资本》报告，建议从幼儿园开始建立纵向的对天才学生的跟踪评价体系，提高甄别 STEM 学生的机会，尤其在少数民族和地区；加强对教育工作者、儿科医生甄别和培养 STEM 天才学生能力的培训。它还建议父母、监护人、教育工作者、学生同伴和学生自己必须学会合作，创造一个鼓励卓越以及对每个学生的成功都给予表彰的文化环境，而不管这些学生的种族、性别、社会背景和地理位置如何。[5]

实事求是而言，随着当代科学技术日新月异的发展，大学阶段的研究生教育在拔尖创新人才培养过程中的作用确实越来越突出。但是，同样不容忽视的是，优质的研究生人才培养只能以优质的本科教育为基础。本科教育不仅是对大学前教育的系统拓宽和加深，而且是大学阶段最为全面的教育，从通识教育到专业教育，从知识、能力、思维方式培养到世界观、人生观、价值观养成，均给受教育者打下比较牢固的基础。本科教育培养目标不能有效达成，知识结构存在严重空档，人格养成存在严重缺陷，高水平的研究生教育，拔尖创新人才培养只能是缘木求鱼。《叶文》认为我国研究型大学拔尖创新人才培养主要应该依靠研究生教育，很重要的一个原因是基于现阶段我国现实的研究生教育，特别是博士生教育与国外相比存在较大差距。正视问题，不回避问题值得肯定，但是这并不等于就可以由此得出结论："研究型大学人才培养质量的关键在于研究生培养质量，拔尖创新人才的培养也主要依靠研究生教育"，似乎在研究型大学，本科教育质量就不"关键"，拔尖创新人才培养在本科教育中就不是"主要依靠"。注意力集中到某个问题，某个问题就重要，没有注意到某个问题，某个问题就不重要，不是科学看待、分析和解决问题的思维与方法。

这样看问题，也许会使人误认为在研究型大学培养拔尖创新型人才问题上，本人是将本科教育与研究生教育同等看待、搞均衡主义。其实，是否应当将二者同等看待或者有差别地看待，只能由拔尖创新人才成长和培养的规律与特点来决定，绝不能人为地贴标签。当下，我国研究型大学的研究生教育存在许多问题，严重影响了拔尖创新人才培养，当然需要改革和创新，但是这种改革和创新只能以契合拔尖创新人才成长和培养的规律与特点为前提，而不是决定于人的主观愿望。也许还有人认为，从事实角度看研究生教育阶段更能出人才。其实，"更"本身就具有比较意义。研究生教育是比本科教育更高的阶段，当然更应当出人才。然而，不容置疑的是只有本科教育在发现和培养拔尖创新人才方面实实在在地下功夫，研究生教育才会有质量更高的拔尖创新人才生源，否则研究生教育即使下再大力气，效果也未必如愿。根深才能叶茂，有了强大坚实的根基，才会有万丈高楼。根或根基才是事物发展的关键部位，这是再朴实不过的道理。在这样的意义上,如果一定要比较本科教育与研究生教育何者在培养拔尖创新人才中的地位更为关键,笔者毫不犹豫地认为当然是本科教育。本人这一观点实际与《叶文》的观点正好契合:"在大学的本科阶段,学校和教师的一个重要工作就是发现具有学术潜质、真正想献身学术事业、立志要过理智和精神生活的学生。只要发现了这样的学生,培养其实并不是难事"。既然只要"发现"了,"培养"并不是难事,试问到底是"发现"环节关键,还是"培养"环节关键? 其中道理无需多言。

二、美国研究型大学并非只重视研究生教育,它对本科教育同样高度重视

《叶文》强调"研究型大学人才培养质量的关键在于研究生培养质量,拔尖创新人才的培养也主要依靠研究生教育",一个重要依据是美国是当今世界高等教育强国,它的"大学培养了世界上最多的诺贝尔奖获得者和杰出的学术大师,但美国的本科教育自 20 世纪以来几乎没有一天不被美国高等教育界内外所激烈批判。然而,美国对其研究生教育却是引以为傲的,世界其他国家公认美国高等教育质量最好,这个'高等教育质量'恐怕不是指美国的本科教育,而是指美国的研究生教育,特别是其中的博士教育。"这个看法至少与国内广为传播的美国研究型大学的本科教育及笔者实际考察、了解的美国本科教育情况不符。

1. 与国内广为传播的美国研究型大学本科教育情况不符

提起哈佛大学、哥伦比亚大学、麻省理工学院,①恐怕没有人会否认它们都是位居美国顶尖的研究型大学,但它们却无一不对本科教育极为重视,一是高标准推行通识教育,为学生的全面发展和拔尖创新能力培养打下坚实的知识和思维训练基础,一是各有自己独具特点的人才培养模式,[6]不仅有利于发现拔尖创新人才,也有利于培养拔尖创新人才。

哈佛大学的通识教育始于 1642 年亨利·邓斯特首设的 13 门正式课程。19世纪末以后,哈佛大学课程设置经历了 5 次改革,由最初的必修制课程发展到核心课程制。具体包括专业课 16 门,选修课 8 门,核心课程 8 门。核心课程涉及文学艺术、历史学、外国文化、伦理道德、社会分析、定量推理和科学等 7 个领域,学生必须通过 32 门课程才能毕业。其人才培养模式,既注意培养学生的学科才能,又发掘学生学科之外的才能,引导学生正确地认识自我,奠定自觉的学习信念,吸收更多的知识,充分发挥潜能,以培养反思性的、经过良好训练的、有知识的、严谨的、有社会责任感的,独立的、创造性的思想家。

---

① 这里只是以这三所研究型大学为例说明问题,美国的研究型大学数量较多,把每所研究型大学的情况都列出来,既无可能,也无必要。

哥伦比亚大学的现代本科通识教育体制于20世纪30年代末至40年代初逐渐形成。核心课程是其本科教育的基石,必修课包括当代文明、文学人文、美术人文、音乐人文、重要文化、外语课程、大学写作、自然科学及自然科学前沿等,目的在于无论本科学生将来的专业或专业方向如何,都能够有较为宽阔的知识和思维。在人才培养模式上,哥大注重通识教育基础上的宽口径培养,每个学生在不同学年必须修习不同的必修课程,并且课程跨学科性很强,往往需要多个教师合作教学。学生也可以根据自身情况,选择不同程度的课程学习。

麻省理工学院早在19世纪中期就为学生提供科学与文学混合课程计划,1950年又确定实行核心课程设置。学生在校取得学士学位,必须修完9个科目的自然科学课程,8个科目的人文社会科学课程。其培养模式有两项重要措施:一是本科生研究工作机会计划。本科生作为教师的初级同事参与到有挑战性的研究计划中,与教师进行智力协作。一是独立活动计划。本科教育期间学生有4周的自由独立活动时间,可以根据兴趣进行课题研究。推行这两项重要计划,就是要致力于给学生打下牢固的科学、技术和人文知识基础,培养创造性地发现问题和解决问题能力。

2. 与笔者实际考察、了解的美国本科教育情况不符

为深入了解和借鉴美国高等教育的管理和运作,提升办学水平,笔者所在的北京信息科技大学近年来连续组织美国高等教育运行及管理体制机制境外培训,本人参与了2012年在美国马里兰大学举办的暑期培训,为期3周,分别听取了马里兰大学、马里兰州高等教育委员会、乔治城大学、乔治·梅森大学和美国大学协会有关专家的讲课和介绍,参访了马里兰大学位于巴尔的摩的科技园、乔治·梅森大学科技园以及东部几所著名大学,其中对美国大学尤其是研究型大学的本科教育印象十分深刻。

一是,教授对教学必须倾力而为。教学是教授的主要工作,教学第一,科研第二,是美国大学不可更移的办学思想。马里兰大学的教授每学期必须上两门课,每周各1次,1次两个学时。每学期13～15周。每学期开始前,教授都要对开设课程写出详尽说明上传校园网,供学生阅知。内容包括课程名称、教学时数、每次授课内容、阅读材料、读书报告要求等。课堂上教授主要是组织学生讨论,引导学生培养批判性思维。参访的其他大学,教授在教学方面的要求与马里兰大学基本类似。

二是,学生对学习必须倾力而为。在哈佛大学,以工程学院的数学课为例,每周上课3次,每次1小时,另组织3次讨论,每次2～3小时,学生不仅要完成课后作业,而且还要完成若干个研究性题目,完成情况要在课堂上演讲、展示。马里兰

大学及其他大学,本科学生每学期可选修 4~5 门课。上 1 次课,必须阅读 9 个小时以上的材料。课后要撰写大约 5 页纸的读书报告,1 门课平均撰写读书报告 4~5 份,同时要课堂演讲。课程成绩包括课堂讨论、研究论文、课堂演讲和展示、课堂测试等,任何一个环节成绩薄弱都会影响最终成绩。尽管课程性质不同,具体教学方式、检测方式会有不同特点,但要获得课程学分,学生必须付出全部的努力,轻轻松松拿学分绝不可能。

三是,注重分层次教学,因材施教。马里兰大学,入学分数前 5% 的学生,一进校就由专门老师引导,分成相应小组做研究,训练其研究、发现以及撰写研究报告的能力。前 15% 的学生,采用小班开课,每班 10 多个人,学生可以从全校不同学院的课程中选课,培养宽阔的眼界,在广泛选修课程基础上,发现兴趣,确定专业方向。前 20~30% 的学生,一进校就分成不同的小组,进行主修和辅修专业学习。其他大学也都有相应的分层次教学。

四是,重视学生的创新意识和实践能力培养。不同大学的具体形式不尽一致。马里兰大学主要表现为两个方面:一是积极组织学生参加美国能源部、航天署举办的高水平竞赛,从高质量、高水平实战中提高学生的创新意识与能力;一是特别注重培养商界领袖,将企业家精神融入日常教学,接受校友捐赠建立企业家宿舍,凡是有意创业的学生都可以住进企业家宿舍,进行创业项目实习;经常有企业 CEO 在宿舍作报告,引导学生创业;有视频会议,供学生学习、模仿。这个做法十分成功,引起全世界许多大学模仿。

如上两个方面确实无法充分反映美国研究型大学本科教育的全部情况,但它至少说明美国研究型大学对本科教育高度重视。大略对比一下我国研究型大学的本科教育,问题也许会更加清晰。从人才培养的全面性看,我国大学 1952 年开始调整,吸取苏联快速培养科学技术专门人才经验,多数高校被调整为行业型大学,人才培养的全面性事实上受到影响。20 世纪 90 年代中后期,我国高等教育开始倡导和推行素质教育,继而又学习、借鉴欧美大学通识教育经验,人的全面发展理念开始在研究型大学传播并付诸实践,但直到今天仍处于探索阶段。从教师投入本科教育的精力看,现阶段由于重经济效益,轻社会效益;重科研评价,轻教学评价比较普遍,不少调查报道都反映出包括研究型大学在内的教师从事科研的精力远高于从事本科教育的精力。从生师比看,我国研究型大学很少达到教育部规定的 16:1,更不要说达到欧美研究型大学的 10:1,直接导致大班授课成为常态。课堂学生多,自然限制了讨论式教学开展,批判性、创新性思维以及学生的合作性学习能力等培养都受到严重限制。从学生选课及作业情况看,学生每学期选课通常达 10 多门之多,二、三年级则是选课高峰,四年级上学期多数学生基本上只剩下极为有限的学分需要修习。三年半的课程学习,"缩水"时间达半年之多。单位时间内课程太多,严重挤压了创新思考和学习时间,至于学术训练中占有极其重要地位的作业也被严重"缩水",不少学校的理工科作业多局限于基本知识掌握。文经管类专业甚至很少作业,自然谈不上批判、创新思维及其能力的培养。

　　总之,无论从哪个层面考察,美国研究型大学对本科教育的重视程度及质量都远高于我国研究型大学的本科教育,它们的高水平研究生培养正是建立在这样一个坚实的基础之上。至于《叶文》所言:"美国的高等教育自20世纪以来几乎没有一天不被美国高等教育界内外所激烈批判",人们也应当有正确认识。这里至少有两种可能需要考虑:一是美国本科教育质量实际高于世界平均水平,但是人们对它有更高的要求,寄有更高的期望,进而导致了对它的不断批评或批判;另一种可能是美国的本科教育质量确实很低,人们对其激烈批判是期望它有效改进,进而赶上世界高等教育水平。《叶文》所言的"激烈批判"到底属于哪种情况,不言自明。还应看到的是,美国由于拥有当今世界最为发达的科学技术和较高的生活质量与水平,其研究型大学能够吸引全世界的优秀本科生前去研究生院就读,优质生源相当充足,我国的研究型大学由于多方面条件所限,还不可能有效吸引全世界优秀本科毕业生前来就读,在这样的意义上,即使实如《叶文》所言,美国研究型大学本科教育质量并不高,它的人才培养质量关键在于研究生培养质量,我国研究型大学也不能邯郸学步。

三、我国有海外学位的学术精英大都接受的是中国的本科教育以及在世界顶尖大学研究生院到处可见中国学生,并不能够充分证明中国的本科教育水平就高

　　《叶文》强调我国研究型大学拔尖创新人才培养应当主要依靠研究生教育,另一重要依据是中国大学特别是研究型大学的本科教育质量"并不低",抓拔尖创新人才培养,把本科教育置于"无与伦比"的地位是未"抓到痒处"。"中国现在的学术精英大多拥有海外大学的学位,大学校长、新当选的院士、长江学者、杰出青年、'千人计划'引进等大多是留学归国人员。不过,这些学术精英的本科文凭却几乎都是中国大学的。今天,在世界顶尖大学的研究生院随处可见中国学生身影,清华、北大更已成为美国顶尖大学研究生院最大的生源校。这表明中国的本科教育水平并不低,因为中国的优秀本科生可以进入世界上任何一所最好的大学读研究生"。这一观点同样值得商榷。

　　一方面,在逻辑上,特殊的有限证据无论如何都无法充分证明整体的情况。

　　应当承认,《叶文》描述的当下我国有海外学位的学术精英大都接受的是中国的本科教育以及在世界顶尖大学研究生院到处可见中国学生的确是事实,同样应看到的是,中国大学本科生数量高居世界第一,在这个巨大群体里,每年能够去世界顶尖大学研究生院就读者,绝对量虽然不小,相对量毕竟极少。再进一步就世界顶尖大学研究生院的中国学生而言,他们中有些人的本科并非在中国大学就读,而是高中一毕业就直接去欧美大学就读,本科毕业后又进入这些国家大学的研究生院学习。还不能排除另一种情况,就是有的人甚至由于各种特殊原因,连中学、大学都并非在国内就读,而是直接进入国外的中学和大学,毕业后再进入这些国家顶尖大学的研究生院。把这两种情况放在一起考虑,中国大学本科生去往世界顶尖大学研究生院的数量还要再打折扣。即便如清华、北大已经成为美国顶尖大学研究生院最大的生源校,也不能表明国内多数大学或者研究型大学都能成为美国顶尖大学研究生院的生源校,更不能代表国内所有高校的本科教育都呈现出如此高质量。

中国大学本科教育质量是一个整体性概念,仅用极少数中国学生就读世界顶尖大学研究生院的例子,或者高居中国大学"金字塔"顶端的清华、北大已经成为美国顶尖大学研究生院最大的生源校,就认为中国大学的本科教育质量高,本科教育质量不是研究型大学人才培养质量的"关键",本科教育不是拔尖创新人才培养的"主要依靠",道理无论如何都不充分。这并不是说部分就不能证明整体或大致证明整体,但用于证明的"部分",一定要是随机抽取,而不能是特殊的部分。其实,在严格的科学意义上,即便是随机抽样,样本总体达不到一定的数量要求,也难以保证对整体情况作出具有较高准确性的推断。更何况,由于各种复杂原因,当下的中国高等教育,包括研究型大学的教育质量在内确实引起了整个社会的高度关注和广泛质问,而不是像《叶文》所言,从历史和国际比较视角看,中国高等教育质量是否严重下降本身值得讨论。在这种情况下,只承认我国大学的研究生教育与国外相比有较大差距,不承认本科教育同样存在较大差距是不科学的,这一观点付诸实践,必然会对包括我国研究型大学在内的本科教育,进而研究生教育产生严重的消极影响,实不可取。

另一方面,有关具体事实也表明我国研究型大学本科教育要达到国外顶尖大学的本科教育水平还需要艰苦努力。

清华大学 2005 年开始创办计算机科学试验班,由美国科学院院士、中国科学院外籍院士姚启智先生具体负责(简称"姚班")。这个班是教育部拔尖创新人才培养计划在清华大学的实施项目。姚启智先生领导的教学团队针对国内计算机科学教学对学科基础缺乏重视以及对学生深度思考训练不够两个问题,确立了两条指导思想,一是课程紧跟时代发展,使学生思维方式跟上国际计算机科学发展要求;一是精开课程,让学生学深学精,通过学习发现适合自己的研究方向。基于这样的指导思想,"姚班"设计了 18 门全新核心课程,覆盖计算机科学基础,涉及计算机科学研究最前沿。一、二年级注重计算机科学基础知识强化训练,涉及面广且有深度,大大地开阔了学生眼界。三年级时,学生逐渐知道了自身兴趣,开始分流,四年级时学生完全在研究团队实践。"姚班"四年共有 107 人毕业,约一半到美国常春藤大学或其他世界名校深造,本科期间发表论文记录在册的 45 篇,作为论文通讯作者或主要完成人的 29 篇。至此,姚启智先生才言:"姚班"已经建立了国际品牌,它的学生可以与国际顶尖大学本科生比拟。[7]清华大学是我国的顶尖大学,这样一所大学的一个成绩如此斐然的试验班,学生水平才达到可与国际顶尖大学本科相比拟,试验班以外的清华本科生是否都达到了这样的水平? 我国其他"985"高校以及"985"以外的其他高校本科生是否都达到了这样的水平?

南京大学龚放教授曾就南京大学与加州大学伯克利分校的"本科生学习参与"进行问卷调查,虽然在"学业学习习惯"维度上,南京大学学生明显强于伯克利分校学生;在"与教师的互动及研讨"维度上,南京大学低年级学生表现更好,两校高年级学生之间没有显著差异,[8]但在"课堂参与与创新""同伴合作与互动""批判性推理与创新"三个维度上,南京大学学生明显弱于伯克利分校学生。这个问题尤其应当引起重视。英国研究中国科技史的著名学者李约瑟有一著名疑惑:中国古代曾经拥有辉煌的科技成就,为什么 15 世纪前后在西方研究成果大幅上扬的时候,中国却在走下坡路? 对此,很多人试图给出解答。教育界的答案之一,是"科举制度桎梏了人们的思想",另一答案是"学校教育忽略了想象力的培养"。[9]在这样的视角上,龚放教授的上述调查确实为正视我国研究型大学本科教育存在的严重不足提供了有力例证。

《叶文》在批评我国研究型大学把培养拔尖创新人才重点置于本科教育之上是"没抓到痒处"的同时,还特别指出"现在的拔尖创新人才的选拔和培养方式是有问题的。清华学堂、北大元培计划、复旦学院等大多是以在大学中另设组织机构的方式单独建制,选拔过程以考试成绩为主挑选学生,培养过程以特殊的政策、环境、方式进行单独管理、单独教学。这样的方式可能会产生一定的短期效果,但从根本上说不是培养拔尖创新人才的长远之计。这实际是把党培养后备干部的方式移植过来了,是用计划经济的模式培养人才"。这一看法,直指我国高等教育领域一系列治标不治本的形式主义,强调培养拔尖创新人才应该尊重学生成长规律、教育教学规律,真抓实干,值得肯定。但是,笔者认为对当下这样一个充满探索的试验完全否定,也并非合理,颇有泼脏水连胖娃娃一块儿泼掉之嫌。因为,如何按照人才成长规律培养拔尖创新人才,对我国高等教育而言尚属一个全新的课题,先小范围试验,获得经验后,再逐步推广是完全必要的。至于试验对象的选择、手段运用、环境设计、条件提供、管理方式等是否恰切,可以也应当在试验过程中不断改进或调整,毕竟"一步实际运动比一打纲领更重要",[10]只要切实坚持实践、总结、再实践、再总结的态度,就一定能够试验出成功的经验,进而在我国研究型大学的本科教育中有效提高拔尖创新人才培养的水平。对此,人们应当有正确的认识并给予足够的宽容。

总之,拔尖创新人才的成长是一个系统的过程,对研究型高校而言,拔尖创新人才培养更应立足于本科教育。同时,当下我国研究型高校中研究生教育存在的突出问题亦应引起足够的重视,并采取切实措施来解决。看不到优质的本科教育在拔尖创新人才培养中的关键地位是短视的;看不到研究型高校中研究生教育存在的突出问题,缺失改革与创新,同样是短视。对这两个方面,我们都应当有清醒的认识。

参考文献:

[1]江泽民文选. 第三卷[M]. 北京:人民出版社,2006:560.

[2]国家中长期教育改革和发展规划纲要[N]. 中国教育报,2010 – 07 – 30(1 – 3).

[3]叶赋桂、罗燕. 拔尖创新人才培养的新思维[J]. 复旦教育论坛,2011,(4):19 ~ 23.

[4]阎光才. 从成长规律看拔尖创新型学术人才培养[J]. 中国高等教育,2011,(1):37 ~ 39.

[5]万东升,张红霞. 杰出创新人才的培养:美国最新动态[J]外国教育研究,2012,(2):68 ~ 73.

[6]谢梅,苗青. 美国高校创新人才培养模式及借鉴——以美国三所高校为例[J]. 西南民族大学学报(人文社会科学版),2011,(3):217 ~ 221.

[7]姚启智. 拔尖创新人才培养的新理念与新探索[J]. 中国高教研究,2011,(12):1 ~ 2.

[8]龚放,吕林海. 中美研究型大学本科生学习差异的研究——基于南京大学和加州大学伯克利分校的问卷调查[J]. 高等教育研究,2012,(9):90 ~ 100.

[9]龚放. 大学如何培养创新型人才[J]. 大学,2011,(2):29 ~ 30.

[10]马克思恩格斯选集. 第三卷[M]. 北京:人民出版社,1995:296.

地方高校应用型人才培养应着力实现四个转变

　　地方高校在类型上涵盖普通本科院校、高等专科学校和高等职业技术学校。按照学术界比较一致的意见,后两者主要培养职业技能型人才,本文的地方高校将在地方本科高校的意义上使用。现阶段,适应我国高等教育由精英化向大众化转变以及我国社会主义现代化建设新阶段的人才需求,应用型人才培养问题受到了广大地方高校的广泛关注和重视,有关应用型人才培养的研究、探讨大量涌现,但是理性审视地方高校应用型人才培养的现实,确实还存在不少问题,迫切需要着力实现四个方面的深刻转变。

一、本科专业及其课程设置必须实现深刻转变

　　20 世纪 60～70 年代,阿什比曾对高速扩张时期的英国高等教育作过如下评价:"现在大学令人不满意的一种原因是学非所用。大多数学生在大学所接受的是以培养学术人才为主的教育,许多人毕业后都担任以完成社会任务为主的工作。这两者的脱节是现在大学令人不满的一种原因。"[1]现阶段,我国高校包括广大地方高校在内,本科专业及其课程设置与经济社会发展要求脱节、学非所用的问题也相当突出。《中国教育报》曾刊登过一项针对 12398 名大学生的调查,结果表明:79% 的人认为在大学里学不到有用的东西,77% 的认为在大学所学东西与现实脱节,80% 的人对学校的课程设置、教学内容不满意。[2]这其中,相当部分调查对象是地方高校的毕业生。大量实际经验也表明,我国不少地方的企业和其他社会组织每年都迫切需要引进相关人才,然而却有相当数量的高校毕业生找不到合适的岗位,无从就业。其原因固然复杂,但大学生所学知识与现实脱节同样是其重要原因。

　　本来,地方高校是地方经济社会复杂系统中以传承知识、创新知识、培育人才为使命的特殊社会组织,她的本科专业及其课程设置必须充分考虑地方经济社会发展需求,确保培养的人才能够有效地为地方经济社会发展服务,但是一些地方高校在本科专业及其课程设置上却由于各种复杂因素的影响,自觉不自觉地扭曲

甚至严重扭曲了专业培养目标,导致人才培养与经济社会发展要求不符。其中,突出的表现是闭门造车,一所学校究竟开设哪些专业,旧专业如何改造、增补什么样的新专业等,基本上完全由学校说了算,即仅由校院领导及其相关教师凭着对相应专业本身的认识及其经济社会发展需求的有限了解来决定。虽说新专业的增设需要向省市教育主管部门或教育部书面申请,获得批准的才能开办,但由于省市教育主管部门、教育部组织的专家评审成员无一例外地来自高等教育系统,加之他们要在同一时间内对多所学校、多个相近专业的申请材料进行审查,往往很难对每一份申请材料描述的社会需求状况进行准确甄别,同样只能依据他们自己对相应专业的认识及其对相应经济社会需求的有限了解来决定。这样,即使是省市教育主管部门、教育部批准开办的专业,也仍然不能确保一定会如申请者描述的那样有充分的社会需求。现实中,有些专业开办伊始或不久,毕业生就找不着工作,正是这方面问题的生动证明。在课程设置方面,突出的问题是机械套搬。具体表现在专业的主干课程设置上,一些学校机械套搬教育部有关专业的课程安排,一味强调基础理论知识的系统、宽广与厚实,结果导致与研究型大学相同专业的课程设置大同小异,与地方经济社会的发展需求相去甚远。一些学校在这方面也确实进行了某些创新与改革,如增加适应地方经济社会发展需要的课程模块,增开相应的选修课等,但由于师资条件等方面的原因,一些课程模块的设置和选修课教学要求随意的问题都相当突出。

地方高校与部属高校的显著不同,就在于适应地方经济社会发展需要而设立,受地方提供的财力物力等多方面支持而生存和发展,培养的学生更多的是为地方经济社会发展作贡献。地方高校要适应我国高等教育大众化以及现实经济社会发展需要,有效地为地方经济社会发展培养高素质应用型人才,上述本科专业及其课程设置的状况必须从根本上转变。具体而言,地方高校不仅必须对有关地方经济社会发展的长远规划有科学的认识和把握,能够及时地对相关专业进行有针对性的改造、更新或设置,而且必须加大力度建立健全"学校-社会"合作办学的体制和机制。具体而言,可以考虑如由学校、政府有关部门管理者、企业界管理者和技术工作者共同研讨相应专业的改造、创新或设置以及相应专业的课程设置和安排,以从根本上保证学校的专业及其课程设置更加贴近地方经济社会发展需要。学术界曾有观点,认为地方高校的专业及其课程设置应当以市场需要为导向,市场需要什么,学校就设置什么。这一问题需要具体分析。确实,地方高校的应用型人才培养必须适应地方经济社会发展需要这一命题,一定意义上蕴涵了市场导向在内,但这种蕴涵是建立在市场长远发展趋势基础之上的,而不是即时的。即时的需要瞬息万变,短期业务培训固然可因应这样的需要而进行,本科应用型人才培养却是有固定周期的,简单地适应这样的即时需要,就会计划赶不上变化,一个培养周期尚未完成,市场需要可能已经发生变化或重大变化,只会导致学校人才培养与市场需求的更大脱节。其实,无论是否在市场经济条件下,高校都绝不是"服务站",市场需要什么,大学就给什么。[3]高等教育既要适应市场经济发展规律,也不能脱离高等教育自身的发展规律,偏离任何一个方面,都会给高等教育带来严重的损失。

二、人才培养与教学组织方式必须实现深刻转变

我国高等教育精英化时期的人才培养基本上是采用"同一型号"的无差别方式进行。当时,无论是部属研究型大学,还是地方普通高校,她们招收的学生都是同届高中生的佼佼者,一个年级、一个班的学生虽然来自四面八方,具体情况不尽相同,但是在综合知识基础、学习习惯、自学能力、发展潜力等方面都具有较高的同质性特征,学校只要按照事先制定的培养方案循序渐进,严格要求,认真训练,就能达到培养方案规定的指标和要求,保证学生成人成才。同样,由于学生特点的同质特征高,在教学资源不能满足全部课程小班授课的前提下,对一些通识类课程抑或专业基础课程,根据实际情况,实行大班授课,再加之严格的辅导制度,教学质量总体上仍然确有保证。当我国高等教育进入大众化时期,情况发生了重大变化。尽管"985"高校、"985"高校以外的"211"高校①的生源仍然保持了精英教育时期的高同质性特征,广大地方高校的生源情况却出现了重大变化,一个年级、一个专业、一个自然班的学生之间,入学分数差距最高能达 150 ~ 160 分左右,学生的综合知识基础、学习习惯、思维能力、发展潜力以及兴趣、爱好、特长等,差异十分明显。

人才培养是高校的基本职能和社会责任。适应高等教育大众化背景下生源的重大变化,地方高校的人才培养方式自然应当进行深刻改变。但是,从现实看,一些地方高校或由于过度扩大招生,办学资源紧张;或由于习惯的办学思维影响;或由于片面考虑经济效益,降低办学成本;或由于本科教学工作的中心地位没有切实落实,或由于以上诸种因素的综合作用,在培养方式上采用的仍然是"同一型号"的无差别培养,一个专业适用一个事先设计好的培养方案,更有甚者,有的学校对一些重要基础课程,甚至不顾不同专业的特点和差异,一律同一要求、同一大纲,造成一些专业的不少学生根本无法听懂,课程考试只好采用缩小范围、有针对

---

① "211"工程建设高校中,有一部分高校同时又是"985"工程建设高校,这里的"211"高校不包括同时又是"985"建设工程的高校。文中所有的"211"高校都在这一意义上使用。

性的辅导来应付。同样,在教学组织方式上,不仅保持了大班授课,有的甚至因为大幅扩大招生,教学资源紧缺,只能采取超大班形式授课。结果,教师既无暇针对不同学生的具体实际进行有针对性教学,也无法组织类似培养学生自学能力的各种教学活动,只能是同一内容、同一方法的机械灌输,以至于基础较好和基础较差的两部分学生学习要求都无法满足,久而久之,他们进校时的满腔激情不得不逐渐消解,学习的内在动力也逐渐降低。

适应我国高等教育大众化背景下生源的重大变化,为地方经济建设培养高素质应用型人才,地方高校必须确立大众化时代的精品意识,在培养方式上必须由过去"同一型号"的无差别培养转变为注重差异和差别的分类培养。具体可以根据本校生源的实际特点,设计出不同的培养方案,方案的要求既要体现层次的不同,又都必须达到国家规定的基本标准,以保证不同类型的学生都能根据自身实际沿着相应的培养方案规定的路线选课、学习和提高。现阶段,在相当数量地方普通高校还不具备实行完全学分制的条件下,可以考虑根据不同的专业特点,对某些重要的通识类课程或专业基础课程、专业课程,在内容难度上进行低、中、高分级,编制不同的教学大纲,供不同类型的学生选修。相应地,在教学组织方式上,那种粗放式大班培养也必须转变为精细式小班培养,以保证任课教师能够切实根据学生实际灵活选择教学方式,使每一个学生都有积极思考、发言、提问、动手的机会。当然,现阶段有些学校采用小班授课,资源上可能有实际困难,对此,一方面需要积极挖掘内部潜力,一方面需要积极争取当地政府支持,尽早促使问题的解决。特别是,一些在校生数量超过当地政府规定标准的学校,更应当积极减少招生,进而减小授课班的学生容量。这样做,学校的经济效益也许暂时会有些损失,但从培养高素质应用型人才的长远发展看是值得的、可取的。

三、教学与科研关系的处理必须实现深刻转变

人才培养、科学研究都是现代高校的基本功能和责任,虽然地方高校的科学研究整体上无法与部属研究型或教学研究型高校相提并论,虽然并不是地方高校的每一个教师都具备开展科学研究的能力,但是教学工作与科学研究工作同样是紧密联系,相互促进的。教学过程中发现的重要问题往往为科学研究提供思考、探究的对象,直接推进科学研究的开展;科学研究的开展,不仅直接提高教师的学术水平与教育教学的能力,而且科研题目转化为学生的创新题目、毕业设计,科研成果转化为教学内容,都直接为教学提供了源头活水;科研经费固化为实验仪器设备,更是直接服务于教学。再者,适度的科学研究工作开展,也有利于全面展示地方普通高校教师的人生价值,满足这些学校具备科学研究工作能力教师的发展

需要,成为推动这类教师进而带动其他教师业务发展的强大动力。正因为如此,科研工作在地方普通高校的内部管理中同样处于十分重要的地位。在科学技术飞速发展、经济社会发展日新月异的当代世界,任何一所普通高校只开展教学工作,对科学研究不闻不问是难以想象的。

不容否认的是,现实中不少地方普通高校的教学与科研关系处理也确实存在一定的矛盾,二者之间的分力大于合力的情况并不少见。如一些学校重科研、轻教学的问题十分突出,教师业绩考核中,有关科学研究任务的规定不仅是硬指标,而且有高额奖励;教学工作不仅是"软指标",而且奉献远大于回报,即使有些许奖励,额度上也远远小于科研奖励。教育部实施教育质量工程推行的教学名师评选,虽然理论上是面向全体教师的,事实上,一方面,能够被评上省(市)和国家级教学名师的数量极少,另一方面近年来评选还越来越渗入官本位意识,被评上的教学名师中拥有不同级别行政职务的越来越多,进而教育部的教学名师评选举措对广大教师教学工作的激励也就基本上被消解得微乎其微,其结果这些学校的广大教师,尤其是相对紧缺的高水平教师的主要精力也就不得不导向于科研,人才培养功能事实上也就被置于口头重要、实际次要的尴尬境地。导致这种状况的重要原因,从大的方面看,就是国家教育行政部门对高校的科学研究寄于过高希望,赋予太多重任,施以强力政策引导,这些政策又由地方教育行政部门逐层落实,有的还进一步提高政策的激励力度,很容易造成广大高校包括地方高校在适应国家科学研究要求的同时放松人才培养要求;学校方面的重要原因之一是利益驱动:增加科研课题,获得省部级、国家级科研奖励,学校有名气,领导有政绩,课题组成员特别是课题负责人有实惠,受益是现实的;人才培养虽是高校的首要功能,但收效缓慢,延迟性强,并且是软指标,也就很容易导致口头上重视,行动上乏力,口惠而实不至。再加上教学、科研分别由不同的副校长和职能部门管理,在相应的"政绩"压力下,也很容易造成科研服务教学的内在机制弱化,实际运行中相互脱节势之难免。

地方高校要从根本上改变这种现状,稳步而有效地培养大批适应地方经济社会发展需要的高素质应用型人才,从根本上说,必须由管理工作上的重科研、轻教学,切实转变为以教学工作为中心,从多方面为广大教师的教学工作创造条件,努力提高广大教师钻研教学的积极性。体现在教师的业绩考核、职称晋升等方面,就是既要考核教师的科研工作成就,更要突出考核教学工作成就,要科学地设计教师教学工作的考核标准、考核指标与方式,增强教学工作考核的刚性要求,同时要视学校实际恰当地提高奖励和激励的力度,从根本上改变做科研工作既有名又有较大的利益实惠,做教学工作永远是奉献大于回报的不正常状况。其次,要通过制定相应制度确保科研工作开展的方向与应用人才培养要求相一致,突出面向行业、面向实践的技术开发和应用,不断提高教师培养高素质应用型人才所需要的工程实践能力与素质,也利于吸收学生参与实际研究,从生动的科研实践中实实在在地培养他们的实践与创新意识及能力。再者,要相应改革现行学校内部教学、科研管理体制,具体可以考虑主管教学与科研的校领导相互兼职,即主管教学工作的副校长同时兼管科研工作,主管科研工作的副校长同时兼管教学工作;相应地,主管教育教学工作的教务处长与主管科研工作的科研处长也相互兼职,从体制上为教学与科研工作的统筹提供坚实的保证。校长,作为学校全局工作的主持者,更要在以教学工作为中心的思想指导下,加强对教学、科研的统筹,确保二者之间的有机整合,克服分力,增强合力,相互促进,使广大学生得实惠。

四、实践教学问题上必须实现深刻转变

应用型人才是具有某一门学科的系统专业知识和技能技巧,能够按照一定的理论规范和经济社会发展需要进行操作应用,将抽象的理论符号转换成具体的操作构想或产品构型以及将新知识运用于实践、转化为现实生产力的专门人才。[4]实践教学在应用型人才培养中占有十分重要的地位,现实中这一问题已经为高等教育界特别是广大地方高校所共识,不少地方高校都建立了"三层次""四模块"的实践教学体系,实践教学条件也随着国家和地方经济实力的增强不断改进和完善,学校也都普遍重视第二课堂活动,着力学生的实践能力与创新意识培养。但是,在应用型人才培养的现实过程中,理论教学与实践教学、第一课堂与第二课堂、校内实践与校外实践割裂的问题同样十分突出。就理论教学与实践教学而言,在一些学校,不仅理论教学时间多,实践教学时间少,而且因为实践条件限制,理论教学中提出的实践问题往往不能进行有效地验证,更无从开展综合性、设计性实验;就第一课堂与第二课堂而言,现行做法是多采用分设管理的方式来组织,即第一课堂由教务处负责组织和管理,第二课堂由团委或学生处负责组织和管理。这种状况给第二课堂的开展造成了许多实际困难,如一些学校的第二课堂一直未纳入统一的培养方案,第二课堂活动的开展缺乏高水平教师队伍指导,更不要说配备专门导师针对不同学生特点进行因材施教,学校对第二课堂活动的场地、设备、经费等也支持乏力,其结果不仅第二课堂的整体质量和层次难以提升,而且也未能有效地成为第一课堂教学的有益拓展。就校内实践与校外实践而言,一些学校的校外实践资源建设与开发严重滞后,学生的校外实践停留于能做多少做多少的状态,有的学校干脆让学生自行联系接受单位,自行实习,又没有有效的质量与监控机作保障,结果导致校外实习这一重要的教学环节严重流于形式,校内外实践之间的有机衔接更是无从谈起。

矫正地方高校应用型人才培养在实践教学方面存在的严重问题,有效转变现行理论教学与实践教学、第一课堂与第二课堂、校内实践与校外实践之间严重割裂的现状,适应应用型人才培养的本质要求和特点,关键是要在统一的教育教学方案中对各类实践教学的学时、进度、方式及其保证条件、措施等,进行统筹考虑和安排,以便在实际教学管理过程中有序、扎实地推进,确保各类实践教学之间有机衔接和促进及其各个环节得到实实在在地落实。在此前提下,尤其是实践教学条件仍然薄弱的学校,特别应当多方面采取措施,加大建设力度,确保实践教学在应用型人才培养中特殊重要作用的发挥。在这方面,一个有效的重要途径是:大力拓展校企合作办学渠道,尽可能利用企业技术升级快、设备先进、技术力量雄厚等优势,与企业共建教学实验室和生产实践、实习基地,既有效解决学校的经费及其他条件的不足,又保证学生实际接触企业的先进实验条件与手段,尽早适应企业、管理一线的生产和实际,更加自觉地规划和调整自己的发展规划与状态,为毕业后进入社会做好专业准备。

此外,加强应用型人才培养的实践教学,还必须十分重视现有教师队伍的培养和提高。随着 20 世纪 90 年代中后期我国高等教育的大发展,地方高校在校生人数大幅度增长的同时,教师队伍也迅速扩大,近年来进入地方高校的大批年青教师,普遍受过较高层次的教育,但是也普遍缺乏实践教学工作的经验与技能,有的甚至难以独立完成所承担课程的实践教学任务。针对这种情况,各地方高校应当立足本校实际,积极探索多种方式和途径来解决,如可以考虑安排年青教师到学校实验室或生产实习中心专职工作 1～2 个学期,以便在实验室、实验实习中心教师或工程技术人员指导下,全面学习、了解、熟习有关实验或实践的流程、操作、组织与管理,切实培养和提高从事实践教学工作的能力;又如可以轮流选送青年教师到有关企业或社会组织从事一定时间的实际工作,便于他们系统学习和了解有关企业、组织的管理、生产与工作,提高从事和解决实际问题的能力,进而成长为既有高深理论知识,又有较强实践能力的高水平教师,为培养高素质应用型人才打下坚实的基础。

总之,随着我国高等教育大众化快速发展,应用型人才培养越来越成为地方高校的重要任务。但是,与学术研究型人才不同,应用型人才的主要任务是将专业知识和技能应用于实践,他们所掌握知识必须为一线社会生产或社会活动所需要,具有较强的专业能力和技能。适应这样的人才培养要求,地方高校必须转变过去精英教育的方式,创新人才培养理念与实践,从现阶段实际看,尤其需要在本科专业及其课程的设置、人才培养与教学方式的组织、教学工作与科研关系的处理以及实践教学四方面实现深刻的转变,与此同时,教师的实践教学能力更需要优先提高和增强。

参考文献:

[1]耿有权. 什么是世界一流研究型大学的贡献[J]. 江苏高教,2009(2):17~20.

[2]本刊评论员. 培养应用型人才:我国高等教育目标的重大调整[J]. 教育发展研究,2009(5):1.

[3]杨玉良. 大学不能没有"精神围墙"[N]. 中国教育报2009-06-29(5).

[4]张锡侯. 我国本科高校应用型创新人才培养模式初探[J]. 民办高等教育研究,2008(3):26~29.

02

学术评价问题

　　学术评价是激发学者学术激情、创新学者学术生命,促进学术发展的重要方式,具有一系列重要的本质特点。我国现阶段由于受多方面因素影响,学术评价呈现诸多乱象。实现学术评价本真的回归,必须明晰行政权力与学术权力的各自边界,为学术评价回归本真提供首要前提;加强学术道德建设,增强学者自律意识,为学术评价回归本真提供内在保证;注重学术制度建设,将权力关进制度的"笼子",为学术评价回归本真提供重要的规范支撑。

　　高校教师职务晋升,形式上表现为专业技术职务由低级上升到高级,本质上表现为专业技术水平和能力实现较大程度的跃升。我国高校教师职务晋升已基本形成比较系统的评价体系,但实际评价中也存在亟待解决的问题。恰当开展高校教师职务晋升评价,需要合理确定学术成果的类型和规格,确保高校教师职务晋升评价起点合理;优化定性评价及量化评价方式,使其最大可能地释放"正能量";建立适应特殊情况需要的"代表作"评价制度,充分体现人文关怀;着力将教学学术评价置于扎实的年度考核基础上,"硬化"考核的内容与要求。

　　高校教师的学术水平决定于学术成果的质而不是量。学术代表作评价是有效判定教师职务晋升申请者的学术水平是否达到相应教师职务要求的重要方式,具体内容应涵盖学术代表作的外部特征与内容特征两个基本层面。有效减少学术代表作评价误差,需要评审专家确实学有专长以及具有较好的学术良知,也需要完善的制约机制为保障。

课题和经费是开展科学研究,取得学术成果的重要平台,本身不是学术成果,不能直接用于高校教师职务晋升的科研评价,不考虑课题、经费与学术成果的性质差异,将课题、经费一同纳入高校教师职务晋升的科研成果评价体系,极易导致一系列消极影响,污染学术环境。我国高校教师职务晋升的科研水平考核确须根本改变现行量化考核体系,将重点聚焦于高水平科研成果的数量与质量。为此,高校必须建立教师职务晋升学术成果评审专家库,高度尊重专家意见,确保高校教师职务晋升的学术性、严谨性和规矩性。

学术评价的内涵、异化与本真回归

学术评价是学术活动的重要内容,又能动地作用于学术发展,积极的学术评价促进学术发展,消极的学术评价阻碍或扭曲学术发展。当下,我国学术事业伴随改革开放深入发展日趋繁荣,各种形式的学术评价在不断开展,同时也暴露出不少突出问题,亟须认真研究和重视。要说明的是,现实中的学术评价甚多,高校教师学术职务晋升需要学术评价,不同类型、不同级别的研究课题申请需要学术评价,对优秀的学术成果等进行褒奖同样需要学术评价,本文的学术评价主要就高校教师职务晋升的学术评价而言,同时兼顾其他方面的学术评价。

一、学术评价的重要内涵

学术,在中文语境中有多重涵义,如学习治国之术,治国之术,教化,学问、学识,系统的专门的学问,观点、主张、学说,学风,法术、本领等,对应的英文是 Academia,是指进行高等教育和研究的科学与文化群体。随着社会发展,学术逐渐以学科和领域来划分,内容逐渐细化,专门学术领域陆续出现。现实研究中,不同学者立足不同的研究需要往往给予学术以不同的定义。如"学者所进行的科学研究活动和创立的知识体系",[1]"创造知识或以一种新的方式使用现在知识解决疑难、回答问题"。[2]公开发表的研究成果,并且为圈内人士严格评价、使用、参考和发展。[3]具有理论性和科学性的实践经验总结,是知识和实践经验的理论抽象。[4]《辞海》将其定义为"较为专门的、有系统的学问"。尽管不同学者的理解各有侧重,就其基本内涵而言,学术的基本特征就是研究、探索和发现,终极价值追求是经过探索和发现,积累起系统的知识,应用于社会,造福于公众。在这样的意义上,学术似可以简洁地定义为发现知识、创造知识的活动和结果,是对客观规律的揭示和阐述。

关于学术评价,学术界同样有多种看法,见仁见智。如"以研究活动的成果及其主体为对象,以逻辑分析及部分事实判断为基础进行的价值判断活动";[5]以探求真理为唯一目的,通过对既有科学成果的审视、检验、识别和修正而达到接近绝对真理的目的,核心是学术研究的质量;[6]是对学术活动的价值的判断,包括对这种活动本身及其活动结果的价值的判断;[2]是以学术标准为尺度对学术活动效果作出的价值判断。[3]几种看法虽有细微不同,基本涵义却不外四个方面:其一,学术评价的对象是学术活动或学术研究的成果。其二,学术评价的依据是严格的学术标准。其三,学术评价的方法是对学术活动或成果的专业审视、检验和识别;其四,学术评价的目的是探求真理,坚持真理。除此而外,学术评价还须建立在专门的学术素养和学术视野基础上,否则很难保证学术评价的专业性;评价者的学术良知是学术评价客观、可信的重要保证,否则绝无学术评价的公平、公正和客观可言。立足于这些方面,笔者认为学术评价似可简洁地定义为学术同仁立足相应学科要求,凭借精深的学术素养、宽阔的学术视野、高尚的学术良知对学术活动或学术成果的学术价值、研究不足以及学术伦理等进行的学术评判。与这一定义相适应,学术评价内在地具有五个方面的重要特点:

其一,学术评价是由学术同行所开展的评价。学术同行是指具有相同的知识领域、研究领域、共同的学术语言和学术要求的一类学者,彼此能够立足本领域的基本理论、基本知识和方法,对相应的学术活动或学术成果作出专业性的学术审视,从而对其所具有的学术含量进行比较准确的判别。学术同行,本质上拒绝凭借某种权力却无相应学术素养的假学者介入,更拒绝行政权力的干预和扭曲,它要求使用学术语言,说学术行话,而不是用行政语言,说行政官话。学术同行有大同行与小同行之分,大同行一般是就大的学科门类而言,小同行一般是就大的学科门类下面更细的学科而言。在当今社会科学技术迅猛发展,科学知识高度分化的情况下,开展学术评价,小同行的判定相比更专业,更有优势。

其二,学术评价是对学术活动或学术成果所开展的评价。学术评价只能围绕相应的学术活动或学术成果而进行,评价的依据只能是相应的科学理论、科学知识、科学方法和手段,评价过程始终以学术权力为主导,只服从学术同仁的学术眼光和判断,评价结果既要符合相应学术活动或学术成果的真实,又要对学术活动的从事者或学术成果的取得者有更深入的启发意义。学术评价的过程,既与各种权力关系、亲情关系、朋友关系、利益关系等无关,各种权力关系、亲情关系、朋友关系、利益关系也不得以任何借口或势力强行渗透或介入。被评价学术活动或学术成果的当事人对学术评价有异议,或者学术同仁对学术评价有异议,需要复议的,也只能通过专业的学术评价来判断,绝不允许简单地进行行政裁决。

其三,学术评价是对学术活动或学术成果的创新价值所开展的评价。这是学术评价的核心。创新是学术活动和学术成果的生命,也是学术活动和学术成果的使命所在,没有创新的学术活动和学术成果毫无价值可言,并且是对学术资源的严重浪费。不同性质的学科，其学术活动或学术成果的创新存在差异，在基础研究领域是指在理论、原理、方法方面的创新，在应用领域是指有关发明或创造方面的创新。就一项学术活动或成果创新的方式分，可以有发现问题的创新，研究角度的创新，研究思维的创新，研究方法的创新等；就创新的性质分，可以是原创始性创新，集成性创新，引进、消化、吸收后的再创新等等。学术评价的关键在于比较准确地判断一项学术活动或学术成果有无创新，有什么类型或者什么性质的创新，有多大程度的创新等，从而对其学术价值给出明确的判断。

其四，学术评价是依靠评价者的学术水平与学术良知所开展的评价。这是学术评价的关键。学术评价是高度专业和智力化的活动。一项学术评价结论是否信度、效度齐备，一方面要求承担学术评价任务的学者必须有比较精深的学术造诣，比较宽阔的学术视野，比较突出的学术成就、学术威望等，另一方面是必须有学术良知，有尊重知识、尊重人才的高度自觉，学术严谨、处事公正、光明磊落、受人尊敬，能够严格按学术标准进行，作出专业的学术评价。这是学术评价公平、公正、合理、可信和有效的重要主观前提。

其五，学术评价是以推进学术创新和学术繁荣为根本价值追求所开展的评价。不同的学术评价，直接目的可能各不相同，如基于高校教师学术职务晋升的需要，或肯定学术成果、奖励学术人员的需要；或学术成果具体应用的需要等，但就学术是探究和发现知识、揭示客观规律，造福人类而言，学术评价的根本目的却是肯定学术活动或学术成果中的真理成分，激发学者探索和发现的激情，不断推进学术事业的发展和繁荣。

二、现实中学术评价的异化

学术评价是众多社会活动的一种，同样受社会发展、社会活动的影响与制约。学术评价的根本价值追求是激发学者的学术激情，促进学术发展与繁荣，但在客观上，学术评价又与人们的利益直接相关，在市场经济影响下，学术评价更会受到程度不同的消极影响，出现扭曲或异化，不仅背离学术评价的本质要求，而且对经济社会发展，特别是学术发展产生严重的消极影响。现实的我国由于市场经济趋利性冲击，学术活动行政化，思想及价值观多元发展等复杂因素，原本圣洁的学术评价却出现了五花八门的扭曲和异化，严重影响了学术评价和学术事业发展，特别值得高度重视，具体表现大致可以概括为八种形式：

1. 工分式评价。时下，我国绝大多数高校对教师学术职务晋升的学术评价，往往一味强调量化评价，数字比较，复杂的项目评价体系，涵盖科研课题、学术著作、学术论文、科研经费、科研奖励、教学研究、教学奖励等。不同的项目又分出不同的等级和类型,然后对不同项目及其不同等级和类型赋予不同分值,申请者须在申请书中如实填写,然后由管理部门一一核对、数数,计算总分,总分高者自然居于优势地位,总分低者地位自然不利。这种评价的最大问题是只看数量,不看质量,把严肃的、细致的、需要依靠专家学术素养、专业知识进行仔细审视、体味的工作转化成简单的数数,严重背离学术本质要求。通常导致一些分数不高,但学术成果质量较高的申请人被挡在学术职务晋升大门之外,一些总分很高的申请者,其实际学术水平、学术能力却相差甚远,严重影响高水平学术人才的有效识别和选拔。

2. 应付式评价。这是一种不严格按照学术要求办事,应付差事的评价。时下的高校教师职务晋升中比较常见。具体而言,一些高校开展教师学术职务晋升工作,通常聘请校内外同行专家对申请者提交的反映其最高学术水平的成果进行鉴定,并在鉴定的基础上给出申请人的学术水平是否达到相应学术职务晋升要求的结论,为学校评聘委员会提供重要参考。但在具体实施过程中,一些高校往往委托与本校学术水平差距不大的高校安排评审专家,虽然不少专家能够按照评审要求,遵循学术规范,认真审读和思考,所作学术评价比较符合被评价学术成果实际。也确实有部分专家严重不负责任,对被审学术成果草草浏览即挥笔成言,文不对题、文不切题,甚至是错别字、病句屡屡可见,所作评价及最后结论十分随意,直接影响学校各级评聘委员会对申请职务晋升的教师作出正确的选择。

3. 吹捧式评价。学术评价者不是立足被评价的学术成果实际,凭借相应的学术素养、专业知识,严格按照学术要求和规范,进行严格、规范的学术审视,进而对被评价学术成果的规范、严谨情况,学术价值,创新突破,研究不足等给出如实评价,而是出于人情关系、利益关系,甚至是利害关系等,对被评价学术成果"灶王爷上天,好话多说",极尽奉承、夸张,赋予各种溢美之词,随意拔高评价等级,至于学术研究存在的不足却矢口不提。这类评价,一般多见诸于对于有影响的领导人晋升高校教师学术职务的学术评价以及一些报纸、刊物的"应约式"学术评价之中。

4. 自说自话式评价。这种评价实际是自己的学术成果自己评,然后请人代言,借助他人之手,将自己作的评价转变成他人的评价或社会评价。借助之人往往是朋友、老师、同学,或者是关系密切且在学术界有一定影响的官员等,发表的媒体往往是公开出版的报纸或刊物。一旦发表,该成果的持有者在参与学术成果评奖、课题申请、教师职务晋升、领导职务晋升等方面都可能发挥其特殊意义的作用。

5. 压制式评价。典型表现是无视学术成果实际,将有重要意义和创新价值的学术成果,评判为无重要意义和创新。如高校教师职务评聘的代表性成果评价,或研究课题申请的评价,某些承担评审任务的学术同行,因为事前受人所托,为保证托付人达到学术职务晋升/课题申报成功的目的,往往有意对与其有竞争关系申报人的成果给予降格评价;或是因为成果/课题申报人与学术评审人之间有间隙,在聘请方不知情的情况下,评审人利用评审权力对被评成果作出不公正评价。还有一种情况:一些学者不能正确看待自己的学术观点,容不得不同意见,无论是课题申报评审、研究课题评审,还是学术刊物的用稿评审,只要手握评审大权,见到与自己意见相左的观点,都会在强烈的感情支配下给予消极评价,或者断然否定。

6. 一刀切式评价。这类评价主要发生在高校教师学术职务晋升的条件要求中。现实的高校,几乎不存在单一学科型高校,多为综合类、多科类。不同学科有不同的学术要求,有的学科重点在理论发现,有的学科更注重理论应用于实践的产品研发或创造。与不同学科的特点相适应,教师学术水平和能力的侧重点自然不同。高校教师的学术职务晋升理应考虑不同学科的特点,提出不同的学术要求,当下我国绝大多数高校在教师学术职务晋升条件设计上却采用一刀切:高水平学术论文、科研课题、科研经费、科研获奖等,导致教师职务晋升的学术评价要求与学科特点以及教师的工作、特长等存在较大偏差,片面地引导教师为了凑足晋升条件而不务正业,严重影响高校的学科发展和教育教学。

7. 外在式评价。主要有两种情况:一是在高校教师学术职务晋升方面,学校有关管理部门对申请人提交的代表作品采用"以刊取文"的政策,符合学校要求的期刊论文就通过,不是学术要求的期刊就拒绝;另一种情况是在学术成果奖励的评审方面,往往重视刊物的级别、影响因子、被引用率、学术著作出版社的级别等外在指标,对成果原件却很少认真阅读和审思,以至于一些学术成果的特殊性创造或贡献,蕴涵的学术个性化精神等无从得到相应的肯定,极易压制具有特殊创新价值的学术成果。

8. 身份式评价。这种评价的主要特点不是看重申报人的学术成果,而是格外看重申报人的社会身份。一个申报者尽管学术成果或学术活动的质量平平,但只要身份特殊,大权在握,总会有人关照学术同行在评审中卖人情,从不同侧面给予不合实际的高评价。这种情况主要发生在高校教师学术职务晋升评审、学术系统内高标准高荣誉学术头衔评审、学术成果奖励评审、科研课题申报评审当中。身份式评价的要害是权力大于学术,权力通吃,严重破坏健康和谐的学术生态,是官本位在学术评审中的突出反映。

三、学术评价本真的回归

学术评价是学术活动的重要组成部分,每次具体的学术评价,直接目的可能不同,根本目的却都在于通过对相应学术成果或学术活动的学术评判,肯定高水平学术成果或学术活动的学术价值或应用价值,激发学者发奋探究的学术激情和志趣,促进学术活动高质量开展和学术事业蓬勃兴旺。当下,我国学术评价呈现种种乱象,既严重影响学术评价的社会声誉,更严重影响学术事业的健康协调可持续发展,要有效发挥学术评价的重要作用,实现学术评价的根本价值追求,回归学术评价本真,必须为其创造社会条件,重塑学术评价的健康环境和氛围。

1. 明晰行政权力与学术权力的各自边界,为学术评价回归本真提供首要前提

行政权力是国家行政机关以特定强制力为后盾,对社会事务和社会活动等进行管理的权力,主体是国家行政机关及其工作人员,基本依据是国家宪法和法律法规,基本职责是调节社会关系,排解社会矛盾,化解社会冲突,基本目标是贯彻执行国家法律、法令和各类政策,有效实现国家意志,实现社会健康协调可持续发展,执行、管理和强制是其基本特征。即使在大学内部,行政权力也是自上而下,科层制管理,以执行、管理、服从为前提,无论是纯粹行政人员,还是拥有学者身份的行政人员,在行政权力系统都必须遵循行政权力要求。学术权力是在学术领域依据学术规律,遵循学术要求,对学术事务进行管理的权力,主体是专家学者,基本依据是学术规律及其本质要求,内在条件是专家学者的学术素养和学术良知。学术权力的基本职责是对学术事务进行调节、评价和管理,基本目标是实现学术事业的健康协调可持续发展。学术权力的运用以学术自由为前提和基础,即使是拥有行政身份的学者在学术权力系统,也必须遵循学术权力的习惯和要求。

行政权力与学术权力有区别,也有联系。区别表现在:一是,性质不同。行政权力是政治权力的一种,具有强制性,学术权力是处理学术事务的权力,不以行政强制力为后盾。二是,作用范围不同。行政权力在全社会范围内使用,调节社会关系,排解社会矛盾,化解社会冲突,具有宏观性,即使在学术单位,作用范围仍然具有相对宏观性,学术权力只在学术范围内使用,调节学术关系,处理学术事务,具有微观性。三是,作用依据不同。行政权力的依据是宪法、法律和法规,学术权力虽然也依据有关学术管理的法律和法规,但必须以专家学者的学术素养和学术良知为保证。四是,作用方式不同。行政权力是国家政治权力的一种,虽然具体工作中要求充分的说服和协商,本质上却以国家强制力为后盾,学术权力处理的是学术事务,依靠的是专家学者的学术素养和良知,建立在充分的学理基础上,没有权力的大小,地位的高低,学理面前人人平等。二者之间的联系表现在:一方

面,学术活动是社会活动的内容之一,行政权力有责任、有义务为学术权力的有效履行提供宽松前提,创造有利条件,给予有效保护;另一方面,行政权力与学术权力彼此存在张力。学术权力范围内,行政权力不能随意插足,否则学术权力有权予以坚决抵制,学术权力也不能随意逾越自己的行使范围,影响行政权力行使,否则行政权力同样有权予以制止,必要时可以依据相应法律法规宣布其行为无效。当下,我国学术评价乱象纷呈,原因是复杂的,其中极为重要的原因就在于传统的"官本位"影响以及现实中行政权力任意插足学术事务,干预学术权力,使学术活动不能按学术的本质要求来运转。要有效扭转我国学术评价的种种乱象,回归学术评价本真,相关管理部门特别是学术管理部门必须严格把握行政权力与学术权力的关系,自觉划清二者的边界,着力抑制行政权力的强势与任性,切实保障学术权力有效运行。

2. 加强学术道德建设,增强学者自律意识,为学术评价回归本真提供内在保证

道德是反映和调整人们现实生活中的利益关系,依靠人们的内在信念、传统习惯和社会舆论维系的价值观念和行为规范的总和。学术道德是职业道德的一种,是从事科研工作、进行学术活动应遵守的道德规范。学术道德是治学的起码要求,体现的是学者的学术良知,主要依靠学者的学术良知和学术共同体的道德舆论来维系。学术道德具有自律性和示范性,是维护学术活动正常开展和学术事业健康发展的内在保证,学术道德缺失意味着学术失范现象滋生和蔓延。学术评价是对相应学术成果或学术活动的规范性、严谨性、创新性等方面的价值进行学术判断,以激发学者的创新激情,推动学术事业兴旺发达,不仅需要专家学者有高深的学术素养,而且特别需要高尚的学术道德和学术良知,基本要求是无论被评价成果的持有者或被评价学术活动的主体是谁:有较高的学术地位,无较高的学术地位,有行政权力,无行政权力,与自己有相识关系,无相识关系,是学术前辈,还是初出茅庐的新人,一律平等看待,只以学术成果或学术活动为评价对象,拒绝一切外在因素影响,甚至是权力或丰厚利益的影响,坚持以严谨的学术规范和要求进行专业审视,评价结论客观、公正,言之有理,持之有据,摆事实,讲道理,不抱任何学术成见、歧视和偏见,更不搞党同伐异。[7]

我国现实中,学术评价乱象丛生,导致学术界不满意,社会不满意、学者不满意,严重影响学者学术生命的勃发以及学术事业发展,原因是多方面的,如上所述市场经济的趋利性诱使学人一切向钱看;"官本位"氛围浓厚,行政权力具有强烈的影响力和吸引力;改革深入发展,利益深刻分化,思想文化多元发展,导致人们价值取向多元等,这些对学术评价的影响都是现实的,深刻的,但是深层问题还是

我国的学术道德建设比较滞后,长时间没有倡导学者共同遵守的学术规范,既导致部分学术工作者学术道德意识放松,更导致了部分学者对学术道德的无意识,进而为学术评价种种乱象滋生提供了内在必然性。因此,要有效根治我国学术评价的种种问题,政府和学术界必须把加强学术规范和学术道德建设置于推动学术事业发展的重要地位,通过广泛的舆论宣传和严格的制度规范,引导广大学者牢固地树立学术道德意识,加强学术道德修养,严格学术道德自律,为我国学术生态改善和学术评价本真的回归提供重要的内在保证。

3. 注重学术制度建设,将权力关进制度"笼子",为学术评价回归本真提供重要的规范支撑

邓小平曾指出,制度问题更重要,具有根本性、稳定性、全局性和长期性。[8]习近平继承、创新邓小平的权力制约思想,立足我国改革开放和现代化建设发展新时期的新环境、新形势、新要求,强调"加强对权力运行的制约和监督,把权力关进制度的"笼子"里,形成不敢腐的惩戒机制、不能腐的防范机制、不易腐的保障机制"。[3]135虽然邓小平、习近平的制度重要性思想直接针对的是党和国家的领导制度、组织制度和工作制度,但其基本精神对学术领域的管理及学术评价同样适用。现阶段我国学术评价领域众多乱象要得到有效治理,需要在理论上和意识上着力划清行政权力与学术权力的边界,也需要加强学术道德建设,努力增强学者的自律意识,在此基础上更需要加强学术制度建设,将权力关进制度的"笼子",为学术评价回归本真提供重要的规范支撑。

这有两个重要方面:一方面需要国家或政府在有关法律、法规中进一步规范行政权力与学术权力的边界,如通过开列权力"负面清单"的方式,对行政权力与学术权力的关系作出明确规定,对违规行为给出明确的处罚要求,既提高行政权力守法的自觉性,也增强学术权力的自主意识,切实保障二者有序、合规的运行;另一方面负责学术评价的高校或有关单位必须注意研究、建立有效的权力约束机制,确保评审专家的有效挑选及其作用的发挥,如评审专家挑选机制,多人评审互补机制,专家评审结果审视、评价机制,专家随机挑选机制,不公平、公正、不认真评审专家淘汰机制等,以实现对评审专家的有效约束,确保学术权力公平、公正、公开的运用。此外,学术界还应当在我国法律、法规允许范围内,重建学术批评机制,大力倡导学术批评之风,使道理越辩越透,真理越辩越明,也有效提升学术界恰当开展学术批评和学术评价的意识、能力与水平。

总之,学术评价对于激发学者的学术激情,发展学术事业具有极为重要的意义,我国现实中由于受多方面因素影响,学术评价呈现种种乱象,严重影响学者学术激情的发挥和学术事业发展,着力扭转我国学术评价现状,需要从多个方面着

力,其中最为基本的是要明晰行政权力与学术权力的各自边界,为学术评价回归本真提供首要前提;加强学术道德建设,增强学者自律意识,为学术评价回归本真提供内在保证;注重学术制度建设,将权力关进制度"笼子",为学术评价回归本真提供重要的规范支撑。

参考文献:

[1]刘尧.学术评价应派发学者的生命[J].高校教育管理,2012(2):8-9.

[2]姜尔林.学术评价应有利于创新[J].大学.研究与评价,2007(3):61-63.

[3]张保生.学术评价的性质和作用[J].学术研究,2006(2):10-15.

[4]郑东.学术概念的特质与学术发展的动能[J].河北学刊,2005(2):27-30.

[5]叶继元.学术评价何以必要与可能[OBOL].http://www.gmw.cn/01gmrb/2010-08 -03/content_1200914.htm.

[6]谭长拥,姚兵,杨伟."核心期刊在学术评价中的利弊分析".科技情报开发与经济[J].2012,(14).90~92.

[7]陈先达.学术评价的主体和评价标准[J].毛泽东邓小平理论研究,2012(1):83~87.

[8]邓小平文选.第二卷[M].北京:人民出版社,1994:333.

高校教师职务晋升评价的内涵、问题与改进思考

高校教师职务晋升,有专业技术职务晋升和行政职务晋升之分。本文的高校教师职务晋升,特指专业技术职务晋升。我国高校教师的专业技术职务包括助教、讲师、副教授、教授四个档次,每个档次内部又包含若干级别。本文的高校教师职务晋升,涵盖档次的晋升和级别的晋升。高校教师职务晋升必须经过相应的专业评价(以下简称"晋升评价"),但这样的评价到底怎样实施才比较合理,比较符合高校教师的本质要求,有利于推动高校教师以及高校人才培养、科学研究和社会服务工作的有效开展,一直是实践中比较难以把握的问题,相关的学术研究也是仁者见仁,智者见智。笔者以为,恰切进行高校教师职务晋升评价,以下问题无论如何都必须纳入思考的范围:高校教师的本质是什么? 高校教师职务的本质内涵是什么? 立足高校教师职务的本质内涵,高校教师职务晋升评价应当怎样确立适宜的立足点? 现行高校教师职务晋升评价的一般作法及其突出问题是什么? 高校教师职务晋升评价到底应当采取怎样的评价方式更有效? 以下,笔者将这些问题归纳为三个方面简要讨论。

一、高校教师职务晋升评价的一般内涵

高校是以传播高深知识、培养高层次人才,从事科学研究,创新发现知识,进而为社会提供高层次服务的社会组织。其中,培养人才、科学研究是高校最为基本的两项功能,服务社会则是这两项基本功能的内在延伸。对高校的前两项基本功能,洪堡早有深刻地阐述:"高等学校的一个独特特征是,它们把科学和学问设想为处理最终无穷无尽的任务——它们从事一个不停的探究过程。低层次的教育提出一批封闭的和既定的知识……在高层次,教师不是为学生而存在,教师和学生都有正当理由共同探求知识"。[1]19清华大学校长梅贻琦在其《就职演说》中也曾言:"大学之使命有二:一曰学生之训练,一曰学术之研究"。[2]358正因为高校既为社会培养高层次人才,又探究、发现新的知识,引领人们深入认识自然、认识社会,适应自然、适应社会,满足人类社会生存发展的需要,它才具有恒久的生命

力,在人类的种种创造中,没有任何东西比大学更能经受漫长的淹没一切的时间历程的考验。今天,高校在经济社会发展中的作用更为突出,大力发展高等教育,实现高等教育强国已经为世人所共识。在我国,实施科教兴国战略的重要任务之一,就是在大力推动我国教育事业发展的同时,大力发展高等教育事业,在整体提高我国高等教育综合实力的基础上,重点建设一批高水平高校,特别是在国际上知名或者有影响的高校,为推动我国经济社会发展提供强大的动力支撑。

高校教师在高校人才队伍中居于极为重要的地位,是现代高校社会责任的主要承担者。具体而言,传播知识、培育人才是其当然的本职责任;发现知识、创新知识是其适应经济社会发展需要,不断提高育人层次,推动科学技术发展的当然要求;为社会提供专业服务、解决实际问题,是现代社会的发展要求,也是高校教师发现知识,创新知识,提升科学研究水平,进而为育人提供新的知识养料和储备的重要途径。"大楼、大师、大气"是高校的三个显著特点,但"大师"则在其中居于核心的地位。一所大学,大师越多,社会影响也越大,越能显示出大气。当然,并非所有的高校教师都是大师,或者都能成长为大师,但是高校的大师无论如何出自教师群体。高校教师的这种重要地位,相应地决定了它是高校所有服务工作的中心以及内部利益分配的政策聚焦。尽管高校内部的利益分配历来复杂而敏感,但现阶段国内高校的内部利益分配适当向教师群体倾斜已经成为基本的价值取向。

高校教师是履行高校社会责任的重要群体,赋予不同教师以不同的专业技术职务,本质上是对知识和人才的应有尊重,也是高校教师的重要管理方式。所谓高校教师的专业技术职务,具体是指依据高校及高校教师的本质及职能,授予具有不同专业技术水平教师的专业技术称号,进而聘任到相应教师岗位任职,享受相应学术权利,履行相应学术责任。高校教师职务在不同国家有所不同。美国分为教授、副教授、助理教授、讲师四级;法国高校分为教授、讲师和助教。在我国,汉、唐两代太学设博士,专门教授学生。宋代中央和地方的学校开始设教授。元代各路州府儒学及明、清两代的府学都设教授。清代末年兴办新学,大学设正教员、副教员。1912 年,中华民国临时政府教育部公布《大学令》,规定大学设教授、助教授;1917 年修正《大学令》,规定大学设正教授、教授和助教授。1924 年的大学条例取消助教授。1927 年国民政府教育行政委员会公布《大学教员资格条例》,开始规定大学教师分教授、副教授、讲师、助教四级。这一设置方式,中华人民共和国成立后沿用至今。

高校教师职务晋升的内涵可以从两个方面来审视:形式上,它表现为高校教师的专业技术职务由低级上升到高级;在本质上,它表现为高校教师的专业技术水平和能力经累积实现较大程度的跃升,能够适应更重要的专业技术岗位要求,承担更重要的专业技术责任,履行更重要的专业技术义务。高校教师职务的这种阶梯式设置及其不同内涵,相应地决定了从较低一级上升到较高一级,绝不能由行政部门直接任命,或由行政长官直接说了算,必须在本人经过艰苦学术努力的基础上,由业内高水平同行按照相关学术规则进行严格的专业技术水平审查,合格者经学校认定和批准,方能实现相应晋升。

立足高校及高校教师的本质和发展需要,有关高校教师职务晋升的专业技术水平及能力审查内容,主要有两大基本方面:一方面是科学研究的学术水平和能力。美国教育哲学家布鲁贝克指出"无论学院或是大学都不是一个政治团体,它的职责不是行政管理,而是发现、发表和讲授高深学问"[3]42阿弗尔雷斯·诺思·怀特海(Alfred North Whitehead)也认为:"大学存在的理由是,它使青年和老年人融为一体,对学术进行充满想象力的探索,从而在知识和追求生命的热情之间架起桥梁".[4]137哲学家罗素也认为大学乃是为了两个目的而存在:为某些职业训练人才,从事与眼前用途无关的"学术研究".[5]191高校教师从事科学研究的学术水平和能力直接关乎高水平教学工作的开展,也直接影响高校对经济社会引领和导航作用的发挥。没有科学研究的高校,不是真正的高校,没有高水平科学研究的高校,不是真正具有高水平的高校,它所培养的人才,也不可能是高水平的人才。正因为如此,高校教师职务晋升评价必须高度重视科学研究的实际水平和能力。

另一方面是教学学术水平与能力。高校教师首先是教师,相应的教学学术水平评价当然是其职务晋升评价的重要内容。"教学学术"由美国学者博耶1990年在《学术的反思:教授工作的重点》专题报告中提出。"学术意味着通过研究来发现新的知识,学术还意味着通过课程的发展来综合知识,还有一种应用知识的学术,即发现一定的方法去把知识与当代问题联系起来,还有一种通过咨询或教学来传授知识的学术。""大学教学是一种学术,一种提高和支持教师对自己教学实践的学术。"[6]35~41教学学术评价的其本内容,包括教学工作评价和教学效果评价,前者主要评价高校教师将相关教育教学理论运用于教学实践的学术倾向;后者主要评价高校教师教学学术成果的研究性、创造性和交流性,其关键在于教师的教学效果能否得到学生和同行的肯定。

除此之外,还应当考虑相应公益服务。高校教师作为高深知识的传播者和探求者,更应具有高度的社会责任感,具有积极从事公益服务的义务与责任。公益服务的具体内容,既包括不同层次的学术性公益活动,也包括除人才培养、科学研究之外,高校教师利用自己的专长直接为社会提供服务。不过,这方面的要求必须适度,即应当建立在有效开展人才培养和科学研究的基础之上,而不是把大量精力用于这种服务而影响人才培养和科学研究的开展。

高校教师职务晋升必须经过严格的专业评价,是各国高校的通行作法。在美国,这样的评价涵盖教学、科研和公益服务。教学评价主要是在每学期学生公开评教的基础上,综合学生评议,得出综合意见;科学研究评价主要以高水平学术论文或论著为对象;公益服务评价,主要是参加全国性学术会议以及参加院系、学校、地方以及全国有关学术组织的活动及社区服务。英国的教授晋升是在学院推荐的基础上,由学校聘请国内外高校同行进行学术评价,最后综合确定。总的要求是:知识丰富,学问渊博,学术水平高,个人品德好,还要具备相应的领导能力。在法国,教授和讲师晋升需要有讲师和教授推荐,然后由学校报送专门审定讲师和教授资格的全国性专门组织,该组织按学科组织业内同行,对被推荐人的学术水平和教学能力进行评价,合格者方才具有受聘讲师或教授的资格。

二、我国高校教师职务晋升评价的一般作法及突出问题

1. 我国高校教师职务晋升评价的一般作法

我国高校教师职务,具体有如上所述四个档次,每个档次内部又分为不同的级别,但由于档次间的晋升更具有基础性意义,因此下面的论述将定位于档次间的晋升层面。同时,有的地区已经实施教师岗位聘任,评聘工作由高校自己进行,有的地区仍然实行职称评审,高校有实力评审的自己评审,没有实力评审的,特别是对副教授、教授没有评审实力的,由所在省(市、区)人事部门统一组织评审。为使讨论更为集中,以下讨论只针对实施教师岗位聘任的情况进行。还有,教授、副教授是高校教师岗位聘任的重点,下述讨论也主要针对这两个档次。同时,由于由较低级教师岗位聘任到较高级教师岗位,其实质仍然是教师职务的晋升,为了全文概念的统一,下面有关教师岗位聘任的内容均使用教师职务晋升的表述。

现阶段,我国高校教师职务晋升评价,在内容规定上,一般立足于现代高校的基本功能,具体划分为科学研究、教学工作和公益服务三个方面,以前两个方面为主。其中,科学研究大致为:(1)科研奖励,包括国家级各等次奖励、省部级各等次奖励、具有推荐国家奖励资格的全国性行业奖励;(2)科研项目,分纵向项目和横向项目。纵向项目包括国家"973""863"项目、国家自然科学基金重大项目/国家社会科学基金重大项目、国家科技支撑计划项目、国家科技重大专项、国家自然科学基金重点项目/国家社会科学基金重点项目、国家自然科学基金面上项目/国家社会科学基金面上项目、国家自然科学基金青年项目、省部级重大/重点项目、省部级一般项目、省(市)教委重点项目、司局级科研计划项目等。横向项目,也是按自然科学类和社会科学类区分,多采用项目经费折算科研得分。(3)公开出版学

57

术专著、编著和译著;(4)公开发表论文,一般包括期刊论文并 SCI、SSCI 或 EI 检索、CSSCI 论文、中文核心期刊论文等,一些学校还包括会议论文。(5)授权专利,包括发明专利、实用新型专利、外观设计专利、软件著作权等。教学工作大致包含:每学年应完成教学时数、实际教学效果、教学科研奖励、教学改革立项、课程建设、公开出版教材、公开发表教研论文、教学名师等级、教学竞赛奖励、指导学生竞赛获得奖励档次等。公益服务,一般包括校内外有关学术性公益活动。

评价方式上,一般采用定量评价与定性评价相结合。所谓定量评价,就是根据一定的学术标准,对上述评价内容一一赋予相应分值,进而对申请者的学术成果、教学成果等一一统计,最后得出总分,用以不同申请者之间专业技术水平的横向比较。所谓定性评价,就是申请者提供一定量的能够反映自己最高水平的学术成果,多为学术论文或论著,学校聘请校内外专家认真审读,对其学术水平作出评价,明确作出是否达到相应教师职务要求的结论,提出是否可以晋升的建议。学校或学院教师职务聘任委员会,根据校内外专家对申请者代表性学术成果的评价意见,以及量化评价得分,民主讨论并投票决定向学校建议相应教师职务的晋升人选。

晋升申请的入门条件,具体是指高校教师申请晋升高一级教师职务必须达到的基本条件。现阶段,我国高校教师职务晋升申请的入门条件,分为必备与任选两个部分。必备条件,一般包括教学工作和科学研究。教学工作,包含完成的基本教学时数以及教学实际效果,科学研究工作,一般是公开发表若干高水平论文的篇数,当下多是强调外文高影响因子期刊、中文核心期刊并 SCI/EI 检索、CSSCI 来源期刊等。任选条件,主要包括较高级别的教学奖励、教学名师、指导学生竞赛获奖、教学改革,科研奖励、纵向科研项目、重大横向项目、出版高水平、有影响力的教材或学术专著,必要的公益服务等。必备条件的每一条,申请者都必须具备,任选条件一般是在多个备选条件中,申请者按规定具备若干条件即可。

2. 我国高校教师职务晋升评价存在的突出问题

我国高等教育学科创始人潘懋元教授曾言:"改革开放后,我作了 20 年评审教授、副教授的工作。开始条条框框不多,凭借整体判断,结果比较符合实际。那时还可以不拘一格选拔尖子人才。后来条条框框越来越多,只能拿死条条来判断,只要符合要求,比如文章篇数等凑够了,庸才也能上去。但是拔尖人才却可能缺某一项,反而上不去。职称评审评了 20 年,我越评越没有信心"。[7]57~60 我国现阶段高校教师职务晋升评价的突出问题有五个方面:

第一,定性评价结论的可信度不高。我国现行高校教师职务晋升过程中,绝大多数高校对学术成果的定性评价采用校内外专家相结合,以校外专家为主的方式。除高水平高校外,其他高校在聘用校外专家时,基本都是选择与本校水平相当的高校,但由于受人情之风、学术浮躁、专家自身学术水平及责任心等因素的影响,评审专家不认真阅读申报者的学术成果,草草成言,好话多说的现象司空见惯。即使有的学校聘请名校专家进行评审,但评审专家考虑到学校之间水平的显著差异,一般也都轻松放行。至于校内专家,由于评审人与被评审人彼此熟悉,"抬头不见低头见",结果往往多是"灶王爷上天——好话多说"了事。

第二,量化评价计"工分"繁琐费力,并且极易导致以次充好。当下,不少高校为了强调量化评价,以数字说明问题,往往设立庞大的项目评价体系,把可能反映申请者工作中所有可以统计的内容统统涵盖在内,对不同的项目赋予不同的分数,数数算"工分"。既导致工程量浩大,教师、教学院系、学校有关职能部门人员全体行动,加班加点,极易影响学校正常工作,也导致某些申请者虽然由于种种复杂的原因,能够比较容易地获得很高的统计分数而实现晋升,实际学术水平、工作能力与表现却大相庭径。

第三,评价条件缺乏弹性,压抑特殊人才发展。当下,不少高校教师晋升评价都有严格的"入门条件",这对于坚守教师职务晋升的学术底线,提升高校教师学术水平当然是必要的,但是它对少数在"入门条件"方面虽有缺项,但在某个方面表现特别突出,其成果足以得到业内认可的教师而言却明显不公。有人指出:陈景润曾在 10 年内没有发表过一篇论文,其重要论文只发表在国内学术刊物《中国科学》英文版。按照目前的评价标准,这位大数学家可能连聘讲师都不够格。[8]84~89这个观点虽然些有偏激,但不完全说没有道理。

第四,教学评价表面化。现行教学评价,不少学校只有工作量和课堂教学效果考核,工作量考核比较容易,简单统计了事;教学效果评价,多是单一的"学生评教"。但在当今学风普遍浮躁的情况下,学生评价的参考性大打折扣。不少学校虽设立有教学督导组,但由于种种原因,督导组在教学评价方面的作用往往很难有效发挥。有的学校规定有教学改革、课程建设、专业建设等方面的评价,但评价方式多是数一数申请者主持或参与了多少项目,至于效果基本上不闻不问。更有甚者,不少教学改革、课程建设等项目申请时,均以课题组的名义进行,实际执行时变成为主持者一人之事,参与人员毫不问津,但在申请职务晋升时却照样填报这些课题,并按赋值标准计分,导致公开的学术造假,严重影响高校学风建设。

三、恰切开展高校教师职务晋升评价的基本思路

上述四个方面的突出问题,涉及的核心实际是对教师职务晋升评价的学术成果类型和规格缺乏恰切的规定,有"检入蓝中都是菜"的泛化之弊;实际评价过程

中对有关评价方式存在的问题了解不够,缺少对应措施;晋升评价条件规定过于僵化,对特殊人才缺乏人文关怀;教学工作评价未能契合教学活动特点,导致走形式现象严重。恰切开展高校教师职务晋升评价的基本思路,自然应以这些问题为导向而展开。

1. 合理确定学术成果的类型和规格,确保高校教师职务晋升评价起点合理

如上所述,高校教师职务晋升,本质上表现为晋升者的专业技术水平和能力实现较大程度的跃升,但要如实判定具体申请者的专业技术水平是否真实实现了这种水平的跃升,有关学术成果类型和规格的确定必须合理。一是成果类型必须符合不同学科特点,不能对所有学科都使用同一把尺子;二是成果规格的规定必须具有激励性,不能把任何水平的成果都揽入囊中。立足这样的思考,成果类型可以考虑:哲学、社会科学、人文、理学等学科主要应当以论著和论文为宜,工科及其他应用性强的学科,除论著和论文外,高水平发明专利与调研报告也可适当考虑。成果规格方面,学术论著的出版社应当在出版学术著作方面拥有较高的知名度;对于学术论文,核心期刊应居于重要地位。① 至于发明专利,美国有的知名大学规定一项国际领先水平者,可以等同于一篇高水平学术论文。我国不同水平的高校,到底怎样的发明专利能够等同于一篇高水平学术论文可以讨论,但基本原则必须是高水平。就调研报告而言,至少应以省部级以上政府机构采用为宜。

2. 优化定性评价和量化评价方式,使其最大可能释放"正能量"

定性评价的关键在于启用学术界那些学有专长的、受人尊敬的专家担任学术成果的鉴定人,但在当前学术生态下,它的最大缺陷确实如上所述,容易受人情之风和利益关系的影响,导致评价结论部分失真或严重失真。针对当前我国高校教师职务晋升的定性评价严重"放水"情况,可以考虑从三个方面采取措施防止和矫正:一是在学校学术委员会指导下,建立健全各学科领域校内外评价专家库,随机从专家库中调取专家,实行双向匿名评审;二是,向评审专家提供被评价学术成果时,同时提供它们的被引用或者学术界的相关评价情况,既为评审专家独立评价提供必要参照,也制约某些专家因为不正当原因给出有违常识的结论;③学校在使用专家评审结论时,同时对受聘专家评审的合理程度、评价水平作出相应评价,对不负责任、不公正的评审专家,从专家库中予以淘汰,如发现有专家使用不当的情况,需注意在下次聘请中相应调整。量化评价具体可以分为两个层次:一个层次是多数高校现实实行的申请"入门"量化要求,相对比较简单,不必要赋值计算,

---

① 这里的"核心期刊"论文涵盖现实中我国高校常用的"全国中文核心期刊"、"中国人文社会科学核心期刊"、"CSSCI"来源期刊、"SCI"引文索引、"EI"引文索引等论文。

只需够数即可;另一层次是进入量化体系的申请人所有学术成果的统计。对此,需要根据不同类型、不同层次的学术成果分别赋值,计算总分。量化评价的关键在于对不同类型、不同层次学术成果恰切赋值,基本要求是符合学术界的通行作法以及绝大多数教师对不同类型和层次学术成果的心理预期。

3. 切实建立适应特殊人才特点的"代表作"评价制度,充分体现人文关怀

这种形式的"代表作"评价与上述定性评价不同,它是近年来才在个别高校开始实行的一种评价,具体是特指某些教师的学术成果数量、类型等达不到学校规定的相应教师职务要求或相应教师岗位聘任要求,但其学术成果确有重大创见,为有效选拔确实具有真才实学的人才,可以由本人提出申请,提交若干篇(部)代表作品,学校专门聘请校内外高水平专家进行严格学术评审,达到相应教师岗位聘任要求者,准予晋升或受聘相应教师岗位的评价制度。这种评价不仅特别有利于那些甘愿"十年磨一剑"的学者顺利实现教师职务晋升,而且对于在学术空气普遍浮躁的当下,鼓励高校教师弘扬"板凳宁坐十年冷,文章不写一句空"的扎实学风,意义极其突出。"代表作"评价必须注意的一个重要问题,是其学术评审要求必须明显高于正常晋升条件下的定性评价要求,否则难免诱导人们的投机心理,导致"代表作"评价有名无实。除这类情况外,笔者认为还有一种情况也可以考虑:在可计量评价体系内,报名申请晋升的教师中,学术成果丰硕者较多,但是晋升名额或相应教师岗位聘任名额有限,有人认为自己的代表作确实具有较高学术价值的原创性,但按照正常的晋升评价程序,可能结果难料,因而主动申请"代表作"评价。为有利于实现优中选优,不使具有真才实学的人才被埋没,这种情况也应当允许,但是必须明确,如果申请人的"代表作"评价不合格,不能再转回正常程序的晋升评价,以防止投机心理和行为发生。

4. 着力将教学学术评价置于扎实的年度考核基础上,"硬化"考核的内容与要求

教学学术在日积月累的教学活动中积淀和升华,相应地决定了高校教师的教学活动在经过一个适当周期之后,必须及时进行有效的总结和评价,以使某些创造性、创新性的经验、体会和作法得到相应的固化与推广。鉴于我国高校每年都要进行年终考核的现实,这项工作大体可以考虑安排在教师所在学院(系)的年终考核中进行。对每个教师而言,基本内容大致应包括:①当年完成的教学工作量。②当年学生的评教情况。③当年教学活动的体会。④当年指导学生的有影响的案例及体会。⑤当年参与的教学研究项目、活动及研究成果。⑥校内督导组、校院领导及同行听课情况的反馈。⑦学院组织学生座谈了解教师教书育人情况的反馈。由于各种原因,某些教师在某个年度可能会有缺项,除教师本人不能控制

的因素外,学院(系)有责任提醒教师尽可能努力创造条件,注意积累教学学术资料。关于具体评价的形式,主要可以考虑五个方面:①教师提供书面总结,并附相应佐证材料,其中有些资料需要学院直接提供,或者联系学校有关单位提供的,学院应平时作好积累,准时向教师提供。②按教学系或教研室召开教师教学学术总结、交流会,互相学习,取长补短。在此基础上,初步提出考核建议。③学院召开教学学术经验交流会,进一步交流学习,相互促进。④在教学系或教研室考核基础上,学院综合全院情况,向学校提出最终评价建议,报送学校权衡审定后,反馈教师。⑤学院将教师教学学术评价材料(纸质和电子文档)归档,同时报送一份给学校相关部门存档,并且在学校或学院建立专门电子信息平台。教师职务晋升申请时,学校或学院可以直接以电子表格形式反馈到申请人申请表中,既有利于保证教师学术资料的原始性和真实性,也有利于防止临时拼凑,弄虚作假。学校和学院依据这些原始的年度考核资料对申请人的教学学术水平作出是否合格的总体判断。此外,服务公益和社会活动情况相对比较简单,可以在年终考核中与教学学术总结一起进行,此处不再另行阐述。

参考文献:

[1]伯顿. 克拉克. 探究的场所[M]. 杭州:浙江教育出版社,2001.

[2]杨东平. 大学精神[M]. 沈阳:辽海出版社,2000. 358.

[3]约翰·布鲁贝克. 高等教育哲学[M]王承绪等译. 杭州:浙江教育出版社,2002.

[4]阿弗尔雷斯. 诺思. 怀特海. 教育的目的[M]. 北京:三联书店,2002.

[5]罗素. 论教育[M]. 北京:东方出版社,1990.

[6]徐丽,高军. 美国大学教师教学学术评价及启示[J]. 中国高校师资研究,2013,(2). 35～41.

[7]付八军. 大学教师职称评聘问题剖析[J]. 当代教育论坛,2012,(1).

[8]梁亚民. 大学学术评价与期刊评价之反思[J]. 图书与情报. 2013,(1). 84～8.

高校教师职务晋升的学术代表作评价研究

学术评价是高校教师职务晋升的核心问题,是否科学、公平、公正,直接影响高校教师队伍的整体质量和学术生态。其中,学术代表作评价居于十分重要的地位,(1)但从现实看,这方面存在的问题不少,笔者试从两个方面对此略作探究。

一、高校教师职务晋升代表作评价应注意把握两个基本层面

高校教师职务晋升的代表作评价,实践中一直在进行,但具体究竟怎样评价才比较科学,学术界却一直未见明确、系统的研究,以至于现实中有的评审专家能够尊重学术要求和规范,根据自己的理解和认知对被评价学术代表作作出恰切的学术评价,有的评审专家则由于复杂的利益关系影响,或由于责任心较弱等原因,严重偏离学术要求,作出有违学术良知的评价或者是随意性评价。有效改变这种状况,将学术代表作评价切实建立在遵循学术要求和规范的基础上,笔者认为,关键是应把握两个基本层面。

1. 学术代表作的外部特征

学术代表作的外部特征,是指由学术成果自身因素以外的因素所赋予的反映相应学术成果某一方面或某些方面情况的性质或属性。主要有六个方面:

(1)刊发载体的学术荣誉。就学术著作的出版社而言,通常情况是:一个出版社越是久负盛名,出版的学术著作越会有较高的学术水准。诚然,知名度高的出版社并不一定能保证所出每一本学术论著都是高水平,但在概率上,高知名度出版社所出学术论著的质量,整体上还是会高于低知名度出版社所出学术论著的质量。就学术刊物而言,我国现阶段,主要包括全国中文核心期刊、CSSCI 来源期刊,中国人文社会科学核心期刊、SCI 来源期刊、EI 来源期刊、国外高影响因子期刊等。当然,近年来的确有不少学者批评这种情况是"核心期刊崇拜",只看刊物不看文、只认衣冠不认人。"唯核心期刊"貌似公平,实际上是最大的不公平,特别是通过金钱可以买到核心期刊论文发表权时,就更不存在公平。[1]有的学者指出,核心期刊并非所发每一篇论文的质量都必然高于非核心期刊论文。[2]实事求是而言,这些批评虽有合理因素,整体上却有失偏颇。因为,如上核心期刊的学术荣誉皆由相关学术评价机构立足相关理论基础及评价指标的评价所赋予,具有相当的学术依据和可信度。一般而言,"核心期刊"所发学术论文,其质量在整体上无论如何都会高于非"核心期刊"所发论文,仅仅因为非核心期刊同样可以发表少量高质量论文,就整体否认核心期刊的学术价值,难免因噎废食。至于某些核心期刊收费发论文,当下确实存在,但实际情况也绝非给钱就发,而是在编辑部对有关论文按照规定严格评审之后,才对质量合格论文的作者发出通知,应当说版面费收取与降低论文质量不存在直接关系。再者,一份核心刊物,如果不顾论文质量,"一心向钱看",下轮核心期刊评选就可能被淘汰。这样的评选机制,实际也为核心期刊质量提供了重要保证。

（2）所发载体的专业性。一般而言,专业性强的出版社或学术刊物都经历了较长时间的学术积累,形成了较高水平的专业编审队伍和严格、科学的评价规范,有比较稳定的专业作者群体,一本学术著作出版于这样的出版社,一篇学术论文刊发于这样的学术刊物,其专业水准自然会有坚实的前提和保证。

（3）学术成果的引证。学术研究是建立在他人或前人相关研究基础之上的创造性活动。一般而言,一个学科的经典文献通常是该学科的重要理论基础,相应的近期研究（如近五年）则反映一个学科的最新发展。一项学术成果中有关本学科经典文献及近期（例如近五年以来）研究成果的恰切引证,既在客观上反映其立论是否坚实,也反映其本身是否具有相应的理论基础、较高的研究起点及新的研究气息。这方面的答案越肯定,学术价值就越值得肯定。

（4）学术成果的他引。通常意义上,一项学术成果发表后的"引用指数"越高,[3] 这项学术成果的重要性、启发性就会越凸显,越具有学术价值。其中,尤其是被发表在具有较高学术名誉载体上的研究成果引证次数越多,则表明该项学术成果越具有较高的学术价值。再者,一项学术成果被引用的时间持续越长,越表明这项学术成果具有较长远的学术生命力。相反,一项学术研究成果"引用指数"很低,甚至在网络上的下载率很低,尽管可能存在该研究比较超前,一段时间内人们有可能尚不能清楚认识其价值的情况,但多数情况下,其原因都很可能在于这项学术研究缺乏相应的学术价值或社会价值。

（5）专业收录。主要指一项学术成果发表后,被有关专业检索工具收录的情况。现阶段,我国学术界认可的拥有较高知名度的专业检索收录主要有 SCI、EI、SSCI、CSSCI 等。通常情况下,能够被这些检索收录工具收录的学术成果都具有较高的学术价值。对人文社会科学成果而言,在我国,还有中国人民大学多达 115种的"复印报刊资料",学术价值早已获得国内学术界认可。再有,《新华文摘》,

其学术性、权威性也一直为国内学术界所推崇。

（6）学术奖励。学术奖励是对学术成果的学术价值或社会价值的专业认可。一项学术成果，在专业性学术评奖中获奖层次越高，学术价值自然越突出。在这方面，除国际上那些久负盛名的学术奖项之外，国内也有国家级、省部级的政府奖、行业奖、学会奖等，要注意的是，由于极其复杂的原因，当下国内学术奖项中确实存在良莠不齐的情况，应当注意甄别。

2. 学术代表作的内部特征

学术代表作的内部特征是指一项学术成果本身所具有的特征，它们远非外部特征那样一目了然，因而需要评审专家深入细致地研读、推敲、比较和分析，才能得出比较公平、公正、符合学术本质与要求的学术评价。这方面，具体可以考虑八个方面：

（1）选题质量。选题是任何一项学术研究的重要开端，选题的水平和质量直接影响研究的水平和质量。有了一个较高水平和质量的选题，即使相应的研究存在不足或严重不足，但选题本身也会给人以有益的或者重要的借鉴与启示；一个低水平、低质量的选题，无论相应研究如何认真、深入、投入多大精力，也绝不会呈现较高的水平和质量，甚至可能是学术资源的浪费。选题情况大体可以从这样的方面来把握，一个侧重于或完全属于理论性的选题，应当立足相关学科的发展情况来考虑，如属于某一学科研究的基本理论问题、重点理论问题、难点理论问题、前沿理论问题，还是属于具体理论问题、一般理论问题、缺乏挑战性的理论问题、陈旧过时的理论问题？问题的性质不同，学术价值自然不同。侧重于或属于实践性的选题，应当考虑是属于重大的或重要的实践问题、迫切需要解决的实践问题、具有前瞻意义的重大实践问题？还是属于无关痛痒的实践问题，抑或毫无前瞻意义的实践问题？问题的性质不同，应用价值同样也不同。

（2）研究角度。所谓研究角度，是指研究者立足于相关理论基础及课题本身要求而选择的研究切入点。恰切的研究角度在学术研究中具有"四两拨千斤"的关键意义，不仅有利于研究工作的顺利推进，而且能够为研究工作取得较高水平和质量的成果提供重要前提。研究角度的恰切性差，不仅研究工作难以顺利推进，甚至无法使好的研究选题呈现出较高水平的研究质量。研究角度选择的恰切与否，反映的是研究者对学术界的研究现状及其相关理论把握和熟悉的程度，或者是对选题所涉及的实践领域情况了解和把握的程度，还在很大程度上反映出一项研究的起点实际所处的水平和状态。

（3）研究架构。研究架构是以相应的研究角度为切入点，对研究主题逐步深入的逻辑展开。一项研究的逻辑架构是否合理、是否严谨，是否层层推进，直接影响研究问题能否得到合理的破解,进而能否得出比较严谨的研究结论。科学、严谨的研究架构通常与高水平的研究成果相联系,科学性差、逻辑性差的研究架构,必然与低水平的研究成果相通。

(4)研究基础。这主要是指对学术界相关研究是否有比较全面、深入的了解,研究中所引前人或他人的看法或观点是否确切,涉及对他人或前人观点的评价是否建立在充分了解他人或前人相关研究的基础之上,等等。诚然,这方面的情况通过相关的外部特征也可以获得一些形式上的了解,但是却不能深入地反映一项研究对他人学术观点的实际把握和消化情况。现实中,对他人观点的引证仅仅出于装点门面,无实际意义者有之;不仔细查证、深入了解所引观点提出的背景、针对的对象,而从他人引用中作似是而非的转引者有之;虽然查找过原著或原文,但搞不清相应观点的确切含义,错误引用者亦有之。因此,要对一项研究成果的研究基础做出科学判断,评审专家自身必须认真地对其内容进行深入、细致地阅读和分析。

(5)研究方法。研究方法是连接研究任务与研究目标的桥梁,对于研究工作的开展及质量均有极为重要的影响。通常情况下,研究方法的进步意味着研究的真正进步。研究方法运用恰当,往往是取得高水平研究成果的重要前提。理论研究与应用研究、人文社科研究与理工科研究存在重大差别,研究方法的类型及选择自然不同。即使同一个学科、同一个问题,不同的研究者由于自身的研究积累、习惯、偏好不同,选择的研究方法也可能存在差别,甚至重大差别,但无论如何,研究方法都必须恰切,必须能够有效地解决相应研究所要解决的理论问题或实践问题。一项研究采用了学术界未使用过的研究方法,取得了前人未能取得的成果,或者虽然选择的是现成研究方法,但是因为在某些方面有重要创新而做出了前人所未能做出的重要成果,都可以纳入研究方法具有创新意义之列。

(6)理论水平。理论水平是衡量研究成果的重要指标,具有较高研究水平的成果,自然是高水平的学术成果。理论水平不高,无论选题怎样新颖、重要,研究角度怎样恰切,也不会是高水平的学术成果,理论研究尤其如此。理论水平可以从理论基础是否扎实、选题是否具有重要的理论意义,观点是否鲜明,推理是否严谨,回答问题是否彻底,在历时性上与前人相比是否有明显的推进或发展,在共时性上与他人相比,是否有不同的观点或看法,等等,这些方面的回答越是肯定,学术成果的理论水平就越是突出。

(7)学术价值。这一特征主要反映的是一项学术研究的创新程度或水平。创新是学术研究的本质和生命。创新越突出,学术成果的学术价值或应用价值就越高。值得注意的是,创新具有多维的内涵,可以是选题角度的创新、研究视角的创新、研究方法的创新、逻辑分析的创新、理论观点的创新。高水平的学术成果一般都是多个方面创新的有机统一,但相当多的学术成果却只在某一个或几个方面有创新,即便如此,作为学术研究评价都应当实事求是地予以肯定。再者,不同类型的学术研究,其学术价值的侧重点不同,通常意义上,理论研究更侧重理论层面的学术价值,应用研究更侧重应用层面的学术价值,但无论侧重哪个层面,创新都是共同的要求。

(8)学术伦理。学术伦理是学术研究者应该遵守的基本学术道德规范,具体是指一项研究中,相应的观点、材料引用是否如实标明了出处;对不同学术观点的批评或评价是否客观、公正,符合学术要求;提出的学术观点是否建立在严谨的理论逻辑和事实逻辑基础之上;是否存在有教育部颁发的《高校人文社会科学学术规范指南》所列举的学术失范及学术不端行为等。学术失范,一般是指技术层面违背学术规范的行为,或由于缺乏必要的知识而违背行为准则的做法,如数据核实不准确、文献引用的注释不全等。一项研究成果存在学术失范,自然影响其学术研究的质量。学术不端是指严重违犯学术规范的主观行为,如抄袭剽窃、侵吞他人学术成果;篡改他人学术成果;伪造或者篡改数据、文献,捏造事实;伪造注释等学术不端。[4]一项研究成果如果存在学术不端,甚至是严重的学术不端,评审专家应当实事求是的予以指出,并且建议学校相关部门进行严肃地甄别和处理。

二、有效开展高校教师职务晋升的代表作评价需要加强两个方面的工作

高校教师职务晋升的代表作评价是由业内学术同行进行的专业评价,它立足晋升申请者的学术代表作本身而开展,强调的仅仅是晋升申请者学术代表作本身的质量与水平,既不涉及晋升申请者有多少数量的学术成果,也不涉及晋升申请者本身所拥有的其他条件,完全是就学术代表作论学术代表作,因此是最符合学术内在逻辑和要求的评价方式。正因为如此,同行评议成为300多年来科学共同体进行科研评价的主要方法,[5]但是,同其他任何评价方式都有长处,也有不足一样,高校教师职务晋升的代表作评价也有其不足,其中最大的不足就在于受评审专家的主观因素影响较大。因此,为切实提高高校教师代表作评价的可信度,尤其需要有效注意两个方面的重要问题。

1. 严格遴选评审专家,为科学的代表作评价提供重要前提

高校教师职务晋升的代表作评价能否客观、公正,其首要和关键的条件在于评审专家的遴选是否科学、适当。对此,立足学术以及学术评价的本质要求,汲取实践的经验教训,笔者认为,最为要紧的是把握两个方面:一是评审专家必须在某个方面确实学有专长,学有创见,学术视野比较开阔,并且勤学不辍,与时俱进,对

本学科的发展现状、发展趋势及其存在的重要问题等有比较清楚的了解和认识，学术成就、学术威望至少能够在业内赢得一定范围的认可。同时，其学术特长、学术兴趣、学术偏好等应当与被评价学术代表作的主要学术范围契合，或者至少能够较大程度上与学术代表作的主要学术范围契合，这是保证评审专家能够通读和深入理解被评价学术成果，综合运用相应学科规范和标准，对被评价学术代表作的水平和质量做出专业性判断的重要前提，更是保证学术代表作评价遵循学术规律、学术要求，进而有效提升高校教师职务晋升水平及其可信度的基本前提。值得强调的是，承担学术代表作评价的专家遴选，绝不能只问职称，不问实际学术水平和学术成就，甚至于滥竽充数，我国有些高校这方面不乏教训，需要很好地汲取。

另一方面是评审专家必须具有良好的学术道德，学风严谨，处事公正，受人尊敬，具有高度的责任心。高校教师职务晋升的代表作评价，绝非一般的学术评价，其本质和宗旨是为我国高校教师队伍慧眼识才、选才，事关我国高校教师队伍建设和高等教育事业的健康发展。在这样的意义上，承担高校教师职务晋升代表作评价的专家，首先必须具有对我国高等教育事业高度负责的责任心，能够以良好的学术修养严肃、认真地对待评价工作。同时，学术代表作评价的过程，本质上也是评审专家以同行身份，与被评价代表作进行特殊形式学术交流的过程，在这一意义上，学术代表作评审专家必须切实具有尊重知识、尊重科学、尊重劳动、尊重创造、尊重他人、尊重同行的态度，能够严格地从学术成果本身出发，立足相关学术规范和要求，排除一切非学术因素的干扰，对被评价学术成果以公正、公平、合理的评判，用陈先达教授的话说，就是必须坚持言之有理，持之有据。摆事实，讲道理；必须坚持没有学术成见、学术歧视和学术偏见。[6]再者，同时评审若干晋升申请者的代表作，并且需要作出先后排序的情况下，能够实事求是地根据不同学术成果的实际水平做出使人心服口服的排序。从我国高校教师职务晋升代表作评价的实际看，为有效防止评议专家遴选过程中的"长官意志"或人情因素，确保遴选出的评审专家在学术研究和道德修养方面深孚众望，可以考虑在校学术委员会指导下，建立健全各学科领域学术代表作评审专家库，评审时随机从专家库中随时调取。

2. 建立相应制约机制，尽可能减小学术代表作评价误差

高校教师职务晋升代表作评价，虽然遴选的都是德艺双馨的业内专家，一般来说能够保证评价的客观、可信，但也不可避免存在评价误差的可能：一是，个人学术特点导致评价误差。学术研究是复杂的探索性活动，在长期的学术探索过程中，每个专家形成的学术侧重、学术兴趣、学术偏好、看问题的视野和思维方式特

点等,难免在代表作评价中形成认识性误差。二是,学术生态状况导致评价误差。学术人总是生活在相应的学术生态环境之中,严谨、求实的学术生态,会使学术人对知识充满敬畏,涉及同行的学术代表作评价自然严肃认真,误差势必相对较小;浮躁、虚假的学术生态,不仅极易消磨学术人对知识的敬畏之心,而且严肃、认真者往往可能出现势单力薄,受人孤立的状况。似此,完全可能削弱学术人对知识的敬畏之心,导致评价的客观性、恰切性大打折扣。三是,社会风气状况导致评价误差。社会风清气正,具有强烈的规则意识,违背规则、讲人情、不尊重事实的情况就少,公平、公正自然得到体现;社会庸俗之风盛行,人情高于规则,合规则、重事实办事的情况就少,不公平、不公正的情况就多。高校教师职务晋升作为一种社会活动,同样不可避免地受社会风气状况的影响。

有效降低各种复杂因素导致评价误差,给晋升申请者的学术代表作以尽可能公平、公正的结论,比较可行的方式是建立有效的制约机制。对此,现实中一般采用多人评价的方式来进行。其原因在于:不同评审专家对同一代表作进行评价,有利于发挥不同评审专家的学术特长,从不同侧面给代表作以严谨的审视和评判,进而得出比较全面的评价。同时,代表作评价是评审专家对代表作的评价,也是评审专家自身的学术水平和学术良知的展示,多名评审专家就相同的代表作各自进行独立评价,事实上也在评审专家之间形成了一种相互比较和竞争的机制。评价是否严格遵循学术规范和要求,是否严肃和认真,是否公平和公正等都会通过自己的评价意见得到比较清楚的展现。这样一种比较和竞争,客观上会不断地提醒或告诫评审专家严肃认真、公平公正地进行评价,以有效维护自己的学术声誉。在这种情况下,代表作评价的主观误差自然会得到尽可能的控制和减少。具体到评审专家的数量到底多少合适,不同的高校情况不同,欧美名牌高校有的达到 12 至 15 人[7],我国高校少的仅 2 人、3 人,多的 5 人、7 人。笔者认为,为尽可能比较全面地展示代表作不同侧面的特点,尽可能减少代表作评价的主观误差,即使 8 至 10 人的要求达不到,5 至 7 人应当是必须考虑的数量。

除这一制约机制之外,以现实中的问题为导向,笔者认为还可以采取两个方面的重要措施:一方面是学校在向评审专家提供被评价学术成果时,同时提供由晋升申请人自己收集且得到学校科技部门认可的反映相应学术代表作外部特征的具体资料,既为评审专家全面、准确把握被评价学术成果的相关情况提供方便,也在客观上制约某些评审专家因不正当原因给出有违常识的结论;另一方面是高校教师职务评聘机构在使用学术代表作评价意见时,需要同时对评审专家所作评价的合理程度、评价水平等做出相应评价,对明显不负责任、应付差事,或者有失公平、公正的专家,及时从专家库中予以淘汰,确保教师职务晋升代表作评审专家的高质量,避免评审专家队伍良莠不齐。

参考文献:

[1]曹建文.核心期刊不应成为学术研究的唯一评价标准[N].光明日报,2009 - 05 - 14,(9).

[2]梁亚民.大学学术评价与期刊评价之反思[J].图书与情报.2013(1):84~89.

[3]王通讯.大数据与人才的发现评价[N].光明日报,2014 - 04 - 19(11).

[4]教育部.高校人文社会科学学术规范指南[OB/OL].http://baike. baidu. com/view/2733656. htm? fr = aladdin.

[5]朱军文,刘纪才.科研评价:目的与方法的适切性研究[J].北京大学教育评论,2012(3):48~57.

[6]陈先达.学术评价的主体和评价标准[J].毛泽东邓小平理论研究,2012(1):83~87.

[7]陈洪捷、沈文钦.学术评价:超越量化模式[N].光明日报,2012 - 12 - 18(15).

高校教师职务晋升的科研评价基本条件讨论

时下,我国高校教师职务晋升均将课题、经费作为极为重要的基本条件。其实,这一要求并非对所有的学科都适用。原因在于,学科,首先是一个知识分类体系,不同的学科有不同的特点,有的需要昂贵的仪器和设备才能开展教学与研究,有的主要依靠学者的大脑、电脑以及方便可用的电子信息资源,或图书资源等,并且事实上仅靠个人行为即可展开教学与研究。显而易见,对从事后一类学科教学与研究的高校教师而言,硬性要求其职务晋升必须考核其课题和经费的做法很值得讨论。对这一问题,我国高教界其实屡有批评之声,却长期得不到矫正,重要原因之一是人们尚未深入认识其内在缺陷及其严重弊端,本文根据自己的长期观察和思考对此略作分析,以期为人们深入认识这一问题,进而使其得到有效矫正能够有所借鉴或启迪。需要说明的是,这里的课题特指研究者按照相关课题发布机关的要求申请并获得批准立项的研究课题。这里的经费特指课题发布机关对批准立项资助的科研经费,在我国现实中有纵向与横向之分,纵向经费是各级政府部门或具有政府性质的机关资助立项课题的经费,横向经费是研究者从企业、事业单位获得的资助立项课题的经费。

一、课题、经费不等于学术成果,不能够直接用于高校教师职务晋升的科研评价

学术成果是学者在系统的学科知识指导下,或运用系统的学科知识开展探索性学术活动收获的学术成就,具体形式可以是公开发表的学术论文,公开出版的学术著作,也可以是提供给有关学术部门、政府部门或企业组织等参考、咨询的研究报告,更可以是将相关学科知识应用于特定实践作出具有创新意义的创造或发明。无论何种形式的学术成果,创新都是其本质特点和要求,没有创新只能是学术垃圾。[2] 至于创新的类型,可以是原始创新,也可以是集成创新,还可以是引进、学习、消化、吸收再创新;在创新的要素上,可以是研究思路的创新,也可以是理论、观点的创新,研究方法的创新,研究视角、研究手段的创新等,[3] 但无论什么视角的创新,原始意义的创新都在其中居于基础性地位。学术成果最为本质的特点,在于它源自学者的学术探索活动,凝聚着研究者的心血与智慧,它的取得固然需要借助相应的研究平台或条件,但在其中发挥根本作用的却是学者的智慧及其矢志不渝的探索精神。同时,学术成果的结论具有明确性,能够为学术界直接使用或参考,或者能够提供给政府部门、企业或其他社会组织使用或参考。学术成果的水平直接反映研究者的学术水平。课题、经费直接影响学术研究和学术成果的获得,但其本身不是学术成果,只是学术活动开展和学术成果取得的重要条件,即使将课题申请报告考虑在内,也仍然不能改变课题的这一性质。众所周知,课题申请报告主要有三个极为重要的组成部分:一是就问题的研究现状及其开展研究的必要性、可行性进行分析和说明,展现课题研究的重要性与可能性;二是对研究的切入点、主体思路、重点难点和研究框架等问题进行分析与设计,突出课题研究的逻辑思维及其创新要求等内容;三是对研究目标、研究成果进行合理的预设,显示课题研究的实在性以及研究的愿景。其中,预设性虽然是课题申请最为本质的特点和最为根本的要素,但是它的判断、结论却不能作为已经得到证明或检验的判断和结论直接提供给学术界采用,也不能直接被政府部门、企业或其他社会组织所采用,至于其他两部分就更是如此。总而言之,课题是特定的研究对象及需要完成的任务,即使把课题申请报告考虑在内,也不能直接等同于学术成果。至于研究经费更是无需多论,它不具备学术成果的任何性质、特点与功用,其数量多寡,无法直接反映课题承担人的学术水平高低。既然如此,课题和经费自然不能直接成为衡量高校教师科研水平高低,进而成为高校教师能否实现职务晋升的重要评价条件。

二、将课题、经费同时纳入高校教师职务晋升的量化评价体系,极易置学术成果水平高,课题、经费少的教师于不利地位,严重背离高校教师职务晋升的本质要求

学术活动的开展需要有相应的活动平台,但是不同的学术活动所要求的平台条件不同,甚至相同性质的学术活动,平台要求也可能不同。学术平台的选择与研究者的研究兴趣、习惯、偏好等有关,更与具体学术活动的性质、特点和要求有关,还与一定时代的发展水平及其所能提供的条件有关。在当代中国社会的复杂关系中,甚至与某些特殊的"人脉"关系有关。至于学术平台的形式,可以简单到无需额外经费资助,只要有学者的大脑、电脑以及方便可用的电子信息资源,或图书资源即可;也可以是需要一定量的研究经费,甚至是大额研究经费的资助以及昂贵、尖端的研究设备。今天,学术活动研究平台的提供还与区域经济社会发展水平直接相关。大量实践表明：一些同级别、同性质的研究课题在不同的地区进行申请，所获得的研究平台可能存在重大差距，在经济社会发达区域，往往能够获得大量的、甚至是巨量的经费资助，购买昂贵的研究设备；在经济社会欠发达地区，一项研究课题所获经费也许只能够勉强维持研究活动的开展，有的甚至还需要研究者或研究单位自筹经费才能开展研究活动。不过，学术平台虽然是研究活动开展的重要条件，并且高水平的研究平台通常是获得高水平学术成果的重要保证，但是，研究平台的条件好坏并非绝对地与学术成果质量成正相关，现实中研究平台条件优越，学术成果质量却差强人意，甚至很不理想，研究平台条件较差，却产出高质量学术成果的情况并不少见。当年居里夫人的研究条件之差令人难以想象，但居里夫妇却在极其简陋的研究平台上，从 8 吨废沥青铀矿中制得 1 克纯净的氯化镭，还提出了射线是带负电荷的微粒的观点。陈景润多年从事数学王国里的"哥德巴赫猜想"问题研究，没有豪华的研究场所，没有起码的经费资助，纯粹是个人蜗居斗室、手工进行，其研究成果却至今仍然保持国际领先水平。现实中，这类情况同样比比皆是，哲学社会科学领域的一些学科更是大量存在。既然学术成果的质量、水平并不必然与研究平台的形式、条件呈正相关关系，那么对于高校相关学科教师职务晋升的科研评价，也就不宜简单地将研究平台、研究条件等纳入其中，与研究成果一起进行简单的量化统计。否则，极易导致学术成果水平高，平台条件差的教师处于不利地位。在这里，具体就是极易导致课题少、经费少，学术成果质量优异的教师处于不利地位，甚至失去学术职务晋升的机会，严重扭曲高校教师职务晋升的本质要求，挫伤部分高校教师的学术激情，影响他们的学术生命勃发。

三、将课题、经费等同于学术成果蕴涵公开的重复计算，极易导致学术造假，污染学术环境，严重影响高校学术活动的健康发展

　　课题、经费不宜纳入学术成果的范畴一同量化，作为高校教师职务晋升的基本条件，再一重要原因是这样的评价方式蕴涵公开的重复计算，极易导致学术造假，污染学术环境，扭曲学术研究的真善美价值追求，严重影响高校学术活动的健康发展。现实中，国内几乎所有高校教师职务晋升的科研评价都强调课题和经费，并且对不同级别的课题及其经费赋以不同的较高分值，从而使课题、经费拥有者既能获得课题、经费的量化分值，又能获得通过课题、经费所获学术成果的量化分值，实际是在一个课题、一笔经费下获得了多次量化分值的机会，直接造成量化过程中的重复计算和分值虚高。然而，在现实中课题多、经费多却并不一定等于有相应的学术成果，更不等于有相应的高水平学术成果，更有甚者，由于国内研究立项大多具有申请获批难、结题获批条件相当宽松的特点,有的研究者同时拥有多项不同级别的课题,却不对每个课题都展开研究,而是一"果"多用,一项研究成果(有时还并非是其中某一相应课题研究的成果,而是自由选题研究的成果,以至于有信度无效度或效度很低)冠以多个课题名称发表,进而成为多个课题通过结题验收的条件。笔者就曾发现一家社会主义研究类刊物 2014 年某期曾刊发一篇论文,同时标注的国家重点、教育部重点、省级重点及地市级一般性课题达 6 – 7个之多,标明课题的注释性文字多达 250 字以上,其中有的课题甚至与该论文的研究主题毫不搭界。另有一家教育类刊物 2015 年的某期上刊发一篇论文,同时冠名的教育部重大课题、省级重大课题、国家社科重点课题、省级社科重点课题达数项之多。事实上,这类情况并非个例,只要在"中国知识资源网"上任意截取若干年的学术论文进行检查,就不难发现"一果多用"的情况既比较普遍,也比较严重。在这种情况下,拥有多项课题的教师如果参与学术职务晋升申请,即使学术成果的量化分值不高,凭其较多数量的课题和经费也可以获得遥遥领先于他人的量化分值,这无异是对高校教师学术水平的严重扭曲,也是对高校教师职务本质的严重扭曲。还须注意的是,高校课题的申请和结题在形式上都由研究团队进行,然而不少课题一旦获得批准,研究工作便实际由主持人单枪匹马地进行,但是当教师职务晋升申请时,空空挂名的成员却同样会将这类"参与"性课题列入量化分值的统计范围,按照学校规定的课题级别以及个人在团队中的排序获得相应的量化分值,导致合理、合法的学术造假。再就经费而言,现实中某些学术人员拥有的经费确实很多,但其中的相当部分却不是真正用于学术研究,有的用在一些毫无实际意义的国内外学术会议,有的是通过暗度陈仓的方式大量的进了私人腰包,有的甚至于用科研经费行贿和进行腐败活动,但是在将经费列入高校教师职务晋升条件的量化评价体系里,这类性质的经费却能够光明正大地获得量化分值,同样直接鼓励了学术造假,严重污染了圣洁的学术环境,损害了高校教师进行学术探究的价值追求,极易扭曲高校学术活动的健康开展。

实际上,从国际比较视野看,高校教师职务晋升在科研方面只评价高水平的学术成果,实为发达国家高校的惯例。如欧美高校教师职务晋升的科研考核,就是聘请国内外高水平的学术同行对申请人提供的反映其自身最高水平的学术成果进行严格的学术评价,丝毫不涉及学术成果以外的内容。美国哈佛大学文理学院《终身轨教师手册》,在建议教师如何获得终身教职时甚至提出:"发表大量没有经过严格同行评议的论文,不会对申请终身教职有助益,反而不如发表少数经过同行评议的高影响论文。"美国某高校英语系职称晋升委员会主席也指出:"在晋升为副教授、终身制或晋升为正教授过程中,我们并没有指定的论文数量要求。

但我们有一种直觉,来分辨何谓实质性的、真正的学术贡献。"[4] 近年来,随着大学与企业、政府、社会之间的关系日益紧密,"产学研用"逐渐成为发展的大趋势,为了契合这种趋势和要求,更好地促进高校科学研究的发展以及更好地为社会服务,美国一些名牌高校在教师职务晋升的科研成果要求上才稍有变化,但也仅仅是允许申请人可以以一、两项国际领先水平的发明专利折抵一、两篇高水平学术论文而已,绝没有将研究课题和经费纳入学术评价条件范畴的任何尝试。国外高校特别是名牌高校的教师之所以学术职务与实际学术水平相称,他们的职务晋升考核聚焦于真实反映学术水平的学术成果,摒弃任何外在因素,挤去一切需要挤去的水分,实为其根本原因,这种管理理念、管理方式值得我国高校很好的学习和借鉴。

为了从根本上解决主要依靠学者大脑、电脑以及方便可用的电子信息资源,或图书资源,并且事实上仅靠个人行为即可展开研究的学科在教师职务晋升时硬将课题、经费作为科研评价条件的问题,迫切需要从体制上彻底解决问题,具体而言可由国家(地方)相关管理部门根据经济社会发展及学科发展的实际需要,每年发布相应研究指南,供研究者自由选择,自由研究——个人自由研究或自由组队研究,课题发布部门可委托在学术界享有盛誉的学术机构作为第三方按照发布的课题,及时遴选在相应时间内公开发表或出版的高水平学术成果以及研究者直接呈交的重要研究报告等,并及时将遴选出的优秀成果反馈给相关部门参考或使用,以充分发挥研究成果的学术效益和社会效益。至于研究经费,可以考虑由政府列入每年的高校(及其他专门研究机构,下同)经费预算,直接划拨到高校,由各高校根据自身学术研究及学科建设情况自主确定资助标准,行使学术权力,激励有关教师积极参与相关研究,同时对于凡被第三方学术机构遴选收录的优秀学术成果,均给予相关研究人员以较高的劳务补助及经费奖励,具体标准可由国家(地方)相关管理部门给出弹性范围,高校根据自身实际情况自主确定。此外,国家(地方)相关管理部门还可以每隔几年(如三年)组织一次对遴选出的优秀成果进行优中选优的评奖活动,对高水平的研究成果予以国家或地方不同级别的高水平奖励,以此有效提升高校相关学科教师积极开展科学研究的积极性与主动性以及相关学术研究的水平和层次,对推动经济社会发展及人文社会发展发挥积极的推动作用。

总之,高校教师职务晋升的科研条件是学术水平,学术水平高低的直接反映是学术成果,特别是那些主要依靠学者的大脑、电脑以及方便可用的电子信息资源,或图书资源即可展开研究的学科,其教师学术职务晋升的科研水平评价尤其应当立足于高水平的学术成果,评价的有效途径只应是由高水平的同行专家对申请者提供的反映自身最高水平的学术成果进行专业的学术审视,择优汰劣,或优中选优。在这样的意义上,我国高校教师职务晋升的科研水平考核,特别是对本文所界定的相关学科教师而言,迫切需要改变现行的量化考核体系,具体可以考虑只就晋升不同级别教师职务所需研究成果的数量和质量提出明确要求,在此基础上聘请高水平专家进行严格的学术评审,切实发挥教师职务晋升对高校教师队伍建设和高校学术活动健康发展的强力促进作用。有效实现这样的学术评审,一方面需要高校立足于发展高水平学术,培养高水平学术人才为价值追求,严格遴选高水平的学科评审专家组成专家库,并对遴选专家每次评审的质量进行严格审视,及时淘汰不负责任的评审专家或不适宜继续聘请的评审专家,确保专家库的高质量。同时,鉴于现实中不少高校在教师职务晋升过程中选聘学术评审专家一般是校内外配置,但校内专家往往好话多说,无论申请者的学术成果质量如何都全部予以通过,不能真实有效区分申请者实际学术水平的情况,高校专家库可以考虑由仅精心挑选的校外高水平专家组成,条件成熟的甚至可以考虑聘请部分国外高水平专家组成。另一方面,高校教师职务晋升工作必须高度尊重评审专家的意见,申请人的学术成果未能获得多数专家或半数专家认可的自然淘汰,不得进入下一个工作环节,绝不允许任何人以任何理由变相否定专家意见,为不合格申请者的学术职务晋升洞开绿灯,也绝不允许任何人借助行政权力干预学术权力的正当行使,以确保高校教师学术职务晋升的学术性、严肃性和规矩性。为此,高校必须加强相应的学术制度建设,以科学、严谨、公正、公开的学术制度为教师的学术职务晋升提供坚强的保证和后盾。毕竟,高校的本质是"发现、发表和讲授高深学问",[5]对此我们无论在什么情况下都应当牢牢地秉持和信守。

参考文献:

[1]杨兴林. 高等学校职称评审的科学化研究[J]. 2006(5):77 - 79.

[2]朱文通. 应该旗帜鲜明地反对"学术垃圾"[N]. 光明日报,2014 - 11 - 04(3).

[3]杨兴林. 关键是如何判别和遏制"学术垃圾"[N]. 光明日报,2015 - 03 - 17(13).

[4]陈洪捷、沈文钦. 学术评价:超越量化模式[N]. 光明日报,2012 - 12 - 18(15).

[5][美]约翰·布鲁贝克. 高等教育哲学[M]王承绪等译. 杭州:浙江教育出版社,2002:42.

03

学术争鸣问题

教育，无论是传统的还是现代的，其本质既不是单纯的智育，也不是单纯的德育，而是完整地育人；现代教育要促进人的全面发展，也要为社会培养合格人才，二者是有机的统一。生硬割裂二者之间的关系，甚至为了所谓的教育观念创新，将重视智育、为社会培养合格人才主观定性为传统教育本质和教育目标观念，将重视德育、促进人的全面发展主观定性为现代教育本质和教育目标观念，实不足取，理论上失当，实践中有害。

关于高等教育的本质，我国学术界一直存在争论。近来有学者在批评高等教育"适应论"过程中，提出高等教育的本质是知识的扩大再生产，这一观点有失偏颇，研究方法上存在类比不当，客观上表现为"见物不见人"，付诸实践只会进一步误导我国高校的办学方向。今天，大学虽然已经发展成为繁华的"大都会"，内涵各种各样的发展目的，其本质却仍然在于人才培养。动摇了这一点，高等教育就失去了立足之本。

到底应该教授治校还是教授治学，现实中颇多论争。事实上，教授治学是教授本质内涵的合理延伸，教授治校超越了教授的本质规定；"教授治校"是特殊历史条件的产物，现实中不宜机械照搬。教育家治校、教授委员会治学、行政管理者精于治事，是我国教授治学制度建立的重要内部条件。同时，还需要政府简政放权，为教授治学创造适宜的外部条件。

依法治校是依法治国的本质要求和体现，是依法治教的必然要求和重要组成部分;大学依法行为的必要性不容置疑,大学是依法行为的主体;依法治校绝非等于政府部门特别是教育行政部门对大学的直接干预和管理,大学的特殊性不能成为大学不宜依法治校的理由,大学办学的自主权只有在依法治校的前提下才能实现。

"教育本质"和"教育目标"观念创新析辨

在全球化背景下,适应社会转型、经济转型培养创新人才的需要,教育观念创新特别是高等教育观念创新越来越受到学术界重视,报纸刊物不断有文章发表,提出了不少重要看法或观点。然而,总体审视学术界的研究和意见,有些看法或观点也有失偏颇。其中,田建国先生发表于 2009 年 8 月 19 日《光明日报》高等教育版的《推进教育观念创新》一文很有代表性(下简称"创新")。为有利于教育观念创新讨论的深入,避免理论研究偏差对实践产生误导或严重误导,本文试就"创新"的两个重要观点略作讨论。

一、关于"教育本质"的观念创新辨析

关于教育本质,"创新"指出:"传统观念认为,重视人的智力开发,崇尚智育第一,重智轻德。现代教育的本质是德育,育人为本,德育为先。"[1]这一观点有两个方面特别值得商榷。

一方面,在我国长期教育实践中,尽管片面强调智育,重智轻德的现象在某些时期确有发生,但是重视德育始终是发展的主流,无视这一主流,将某些时期的个别情况或某些情况夸大为普遍存在,并且上升为传统教育本质观念,是典型的以偏概全。长远地看,在伴随我国数千年文明发展的漫长教育实践中,注重人的道德品质培养始终都是发展的主流和重要价值追求。在古代,儒家学说的"内圣外王""修齐治平"等都是突出代表。在新中国教育发展史上,德育更是一直为党和政府所重视,在党和国家教育方针中居于首要地位。早在 1957 年,毛泽东就明确指出:"我们的教育方针,应该使受教育者在德育、智育、体育几个方面都得到发展,成为有社会主义觉悟的有文化的劳动者。"[2]22 在文化大革命"十年动乱"期间,尽管当时的社会秩序严重失范,对人们特别是青少年的优秀道德品质培养造成了巨大伤害,但在学校教育中,德育教育仍然以某种形式在继续,"又红又专"的人才标准,尽管被严重的"左"的错误所扭曲,形式上也依然在贯彻。进入改革开放和社会主义现代化建设新时期后,强调德育更是贯穿我国教育工作的一条红

线。改革开放初期,针对"十年动乱"在社会风气方面造成的严重后果,邓小平特别强调社会主义现代化要加强精神文明建设,物质文明、精神文明要两手抓,两手硬,要"教育全国人民做到有理想、有道德、有文化、有纪律"。[3]110江泽民任党的总书记期间,立足我国改革开放背景下的思想道德状况实际,对全社会尤其是学校德育教育高度重视,高瞻远瞩地强调要"在全国各族人民特别是青少年中,进一步加强党的基本路线教育,爱国主义、集体主义和社会主义思想教育,近代史、现代史教育和国情教育,增强民族自尊、自信和自强精神,抵御资本主义和封建主义腐朽思想的侵蚀,树立正确的理想、信念和价值观。"[4]238当改革开放和现代化建设进入全面建设小康社会的发展新阶段,胡锦涛立足科学发展观,进一步强调发展的主体是人,学校教育肩负着培养现代化建设者和中国特色社会主义事业接班人的重任,一定要坚持学校教育,育人为本;德智体美,德育为先。

当然,由于我国处于并且仍将长期处于社会主义初级阶段,政治、经济、文化、社会建设任务十分繁重,情况十分复杂,在发展过程中,社会教育包括学校教育在某些时期也确实出现过片面重视智育,(1)对德育重视不够的情况,有的时候、有的地方还比较突出。但是,当这种问题出现时,党和政府都无不认真地总结教训,采取得力措施,着力矫正。正因为如此,在新中国教育发展史上,党和国家的教育方针总体上都得到了科学地贯彻和执行,这样的教育怎么可能在本质上是只重视智力开发、重智轻德的教育? 又怎么可能形成这样一种内涵的传统教育本质观念呢? 进一步而言,我们的教育在总体上保证党和国家教育方针全面贯彻执行的同时,某些时期出现某些重智轻德的问题,也并不是不可以理解的。唯物辩证法认为,客观事物包括人的认识发展,始终是螺旋式上升、波浪式前进的,任何一个科学认识的获得往往都要经过复杂、曲折的反复。从人的行为本身来分析,这种情况的出现也有其必然性。人既是一幕幕社会历史话剧的剧作者,又是一幕幕社会历史话剧的剧中人。这样的双重社会角色既为人们不断地适应社会、改造社会提供了源源不竭的内在动力,也易使人们在各种复杂社会因素的影响下,迷失自我,忘却行为的根本取向和最后价值归依。当这种情况出现时,人们的行为失范或越轨也就不可避免,但是这种失范或越轨的后果往往又反过来促使人们思考,推动人们矫正认识,实现认识的发展和升华。这种情况,教育也不例外。无视我国教育特别是新中国教育一贯重视德育的传统和主流,不考虑人们认识发展的复杂性和曲折性,把某些时期发生的重智轻德现象当成普遍性来概括,并且把它主观定性为传统教育本质观念,不符合客观事实,是典型的以偏概全。

二是,无论单纯地把德育还是把智育强调为教育本质都与教育的一般本质相背,把单纯的德育概括为现代教育本质在逻辑思维上是失当的,在现实中是有害的。"创新"指出："学会做人,是立身之本,学习知识,只是服务社会的手段。前者学习是根本性的,后者学习是工具性的。""忽视思想道德塑造,必然导致片面发展。"[1]这一观点绝对地割裂"学会做人"与"学习知识"之间的关系,只看到了"忽视思想道德塑造,必然导致片面发展",却没有看到忽视智力开发不仅同样会导致片面发展,而且还会使人失去立足社会的能力与手段。自然,它也无法证明现代教育的本质就在于德育。马克思主义认为,人是个体的,又是社会的,是个体属性与社会属性的有机统一。与此相应,人的基本素质也体现为两大部分,一是适应个体生存与发展所要求的素质,包括健康的体魄、科学文化知识、实践技能、创新能力等,可以大致简称为做事素质;一是适应社会要求和发展所必须的素质,包括品德、人格、法纪观念、政治方向等,可以大致简称为做人素质。两大素质有机统一、不可分割、相互联系、相互促进。做事,由做人引导方向;做人,由做事体现内涵。[5]一个人做事素质低下,做人素质修养将无从展现;一个人做人素质低下,也不可能很好地为社会、为国家做事。做人素质,是成业的灵魂和导航;做事素质,是成业的基础和支撑。教育是针对人的特殊社会活动,尽管不同时代、不同阶级对教育本质有不同的看法或认识,但是一个确定无疑的事实是:教育的最一般本质是育人,既包括做人的教育,也包括做事的教育。人的二重素质密不可分,决定了人的两方面素质教育密不可分。既没有单纯的以思想道德培养、塑造为主的做人教育,也没有单纯的开发人的智力的做事教育。做人教育是做事教育发挥作用的基本前提。做人教育进行得越好,受教育者越能牢固地确立社会道德意识、责任意识、法纪意识、爱他人爱国家爱社会意识,愈会热爱科学、尊重科学、学习科学、理解科学、运用科学,不断提高自身的科学素质,增强做事的本领,为国家、为社会,甚至为人类做出较大的贡献;做事教育是做人教育发挥作用的重要基础。做事教育进行得越好,受教育者获得的科学文化知识教育以及实践训练越好,理解越深,越能够领悟科学的人文性,进而越能够领悟社会规范的价值和意义,并不断地内化、积淀、升华为较高的做人素质。很明显,在这里单纯强调任何一个方面,都明显与教育的一般本质相背,付诸实践只会产生严重的消极后果。

我们的教育是社会主义教育,与历史上任何社会制度下的教育相比,都更重视做人教育与做事教育的统一,重视人的和谐、健康、全面发展。着眼于不同时期我国德智体美教育发展的实际情况,党和政府对教育的指导和强调,在侧重点上确实有所不同,但是这种不同的目的只是在于更好地协调德育、智育等方面的关系,进而保证受教育者的做人教育与做事教育协调发展,而不在于将任何一个方面绝对地置于另一个方面之上。立足这样的视角来理解党中央近年来一再强调的"学校教育,育人为本,德育为先"的论断,就不难给出这样的解读:它事实上针对的是我国在改革开放进一步深入,国际交往进一步拓展,中西方文化以及多种价值观激烈碰撞的时代背景下,德育教育在一定程度上出现的某种程度的不适应甚至严重的不适应,其根本目的在于着力扭转这种不适应或严重不适应,推动德育、智育等方面协调发展,保证党和国家教育方针的全面贯彻与执行。"德育为先"的命题建立在也只能建立在"育人为本"的基础上,离开了这一基础,"德育为先"就没有任何实质意义。如果无视这一基本的理论逻辑,一定要由"德育为先"概括出现代教育本质是德育,那么"文化大革命"结束后,邓小平针对十年动乱中"空头政治"满天飞,智育教育被严重荒废和破坏的现实,旗帜鲜明地提出大中小学都要加强智育教育特别是数理化教育,要通过严格的考试,把最优秀的学生集中到重点中学和大学,并且迅速领导恢复了高等学校招生考试,为社会主义现代化建设培养具有扎实专业知识的专门人才,又当如何解释?是否又当由此概括出现代教育本质是智育?其实,它同上述讨论的情况一样,都是党和政府基于培养和谐发展人才的需要,对教育育人的实际状况进行的具体调控和指导,而不是教育本质的根本转换。教育的本质是育人,是育德育、智育和谐发展的人,这才是科学的结论。

二、关于"教育目标"观念的创新辨析

关于教育目标,"创新"指出:"传统观念认为,为社会培养合格人才,现代教育目标是促进人的全面发展。前者是以社会为本,后者是以学生个体为本。""抽象的人是根本不存在的,只有具体的现实的人的存在。人的个体发展没有统一的模式,没有千篇一律,没有千人一面,没有万人一格,而是充分展现了人的自由的个性。"[1]这又是一个似是而非的观点,值得认真辨析。事实上,教育为社会培养合格人才与教育促进人的全面发展,教育"以社会为本"与教育"以学生个体"为本,并行不悖,有机统一,不能截然分开。这也可以从两个方面来讨论:

一方面,为社会培养合格人才与促进人的全面发展是教育的两个基本价值目标,不存在有前者就无后者或有后者就无前者的非此即彼关系。教育,首先是一种社会活动,具有鲜明的社会属性,适应社会发展需要而产生,随着社会发展而发展,社会的不断变革和发展是教育不断变革和发展的强大动力。离开社会需要,教育就失去了存在的价值和必要;离开社会支持,教育就不可能存在和发展。正因为如此,教育作为社会有机体中具有特殊重要意义和作用的组成部分,它的基本功能和目标就是适应社会发展、进步和变革的要求,不断地把一个个自然状态的人培养、塑造成为有理想、有抱负、有才能的社会化的人,成为社会发展、进步和变革所要求的人。教育在这方面做得越好,它对社会发展和进步所起的作用就越

大,进而也就越能够体现其生存和发展的巨大价值。否则,无论它在其他方面做得多有成就,只要培养的人无法适应社会需要,或没有按照社会发展需要培养出合格的人,它就是失败的或严重失败的。教育,归根到底又是针对具体个人的活动,对于受教育者个体,教育的价值目标就是要促进人的全面发展,不能促进人的全面发展的教育不是成功的教育。具体而言,教育以具体的人为对象,它必须适应受教育者个体的发展需要,既着力提高受教育者的做人素质,又着力提高受教育者的做事素质。如上述,前者包括高尚的道德品质培养,健全心理与人格的养成,法纪观念与责任意识的确立诸多方面;后者包括开发人的智力,增强人的体质,提高人的能力诸多方面。其中,教育特别是要针对不同受教育者的兴趣、爱好、个性、心理与能力等方面的特点和差异因材施教,使每个受教育者的个性、潜能和特长都得到最大限度地发挥,都在各自可能的范围内得到全面发展。教育的最重要任务就是善于发现和挖掘不同受教育者的潜能、特长、志趣和爱好,教育的最大成功也正在于使这些方面各不相同的受教育者个体都得到全面、和谐地发展。

总而言之,教育为社会培养合格人才与教育促进人的全面发展是教育的两个基本价值目标。教育既然是一项特殊的社会活动,具有鲜明的社会属性,它就自然必须以社会为本,为社会培养合格人才;教育既然是针对具体受教育个体而进行,具有鲜明的个体对象属性,它就自然必须以学生个体为本,促进受教育者全面发展。两个目标彼此独立,不可替代,根本不存在非此即彼的可替代关系,因而也就根本不存在为社会培养合格人才是传统教育目标观念,培养全面发展的人是现代教育目标观念的问题,更不存在后者是对前者的创新。

另一方面,为社会培养合格人才与促进人的全面发展又是相互联系、相互渗透、相互作用,相互促进的,不能生硬割裂。从为社会培养合格人才的角度看,所谓"教育为社会培养合格人才",其本质就是教育要培养适应社会丰富多彩发展需要的人,而社会的丰富多彩发展需要,恰恰正是受教育者全面发展的基本要求和内涵。人是天生的社会动物,在其现实性上,它是一切社会关系的总和,受社会发展的影响和制约。丰富多彩的社会发展需要,既为人的生存和发展提供了基本前提和基础,又要求有全面发展的人来适应、来满足、来推动。教育作为一项特殊的社会活动,只有适应了这样的社会要求,为推进社会的丰富多彩发展培养出大批全面发展的人,它才真正履行了自己的社会功能和责任,完成了社会赋予它的历史任务和使命,它才是成功的。值得指出的是,社会的丰富多彩随时代发展而发展,信息化时代来临的今天,社会发展的丰富多彩及其对合格人才的要求都超过了历史上的任何时代,我们的教育要着力培养适应这样社会发展要求的合格人才,根本途径只能是进一步促进受教育者的全面发展,而不是其他。还值得指出的是,为社会培养合格人才,也意味着这样的人当然必须具备一定的共性,诸如基本的道德品质要求、科学文化知识要求以及相应的能力要求等等,但是具备一定的共性,绝非意味着就一定会压抑人的个性,导致"千人一面""万人一格"。因为,这种共性究其本质是社会发展共性的要求和体现。社会作为所有个人的有机集合,既集中了所有人的无数个性,又体现出相应的共性。众多的个性使社会丰富多彩,富有生机和活力;相应的共性使社会成为有机集合,得以协调运转和发展。对受教育者而言,共性的培养,不仅是满足社会整体健康、协调发展所必须,而且是促进个性发展的重要基础和前提。"创新"言:"生气勃勃的社会必定是个性充分发展,潜能充分发挥,积极性充分调动的社会。"[1]但是,生气勃勃的社会只能建立在人与人之间存在相应共性的基础上,否则人与人之就不可能有任何沟通和联系,社会就无从生存和发展。似此,社会当然也就不可能有任何生气勃勃可言了。

再就促进人的全面发展看,所谓"教育促进人的全面发展",其基本内涵就是要培养受教育者的多方面能力、志趣、情趣和爱好,以适应丰富多彩的社会发展要求,并进一步推进社会的丰富多彩发展,这本身又是合格社会人才的基本意蕴。诚然,就具体教育对象而言,"人的全面发展归根结底只能落脚在人的个体发展上,"[1]只能通过具体的个体来体现,但是我们也不能不看到,由于人在本质上是社会关系的总和,人及其发展始终既受社会关系的制约又由社会发展所推动,因此落脚于个体发展的全面发展内容也就只能是社会丰富多彩发展的内容和要求。就社会与人的关系看,这方面的情况通常是,社会生产力越发展,社会行业、领域、岗位及其发展条件、发展机会越丰富多样,生产关系、社会关系越复杂细密,对社会主体即人的素质要求也越高,越要求社会主体有较高的全面发展水平相适应。与此相应,人的全面发展作为教育的基本价值目标是否得到了切实贯彻和实现,归根到底也只能看教育培养的人是否能够适应和推动社会丰富多彩的发展。正因为如此,教育促进人的全面发展的基本要求之一,就是其具体目标的确定必须建立在科学分析社会发展变化的基础上,必须与社会发展变化的现实需要及其长远需要相契合,并且随着社会发展、变化不断地充实与更新。在这里,显而易见教育促进人的全面发展与教育为社会培养合格人才之间同样是相互联系、相互渗透,相互作用、相互促进的,绝非非此即彼、彼此互斥的关系。机械、静止和孤立地割裂社会发展与个体发展之间的密切联系,抛开社会发展的实际需要,抽象地强调现代教育目标是促进人的全面发展,是以学生个体为本,否认教育同样是为社会培养合格人才,同样要以社会为本,不仅使促进人的全面发展失去了基本的逻辑前提和基础,付诸实践,也势必对教育产生严重误导,产生严重的消极后果。

　　总之,教育的本质既不是单纯的智育,也不是单纯的德育,而是完整地育人,亦即德育、智育等方面的和谐发展;现代教育既要促进人的全面发展,又必须为社会培养合格人才,二者同样是有机统一,有机统一的基础在于人的个体发展与社会发展之间的内在一致性。将二者生硬地割裂,甚至为了所谓的教育观念创新,将重视智育、为社会培养合格人才主观定性为传统教育本质观念和教育目标观念,将强调德育、促进人的全面发展主观定性为现代教育本质观念和教育目标观念是不科学、不足取的,实践中是有害的。

注释:

社会教育有广义与狭义之分,后者不包括学校教育在内,这里的“社会教育”是在广义上使用的。

参考文献:

[1]田建国. 推进教育观念创新[N]. 光明日报,2009 - 08 - 19(11).

[2]毛泽东文集(7)[M]. 北京:人民出版社,1999.

[3]邓小平文选(3)[M]. 北京:人民出版社,1993.

[4]江泽民文选(1)[M]. 北京:人民出版社,2006.

[5]杨叔子. 文明以止,化成天下[J]. 高等教育研究,2005:9.

高等教育的本质是知识的扩大再生产观点辨正

　　高等教育是否应当适应经济社会的发展需要，近来再次引起了学术界的讨论。批评者与坚持者从各自的理论前提出发展开热烈争论，为人们进一步思考这一问题提供了有益的借鉴与启迪。争论中，有学者从马克思主义的社会再生产理论出发，提出"高等教育的本质是一种特殊类型的知识再生产活动"[1]（下简称"知识生产论"）。这一观点却有失偏颇：不仅在研究方法上存在类比不当，而且在客观上陷入了"见物不见人"的思维误区，付诸实践必将进一步误导我国高校的办学方向，必须认真辨析与矫正。

一、"知识生产论"在研究方法上存在类比不当

　　"知识生产论"由北京大学教育学院展立新、陈学飞两位学者在《理性的视角：走出高等教育"适应论"的历史误区》[2]中提出，进而在《哲学的视角：高等教育"适应论"的四重误读和误构——兼答杨德广"商榷"文》中作了比较详细的阐述："'适应论'的作者并没有意识到，马克思主义的社会再生产理论实际上已经为高等教育研究指明了方向。恩格斯指出'根据唯物史观，历史过程中的决定性因素归根到底是现实生活的生产和再生产。无论马克思或我都从来没有肯定过比这更多的东西'。马克思和恩格斯首先区分了两类再生产的方式，即人类自身的再生产和物质生活的再生产。后来，在分析资本主义再生产活动的过程中，他们又进一步区分了隶属于人类精神生活领域的'一般劳动'和隶属于物质生产领域的'共同劳动'，从而进一步揭示了资本主义社会劳动生产率提高的秘密。笔者认为，高等教育本质上就是一种特殊类型的知识再生产活动。如果把知识再生产划分为两种类型，即知识的简单再生产和扩大再生产，那么教育的两大部类即基础教育和高等教育就分别对应于这两种类型的再生产活动"。"知识的简单再生产是基础知识和技能的传递"，"知识的扩大再生产是对未知领域的积极探索"[1]。乍一看，这一观点似乎比较新颖且有道理，但是深入分析却不难发现它在研究方法上存在机械类比的思维误区。

马克思主义的社会再生产理论,集中体现在三部重要著作之中,第一部是马克思恩格斯合著的《德意志意识形态》。在这部著作里,马克思恩格斯科学阐明了人类社会的再生产包括物质资料的再生产和人类自身的再生产。关于物质资料的再生产,他们指出:"我们首先应当确定一切人类生存的第一个前提,也就是一切历史的第一个前提,这个前提就是:人们为了能够'创造历史',必须能够生活,但是为了生活,首先就需要吃喝住穿以及其他一些东西。因此,第一个历史活动就是生产满足这些需要的资料,即生产物质生活本身,而且这是这样的历史活动,一切历史的一种基本条件,人们单是为了能够生活就必须每日每时去完成它"。"第二个事实是,已经得到满足的第一个需要本身、满足需要的活动和已经获得的为满足需要而用的工具又引起新的需要,而这种新的需要的产生是第一个历史活动"。[3]78-79关于人类自身的再生产,他们指出"一开始就进入历史发展过程的第三种关系是:每日都在重新生产自己生命的人们开始生产另外一些人,即增殖。这就是夫妻之间的关系,父母和子女之间的关系,也就是家庭。这种家庭起初是唯一的社会关系,后来,当需要的增长产生了新的社会关系,而人口的增多又产生了新的需要的时候,家庭便成为从属的关系了(德国除外)。"[3]80

第二部重要著作是《资本论》。在这里,马克思指出:"不管生产过程的社会形式怎样,生产过程必须是连续不断的,或者说,必须周而复始地经过同样一些阶段。一个社会不能停止消费,同样,它也不能停止生产。因此,每一个社会生产过程,从经常的联系和它不断更新来看,同时也就是再生产过程。""生产的条件同时也就是再生产的条件。任何一个社会,如果不是不断地把它的一部分产品再转化为生产资料或新生产的要素,就不能不断地生产,即再生产。"[4]228关于再生产的内容,马克思明确阐述了物质资料再生产的两种情况及人的再生产。关于物质资料的再生产,马克思分析了简单再生产和扩大再生产两种情况。如果作为资本价值的周期增加额的剩余价值"只是充当资本家的消费基金,或者说,它周期地获得,也周期地消费掉,那么,在其他条件不变的情况下,这就是简单再生产。"[4]622与此相应,"把剩余价值当作资本使用,或者说,把剩余价值再转化为资本",[4]635使生产在扩大的规模上进行,这就是扩大再生产。关于人的再生产,马克思指出:资本家"用来交换劳动力的资本转化为生活资料,这种生活资料的消费是为了再生产现有工人的肌肉、神经、骨骼、脑髓和生出新的工人"。[4]231

第三部重要著作是《家庭、私有制和国家起源》。恩格斯在这部著作的第一版(1884年)序言中指出:"根据唯物主义观点,历史中的决定性因素,归根结蒂是直接生活的生产和再生产。但是,生产本身又有两种。一方面是生活资料即食物、衣服、住房以及为此所必需的工具的生产;另一方面是人自身的生产,即种的蕃衍

（繁衍，编者注）。"[5]2

　　马克思恩格斯阐述的社会再生产，无论是物质资料的再生产，还是人自身的再生产，都毫无疑问地凸显出一个十分重要的特点：只要是再生产，就一定会有某种形式的新的产品生成，并且再生产也一定是在某种形式的新的产品基础上进行。对物质生活的再生产而言，简单再生产虽然保持原来的生产规模不变，但反映在价值形式上，却是每次都生产出新的价值，并且每次都要将与生产成本相等的新价值再次投入生产。至于扩大再生产，反映在价值形式上不仅是每次都要将等于生产成本的新价值再次投入生产，而且还需要将超出生产成本的部分新价值追加进生产成本，投入生产。关于人自身的再生产，马克思恩格斯虽然并未明确提出简单再生产和扩大再生产的概念，但是无论人自身生命的再生产，还是种的蕃衍，都毫无例外地蕴含新的产品生成这一点却是肯定无疑的。这种新的产品，在人自身表现为通过消费物质生活资料，吸收物质生活资料的精华，生产出新的生命分子，新的血液，新的精气神，或者说再生产出被消耗了的肌肉、骨骼、脑髓、血液等等的精力和活力，使人自身的生命和能量得到新的延续；至于种的繁衍则表现为生产出新的生命个体，实现人类社会世代的可持续发展。

　　进一步而言，马克思主义的社会再生产理论，还不仅包含物质资料的再生产和人自身的再生产，而且包含社会关系的再生产，并且这种再生产同样蕴涵新产品的生成。在《德意志意识形态》中，马克思明确指出"生命的生产，无论是通过劳动而达到的自己生命的生产，或是通过生育而达到的他人生命的生产，就立即表现为双重关系：一方面是自然关系，另一方面是社会关系。"[3]80其中，社会关系的含义是许多个人的共同活动，是人们之间的物质联系，并且"这种联系是由需要和生产方式决定的，它和人本身有同样长久的历史；这种联系不断采取新形式，因而就表现为'历史'。"[3]81在《资本论》中，马克思指出资本家不断地把客观财富当作资本来生产，也不断地把劳动力当作只存在于工人身体中的财富源泉来生产，因此，资本主义的再生产，不仅再生产商品和剩余价值，而且再生产资本关系本身："一方面是资本家，另一方面是雇佣工人"。[4]232然而，随着资本主义再生产不断进行，结果却是：资本积累在不断增大的同时，资本关系也在不断发生新的变化；同时，一无所有的无产阶级队伍不仅日益壮大，而且越来越被迫起来要求利用这种财富和生产力为全社会服务，"以代替现在为一个垄断者阶级服务的状况"。[4]596-597这种资本关系的新变化及阶级关系的新变化不断积累，最终必将导致资本主义社会关系发生革命性的变革。在《家庭、私有制和国家的起源》中，恩格斯指出，一定历史时代和一定地区内的人们生活于其下的社会制度，受着两种生产的制约：一方面受劳动的发展阶段的制约，另一方面受家庭的发展阶段的制约。劳动越不发展,劳动产品的数量、从而社会的财富越受限制,社会制度就越在较大程度上受血族关系的支配。然而,在以血族关系为基础的社会结构中,随着社会再生产的不断进行,劳动生产率日益发展起来;与此同时,私有制和交换、财产差别、使用他人劳动力的可能性,从而阶级对立的基础等新的社会成分,也日益发展起来,以至于最终导致了以血族关系为基础的社会制度解体,"代之而起的是组成为国家的新社会,而国家的基层单位已经不是血族团体,而是地区团体了"。[5]2

立足上述马克思主义的社会再生产理论,审视"高等教育本质是特殊类型的知识再生产活动"的观点,其误区清楚明白。按照"知识生产论"的看法,基础教育从事的是知识的简单再生产,高等教育从事的是知识的扩大再生产。但是,一方面"知识生产论"强调"知识的简单再生产",就是"基础知识和技能的传递",然而传递的涵义却是指一件东西由一方转交给另一方,其外形、价值和要素等均不发生变化,按照马克思主义的再生产理论,这种情形显然不属于再生产的范畴;另一方面,对未知领域进行"积极探索",形成新的知识,的确是知识的生产,但却未必就是知识的扩大再生产。因为,知识的扩大再生产以知识的简单再生产为基础,既然在这里,"知识生产论"的简单再生产按照马克思主义的再生产理论不能成立,那么相应的"知识的扩大再生产"自然也无从成立。

退一步讲,即使按"知识生产论"的看法,"基础知识和技能的转移"是知识的简单再生产,对未知领域的"积极探索"是知识的扩大再生产,也仍然不能认为初等教育从事的就只是知识的简单再生产,高等教育从事的就只是知识的扩大再生产。原因很简单,如果"基础知识和技能的转移"属于知识的简单再生产,那么在初等教育中,教师运用自己的智慧和创造力,深入钻研教育教学方式方法,形成教育教学方式方法的新知识、新理论,以及在课内学习之余,组织学生进行小发明、小创造,产生新的知识火花,甚至是形成新的知识"颗粒",无疑就属于知识的扩大再生产范畴。如此一来,初等教育所从事的显然就是知识的简单再生产和扩大再生产的统一,而不仅仅是知识的简单再生产。同样的道理,高等教育所从事的也是知识的简单再生产和扩大再生产的统一,而不仅仅是知识的扩大再生产。在这里,"知识生产论"的逻辑失误,依然不言自明。

类比推理是科学研究的常用方法,它是根据两个或两类对象的部分属性相同,推导出两个或两类对象其他属性也相同的推理方式。例如,声、光都具有直线传播、反射、折射等属性,因而可以从声具有波动的性质,推导出光也应该具有波动的性质。但是,类比推理具有或然性,如果类比推理前提中确认的共同属性很少,推理的结论就极不可靠。教育作为人类社会的特殊社会文化活动,与物质生产或人类自身生产的共同属性极少,将它们机械地放在一起类比,自然会陷入类比不当的思维误区。

二、"知识生产论"在客观表现为"见物不见人"

　　教育的一般涵义,是指以学生为核心的社会文化活动,基本涵义是培养新生一代准备从事社会生活的整个过程,主要是指通过学校对儿童、少年、青年进行培养的过程。尽管"当社会发生根本变革时,教育也要随之而变;而变革的尝试首先是对教育本质问题的追问",[6]43但是,无论怎样追问,怎样探索,怎样论争,教育都始终离不开学生,离不开对学生的培养和教育。幼儿教育、初等教育、中等教育、高等教育是如此,中国教育、外国教育也是如此,进一步追溯到文字出现以前,人类靠手口相传教会后代生产、生活的基本知识和技能还是如此。高等教育是教育的重要组成部分,虽然与初等教育、中等教育的基础性不同,它是"在专业化的教育学科领域提供学习活动",学生从事的是高度复杂和高度专业化的学习,既包括通常所理解的学术教育,也包括高级职业和专业教育,[7]335但在本质上,它仍然是培养和教育人的特殊社会活动,只不过是所培养人的层次不同、规格不同。没有育人,或者放弃育人,高校就不是或不再是高校,高等教育就不是或不再是高等教育。"教育责任是大学应当承担的永恒的第一社会责任。"[8]51

　　从历史发展来看,通过传承高深知识培养人、教育人,为社会提供高深知识的专业人才,一直贯穿于高等教育发展的全过程,绝非时有时无。中世纪,"大学在满足专业、教会和政府对各种人才的需要的过程中不断发展。最初时,大学是从11世纪的教会学校和城市学校自发地发展起来的,虽然这些学校的师生都是牧师,但它们的目的却都是世俗的,都是为满足人口日益增长并且日益城市化的社会需要。"[9]29 19世纪初,随着工业革命从英国向法国、德国扩展,也由于在普法战争中德国失败,为推动德国走向强大,洪堡在创立和主持柏林大学期间,将科学研究引入大学,强调大学要进行专门的科学研究,创造新的知识,但是科学研究的引入并非以否定人才的培养和教育为前提,恰恰是在人才培养、教育基础上的合理延伸。1876年美国约翰·霍普金斯大学创立研究生院,将大学的科学研究和高深专业人才培养的层次与水平进一步提升。随着《莫雷尔法案》的颁布,美国赠地大学兴起,著名的"威斯康星理念"强调大学必须为社会服务,但是社会服务的引入,同样不是对人才培养的否定或削弱,而是人才培养的又一次延伸。难能可贵的是,随着工业革命以来人类社会快速发展,大学由高居社会之上的"象牙塔"逐渐走向社会中心,在主动回应社会的多方面需求,面临社会的多种诱惑的背景下,育人作为大学的根本使命在那些高瞻远瞩的大学始终都在坚定不移地坚守。哈佛大学为确保育人质量、培养世界领袖,面对近年来教师群体中出现的重科学研究、轻人才培养的偏向,及时作出适当降低教师评价中科学研究比重的决定。它认为以牺牲育人质量为代价的科学研究只会使大学的本质扭曲,并严重影响大学的可持续发展。[10]耶鲁大学长期坚持小班化、个性化教学,75%以上的本科教学班少于20人。[11]牛津大学坚持导师制始终不渝,"喷烟文化"成为它独特的育人文化。剑桥大学某学院有100多年的历史、雄厚的资金,但为了保证育人质量,曾就3年后究竟应当招生138人还是139人多次开会,反复讨论。

"知识生产论"将高等教育的本质界定为"特殊类型的知识再生产活动",强调高等教育的任务就是对"未知领域的积极探索",对现实社会进行"反思与批判",只字不提人的培养与教育,无论主观动机如何,或是出于怎样的思考,客观上都陷入了"见物不见人"的思维误区,或者是给人"以见物不见人"的思维误导。诚然,高等教育既以知识为工具,又以知识的生产和再生产为重要任务,但是高等教育以知识为工具,在其本质意义上是指其以知识为培育高层次人才的工具,至于以知识的生产和再生产为重要任务,其根本内涵则在于以创造性的知识探究,培养既具有健全人格,又具备服务社会的品格与能力的创造性高层次人才,绝非单纯地以知识论知识,以知识创新论知识创新。否则,高等教育无论对"未知领域的积极探索",还是对现实社会的"反思与批判"多么富有成效,都不仅不能表明它有效地履行了自己的本质职能,而且还从根本上扭曲,甚至于异化了它自身的根本性质。

人们也许会说,高等教育既然是培养高层次专门人才的社会活动,受教育者在接受高等教育过程中不就是要从事"未知领域的积极探索",进行"知识的再生产"吗?就一般意义而言,从事"知识的再生产"以及对未知世界进行"积极的探索",确实是受教育者接受高等教育过程中的重要任务,但是这种"参与"及"探索",是要与高等教育各个具体阶段的基本教育要求相适应,循序渐进,绝不是无视高等教育的基本规律,盲目提高各个相应阶段的知识再生产要求。具体而言:本科教育是高等教育的初始阶段,在这一阶段受教育者的基本任务,既包括接受人类文明精华的通识教育,打下牢固的科学、技术和人文知识基础,培养创造性地发现问题和解决问题的能力,养成正确地认识自我,逐步成长为反思性的、经过良好训练的、有知识的、严谨的、有社会责任感的社会公民,也包括基本专业知识和技能的学习与培养,为成长为高层次专业人才打下扎实的基础,再者才是参与教师的科研活动,或者在教师的指导下开展相应的科研创新活动,培养实践与创新的意识及能力。作为人才培养质量重要检验环节的毕业设计或论文,基本要求是综合运用相关专业知识,规范地完成一个项目的设计或研究。其中,创新的确是一项重要的要求,但具体审核则主要在于完成者的创新意识,而不在于一定要求其成果具有较大程度的创新成分。硕士教育阶段,受教育者的基本任务是进一步接受先进的科学知识和研究方法的教育,将学习与研究相结合,积极参与科学研究,培养比较系统的理论思维以及独立发现问题、解决问题的敏感与能力。学位论文要求是能够综合运用相关学科知识,解决比较具有学术意义的理论问题或工程实践意义的问题,并且要求具有一定程度的创新。博士教育阶段,受教育者的基本任务是进一步接受本学科的前沿知识及先进的科学研究方法教育,深化对本学科知识、方法的理解与把握,积极从事科学研究,养成敏锐的问题意识以及创造性地解决问题的思维与能力,成为教师的重要科研助手以及高校科研的重要力量。学位论文选题必须具有重要的学术意义或工程实践意义,具体研究必须体现出厚实的学科知识基础及熟练运用相关知识解决实际学术问题或工程实践问题的能力,研究结果应当具有学术意义或工程实践意义的创新。

如上阐述表明,无论从哪个角度展开分析,高等教育的本质及其首要功能都在于育人,即使高等教育的受教育者在教师指导下从事"未知世界的积极探索",以及对现实世界进行积极的"反思与批判"属于"知识的再生产"范畴,但在本质上,与基础知识和技能的传递一样,它仍然是人才培养的重要环节和过程,根本目的同样在于培养高层次的创造性的专业人才。"知识生产论"者为了证明高等教育"适应论"是历史的误区,强调"高等教育活动与其他社会活动的关系不是'适应'与被'适应'的关系",试图以马克思主义的社会再生产理论为依据,证明"高等教育的本质是特殊类型的知识再生产活动",进而强调高等教育的学术自主与自由,但是却在客观上忽视了育人这一根本性问题,从而陷入了"见物不见人"的思维误区。

三、"知识生产论"付诸实践必将进一步误导高校办学方向

进入改革开放和现代化建设新时期以来,我国高等教育获得快速发展,整体实力迅速提升。特别是 20 世纪末 21 世纪初,在国家政策的强力推动下,我国高等教育快速走向大众化,一举成为世界高等教育大国,适应了我国人民群众期盼接受更多高等教育的迫切需求,也适应了我国工业化、信息化、城镇化、市场化、国际化快速发展对拔尖创新人才、专门人才和大批高素质劳动者的迫切需求;同时,随着科教兴国战略的实施,协同创新"2011"计划的推行等,我国高等教育对经济增长的贡献率迅速提高,高等教育快速走进社会的中心,成为社会发展的重要"动力机"和"加油站"。但是,毋庸讳言,由于多方面复杂的原因,我国高等教育在快速发展中也出现了突出的问题。最为突出者之一,就是具体承担高等教育任务的

高校,事实上颠倒了人才培养与科学研究的关系,重科研、轻教学,扭曲了办学方向。

从本质上讲,教学与科研原是相互联系,相互影响,又相互区别,各有特点的活动。教学通常需要"文火慢炖",倾心投入,短时间内不易见效,科学研究特别是应用型科学研究,与教学相比通常见效快,易于为学校带来明显的现实利益。因此,一些学校为急于扩大社会影响,提升办学层次,往往对科学研究全力以赴,对教学工作得过且过,只惦记科研经费、科研项目、科研奖励,甚至盲目强调"全员科研",将教师片面地引导到一门心思争取科研项目、开展项目研究之上,教学则完全以应付的态度行事,只图完成规定的教学时数,至于效果怎样,是否达到了培养目标则不闻不问。某些研究型高校,为快速增加科研项目的数量,甚至不惜鼓励教师承接一些技术含量低、经济回报率高的服务类项目凑数,既浪费宝贵的科学研究资源,又严重影响人才培养。一些地方高校往往不顾自身实际,积极"创造条件"、"采取措施",把科学研究、知识创新纳入其主要职责范围。其结果,有的虽然取得了某些看得见、摸得着的成效,但广大教师投入教学的精力却严重减少,教学质量和人才培养质量严重下降;有的则是科学研究成了空话,人才培养也大受影响。同时,由于科研业绩既能带来优厚的物质待遇,又是教师职称评聘和获得各种荣誉的硬指标,在这样的利益导向机制面前,旨在重点培养人的教育教学工作在教师心目中的地位自然被严重侵蚀,成为最为无足轻重的"良心活",不少人甚至一当上教授,就完全过上"项目化"生活,从此不再给本科生上课,年轻教师也不得不把科研在心目中的地位明显置于教学之上。有学者曾带领研究团队在全国5个城市调查了5000多名年轻教师,结果显示:60%的青年教师更重视科研课题,而不是给学生上课。[12]这一现象很能说明问题。

作为国家主管教育工作的教育部,曾启动高等学校教学质量工程,试图有效矫正高校重科研、轻教学的严重偏向,但成效却大打折扣。各高校一方面不惜花费大量人力、物力、时间等资源,积极争取教育部设置的反映教学质量的各种荣誉称号、团队建设称号及不菲资金,另一方面对于人才培养工作得过且过,无科学的评价体系,无深入细致的了解调研,无切实有效的解决方法,人才培养在学校工作中的中心地位写在文件上,讲在会议上,喊在口头上,就是不能落实到行动上,以至于作为人才培养主渠道的神圣课堂,竟成为一些教师,甚至是"大牌"教师简单念课件、讲逸闻趣事混时间以及学生睡觉、玩手机、谈恋爱,甚至雇人听课的休闲场所。[12]清华大学"中国大学生学习性投入调查"课题组曾就中国"985工程"高校与美国研究型高校本科生学习情况进行比较,其中关于"生师互动水平"方面:"985工程"高校学生在"学习表现得到任课教师及时反馈"以及"与任课教师讨论自己的职业计划"上大大低于美国同类大学学生,28%的"985工程"高校学生反映学习表现从未得到教师的及时反馈(美国同类院校约8%);55%的"985工程"高校学生反映从未与任课教师讨论过职业计划(美国同类院校约25%)。[13]这也从一个侧面反映出在片面重视科研的我国高校环境中,人才培养事实上已经成为无足轻重的工作。如上问题是仅就本科教育而言,实际上我国研究生教育问题也非常突出:招生人数在快速扩展,但教师特别是高水平教师却都在科研的海洋中"畅游",人才培养质量缺乏严格保障,学位课程要求低,学位论文要求低成为普遍现象。一些高校,有的导师因忙于科研,或者干脆做挣大钱的"老板",甚至于不认识自己的学生。正是在这样的背景下,近年来不仅国内顶尖高校的本科生毕业后,相当部分都申请到了国外留学,世界顶尖大学的研究生院随处可见中国学生的身影,清华大学、北京大学更是早已成为美国顶尖大学研究生院最大的生源学校,[14]而且每年直接进入国外大学接受本科教育的高中尖子生越来越多。有关调查表明,除去这些家庭能够承担高额的经济开支之外,根本原因在于在国外知名大学,学生能够方便地与高水平的教授交流,接受高质量的大学教育。

　　理论是实践的先导。科学的理论和认识为实践科学导航,推动实践顺利发展,失误的理论和认识误导实践发展,引发消极的实践后果。在我国高校重科研、轻教学,办学方向严重扭曲的现阶段,如果仍然强调"高校的本质是特殊类型的知识再生产活动",根本忽视大学的本质在育人,付诸实践必将进一步扭曲我国高校的办学方向,给我国高等教育,进而整个社会发展带来严重的消极影响。道理十分简单,倘若我国的普通高校进一步不加分析地片面强调"知识的扩大再生产",重科研、轻教学,不仅势必无法满足我国改革开放和现代化进程中经济社会快速发展对大批高级应用型、实用型专业人才的迫切需求,进而严重影响我国现代化的发展进程,而且在大学生就业形势异常严峻的背景下,也势必进一步将大学毕业生推向难以有效就业的状态,这无疑是我国经济社会和高等教育发展的巨大灾难。

　　无可否认,"985工程"高校,由于拥有高素质的生源、高水平师资以及高水平的科学研究条件,一般情况下,即使人才培养有所放松,也不会致命性地影响其获得卓越的名声。但是,无论如何,高素质的学生未能接受到相应的高水平教育,未能更好地成长为高级专业人才,这样的卓越就是"失去灵魂的卓越"。[15]"知识生产论"者,由于身处具有深厚科学研究基础以及善于对现实世界进行深入"反思和批判"氛围的我国顶尖研究型高校,很容易形成高度注重科学研究的浓厚情结,这可以理解,也很正常,但若因而不去全面审视高等教育的本质规定以及我国现实高等教育的发展状况,把明显带有局限性的认识当成普遍性认识,失误也就在所难免。英国剑桥大学第34任校长艾利森·F·理查德(Alison F·Richard)指出:"对于一个大学来说,你培育什么样的人,在很大程度上就决定了你的地位,而你在这个问题上的决定对于学生的大学经历具有深远的意义"。[16]这话值得我国的研究型大学深思,更值得我国所有类型的大学深思!

总之,事物的本质是一事物区别于他事物的根本规定性,贯穿于事物发展的始终。高等教育发展到今天,虽然其基本功能从单一的人才培养扩充到人才培养、科学研究、社会服务三位一体,今天的大学已经发展成为令人眼花缭乱的繁华"大都会",具有内涵各种各样的发展目的,但是,无论有怎样丰富的发展目的,大学作为教育空间,其根本目的都在于培养人[17],"大学里最重要的成果应该是学生"[18]。动摇了这一点,高等教育就失去了根本。马克思的社会再生产理论有其特殊的内涵和规定,机械地根据马克思的社会再生产理论将教育划分为传递"基本知识和技能"的初等教育与"知识的扩大再生产"的高等教育,进而认为"高等教育的本质是一种特殊类型的知识再生产活动",逻辑上明显失当,付诸实践只会进一步扭曲我国高校的办学方向。对此,我们应当有清醒的认识,也应当从理论上予以有效的矫正。

参考文献:

[1]展立新、陈学飞.哲学的视角:高等教育'适应论'的四重误读和误构——兼答杨德广文[J].北京大学教育评论,2013(4):160-172.

[2]展立新、陈学飞.理性的视角:走出高等教育"适应论"的历史误区[J].北京大学教育评论,2013(1):95-125.

[3]马克思恩格斯选集.第一卷[M].北京:人民出版社,1995.

[4]马克思恩格斯选集.第二卷[M].北京:人民出版社,1995.

[5]马克思恩格斯选集.第四卷[M].北京:人民出版社,1995.

[6][德]雅斯贝尔斯.什么是教育[M].邹进,译.北京:三联书店,1991.

[7]顾明远.中国教育大百科全书.第1卷[Z].上海:上海教育出版社,2012.

[8][美]克拉克·克尔.高等教育不能回避历史[M].王承绪译.杭州:浙江教育出版社,2001.

[9][美]伯顿·克拉克.高等教育新论:多学科的观点[M].王承绪,等译.杭州:浙江教育出版社,2001.

[10]盛玉红.哈佛大学将改变重科研轻教学传统[N].文摘报,2007-05-02(6).

[11]徐平.大学师生关系缘何陷入功利化冷漠化境地[N].教育文摘周报,2011-02-02(1).

[12]邓晖.大学课堂:得了什么病?[N].光明日报,2014-02-14(5).

[13]清华大学课题组.本科教育怎么办?[N].光明日报,2012-06-19(15).

[14]叶赋桂,罗燕.拔尖创新人才培养的新思维[J].复旦教育论坛,2011(4):19-23.

[15][美]哈瑞·刘易斯.失去灵魂的卓越[M].侯定凯,译.上海:华东师范大学出版社,2007.

[16]耿有权.什么是世界一流大学研究型大学的贡献[J].江苏高教,2009(2):17~20.

[17]刘铁芳.大学文化建设:何种文化,如何建设[J].高等教育研究,2014(1):11~16.

[18]李泽湘.世界新"硅谷"将在粤港诞生[N].光明日报,2014-02-15(11).

关于"教授治校"与"教授治学"的再思考

　　高校管理中,到底应该"教授治校"还是"教授治学",现阶段学术界分歧颇大,两种观点各有不少的支持者,论证思路大多是从历史中找依据,再从现实中找原因,自圆其说,而从系统地指出对方研究不足中展开自己论述的研究尚不多见,《江苏高教》2011年第6期刊发的苏州大学教育学院赵蒙成教授的"'教授治校'与'教授治学'辨"(下简称"辨文"),是这方面颇有代表性的文章。"辨文"在比较"教授治校"与"教授治学"内涵的基础上,提出"'教授治校'是'教授治学'的前提","教授治学是教授治校的倒退",[1](以下凡引此文均不再单独标示)同时就实现"教授治校"的条件与途径进行了探讨。文章从历史到现实,从理论到实践,比较翔实,能给人以有益的启迪。但笔者对"辨文"的观点不敢苟同。因为,无论是细究概念的本质内涵,还是考察相应的历史与现实,"教授治学"才是一个科学的选择。以下,笔者试结合"辨文"的有关论述就这一观点展开相应的阐述,同时也就教于赵蒙成教授。要特别说明的是,在关于"教授治校"或"教授治学"的讨论中,学术界对"教授"一词的使用并非特指教授群体,而是指以教授为代表的高校教师群体。本文所言"教授"也在这一意义上使用。

一、"教授治学"是教授本质涵义的合理延伸,"教授治校"超越了教授的本质规定

　　"辨文"认为,"教授治校"就是通过大学宪章或规程以及一定的组织形式,由教授执掌大学内部的全部事务,尤其是学术事务的决策权,并对外维护学校的自主与自治。"教授治学"仅是"教授治校"的一个枝节,"教授治学"是"教授治校"的倒退。果真如此? 为有效搞清这一问题,立足思维逻辑的要求,我们有必要以教授、治校、治学的基本内涵为切入点展开分析和比较,以得出比较科学的结论。

　　何为教授? 在我国历史上,教授原指传授知识或讲课、授业者,后成为学官名。汉、唐两代太学都设有博士,教授学生。博士就是后来的教授。宋代中央和地方的学校开始设教授。元代各路州府儒学及明、清两代的府学都设教授。清代

末年兴办新学,大学设正教员、副教员。1912 年,中华民国临时政府教育部公布《大学令》,规定大学设教授、助教授;1917 年修正《大学令》,规定大学设正教授、教授和助教授。1924 年的大学条例,取消助教授一职。1927 年国民政府教育行政委员会公布《大学教员资格条例》,开始规定大学教员分教授、副教授、讲师、助教四级。这一设置方式,中华人民共和国成立后沿用至今。《现代汉语词典》关于教授的解释比较简略,就是高等学校职别最高的教师。《百度》给出的解释相对详细,教授,首先是一种职业,多指在大学或社区学院中执教的资深教师与研究员。其工作不仅要一般地讲课、授业,而且要传承、研究高深学问。其次是一种职务,是大学教师职务的最高级别。[2]

何为治学?《现代汉语词典》的解释是研究学问。在这一意义上,教授治学不言自明,勿需讨论。但是,现代高校的教授治学,绝非小生产时代学者的个体作业,具有极为鲜明的时代特征。其一,高校教授研究的是高深学问,在科学技术及其他方面学问快速发展的今天,这类研究的有效开展必须在相应学科内进行,并且只有准确把握学科方向及其发展趋势才能够取得较好的成果。其二,教授治学既然是在相应学科内进行,就绝不能各自为政,必须在有机构成的团队中有分工、有配合地开展,单打独斗,一般很难取得突出的成就。其三,教授的本质任务是育人,特别是在科学技术和经济社会飞速发展的今天,教授治学不仅包括一般地研究和传承学问,而且必须高度注重在适应现代科学技术和经济社会发展需要的前提下研究和传承学问,培养符合社会需要的合格人才。实现这样的治学,必须有科学的规划和管理,以相应的资源分配为保证,还要有一系列科学的决策和实施。正因为如此,现代高校的教授治学,不仅蕴涵研究学问的本来意义,而且内在地蕴涵了管理或治理的延伸之意。没有前一层涵义,治学就不存在;没有后一层涵义,前一层涵义就无从在现实中得到有效的开展。两者相互联系,相辅相成。

再看何为治校?"治"在《现代汉语词典》里虽然有多种涵义,但在"治校"的特殊语境下,与"治学"的"治"一样,同为管理或治理。相应地,治校也就是对高校事务进行管理或治理,保证高校的健康运行和发展,以有效履行高校的社会功能,实现高校历史使命。高校事务,以处理客体为标准,可分为内部事务与外部事务。内部事务,以其性质为标准,大致有学术事务、行政事务和服务事务。学术事务是体现高校本质的事务,但在现代高校的复杂有机体内,行政事务和服务事物也相当重要,如果没有这两方面事务的有效处理,学术事务的开展势必困难重重,甚至难以进行。高校事务,按照层次来划分,大致有宏观层面的事务和微观层面的事务。宏观层面的事务包括学校发展战略、发展布局的规划和设计,组织、机构、经费、人员、场地等各种办学资源的统筹和处理。微观方面的事务,包括学术机构、行政机构、服务机构的运转和发展,广大师生的工作与学习等。外部事务包括高校与社会之间的关系、高校与政府之间的关系、高校与企业之间的关系、高校与学生家长之间的关系、高校与社区之间的关系,一句话,包括高校与其利益相关者之间的关系,是一项极其复杂、综合的管理或治理。

比较治学与治校两个概念,治学虽有研究、传承高深学问的本义,又有管理或治理学术事务的延伸意义,但在本质上都隶属学术事务范畴,科学性、专业性和探索性很强,一般管理者往往很难胜任。[3]教授由于以研究、传承学问为本,在现代高校具体体现为履行教书育人、科学研究、社会服务和文化传承四大基本功能,因而在学术事务方面比其他群体享有更多的发言权,也更能适应学术事务的规律和特点行使管理权,[4]正是在这样的意义上,教授治学不仅是学术事务的本质要求,而且是教授本质涵义的合理延伸。反观治校,它的范围广泛、内容复杂,不仅要求其主体能够科学把握学术事务管理的规律和要求,而且必须科学把握多方面事务管理的规律和要求,客观上远远超出了教授的职业要求和专长。不顾这样的现实和逻辑,一定要赋予教授执掌高校内部全部事务的权力,不仅不会有效保证包括学术事务在内的高校管理健康协调可持续发展,而且可能因为教授对其他方面事务的不专业,导致错误的决策和管理。同时,教授过多的从事非学术事务,也容易分散从事学术事务的时间和精力,影响教书育人和学术的研究与发展,得不偿失。

应当指出的是,不加分析地片面强调教授执掌高校内部的全部事务实不可取,并不等于教授不可以参与高校内部学术事务以外事务的决策与管理,也不否认教授在一些需要学术知识的事务决策与管理中发挥重要作用。不过,"参与"与"执掌"毕竟具有本质的区别,二者不可等同。"辨文"希望以教授治校来改变我国现行高校管理结构,避免行政权力"一权独大",主观愿望无可厚非,但一定要强调由教授执掌高校内部的全部事务,却需要认真斟酌。再者,"辨文"认为教授治校不仅是由教授执掌高校内部的全部事务,而且要以此对外维护高校的自主与自治,同样值得斟酌。高校作为社会有机体的一个特殊组织,承担着社会赋予的特殊功能,其自主与自治在本质上毋庸置疑,但这种自主与自治是相对的,必须随社会有机体发展而发展。否则,拒绝因势而变,势必难以维持持久的繁荣。[5]一贯具有自主与自治传统的欧美高校,在现代社会由于涉及的利益相关者及其要求越来越复杂,其有关重大决策也不得不更多地听取利益相关者的意见就是有力证明。在我国,情况则更为复杂,特别是政府对高校具有相当大的控制权。这种情况下,希图通过教授执掌高校内部的全部事务来对外实现自主和自治,只能是不切实际的一厢情愿。

二、"教授治校"是特殊历史阶段的产物,现实中不宜机械照搬

包括"辨文"在内,有关教授治校的研究无不将源于欧洲中世纪大学的教授治校作为我国现实高校实行教授治校的依据,并且把现阶段教授治学不能有效落实归结为教授治校未能有效落实。这种看法同样需要商榷。

1. 历史不能够简单复制,欧美历史上"教授治校"的传统实质上一直在不断地改革和变迁

在欧美国家,教授治校确实有史可循,最早可以追溯到欧洲的中世纪大学。例如,当时的巴黎大学在教会的神权和世俗皇权的双重统治下,为维护自身利益,教师们仿效中世纪城市手工艺人自治的管理方式,成立了以教师为主导的"教师行会",对课程的选择、人员的任用、校长的选举等进行管理,由此形成了欧美大学的教授治校传统。19 世纪,德国的洪堡组建柏林大学,以大学是由参与真理追求的师生组成的学者共同体为理念,逐步建立了学术自由、大学自治、教学科研结合的发展模式,组建教授会决定大学的各项事务。但是,19 世纪中叶以后,随着大学入学人数急剧增长、知识和学科迅速分化,大学管理的复杂性极大增加,专门负责行政事务的人员数量不断扩张,原来的大学管理模式越来越暴露出局限性,德国大学内部的管理制度不得不开始漫长的改革历程。直至今天,其变革呈现出两个方面的重要趋势,一是过去由少数讲座教授完全控制大学的局面得到改观,更多的教师、员工、学生等得以参与学校管理;二是学校一级的决策机构和校长的管理职能得到明显加强。[6]在法国,学者自治的传统在拿破仑执政法国、创立帝国大学后就被迫中断。1968 年"五月学生运动风暴"后,法国政府更是进一步颁布了《高等教育方向指导法》和《萨瓦里法》,以法律规范高等教育管理制度的变革,逐步形成了由知名教授、其他教师、学生代表、行政人员、职工代表及校外人士共同参与的高校管理架构。美国高校构建的一直是教师参与治校的模式,特别是在"二战"结束至 20 世纪 60 年代末期,高校教师在课程设置、教学内容、教师评聘、学生录取等学术领域都掌握着很大的控制权。在许多高校,教授甚至拥有对学校主要行政官员的选择权。但也正是从 20 世纪 60 年代后期开始,其他利益相关者进一步要求得到更多的权力,各方利益相互博弈,最终使美国高校逐步形成了由多方面利益相关者"共同治校"的格局,如董事会成员主要对学校的长远规划和财经预算产生重大影响,以校长为首的行政人员强有力地控制学校的整体运营与发展,教师的管理权更多地在学术事务中展现。

在我国,1917 年蔡元培出任北京大学校长,开始将教授治校理念付诸实践。但在北京大学改革中,"蔡元培也逐渐意识到所有事宜均取合议制会影响办事效

率"，[7]为此，他先后组建全校最高立法机构和权力机构：评议会、各学科层面的教授会以及作为全校最高行政机构和执行机关的行政会议。1930年蒋梦麟出任北京大学校长，出台《国立北京大学组织大纲》。根据这个大纲，北京大学将学术事务决策和行政事务决策截然分开。行政事务由行政会议议决，职权包括编制全校预算方案，计划全校事务及教务改进督促事项，拟具其他建议于校务会议之方案。学术事务由教务会议议决，职权包括审定全校课程，计划教务改良事项，议决校长交议事项，建议提出校务会议事项等。同时《学校组织法规定》，北京大学组织机构分为学校、学院和学系三级，由校长、院长、学系主任分别负责管理。当时的清华大学组织形式由三部分组成：董事会、教授会和评议会。董事会主要是推荐校长候选人和管理学校账务等大事。教授会主要负责课程、学生训育、考试等与教学相关的事务。评议会主要是制定学校的预算、科系的建立和废止以及学校规程等事务。

如上回溯可见，教授治校虽然形成于欧洲中世纪，但是这个传统无论是在日后的欧美高校，还是我国的高校发展历程中都在不断地演变。其中，大部分教授治校都不过是教授不同程度地参与了高校部分事务的决策，并非执掌高校内部的全部事务，即使是在洪堡时期盛行教授治校的柏林大学，财政权、人事权也掌握在政府手中。特别应当看到的是，在科学技术飞速发展、社会变化纷纭复杂的今天，大学与社会的关系更加紧密，越来越走进社会的中心，承担着巨大而繁重的社会责任，经受着来自多方面力量的影响，如市场和公众对人才需求的社会力量，国家政策或国家计划对人才需求的政治力量，大学自身内在逻辑发展的力量等，加之伴随而来的大学规模空前扩张，组织机构空前复杂等等，客观上都要求大学管理必须走向专业化、精细化，不仅需要有深刻把握大学运行规律及管理经验丰富的校长领路导航，而且必须有针对学术事务、行政事务等进行分门别类的管理，任何一个群体，包括教授群体在内，要想"包打天下"，对大学的多方面事务都执掌决策权，显然是不现实的。相反，教授群体立足于自己的本职及特长，对学术事务实施科学、有效的管理倒是可行的现实选择。正是在这样的意义上，有人认为从"教授治校"到"教授治学"所表明的是大学从理想到现实的重要转变。[8]

我国现实高校管理体制实际是党和国家政治管理体制在高校的延伸。外部关系上，高校由政府组建，经费主要由政府财政划拨，招生数量及招生区域、学科专业设置皆由政府批准，不同专业的主干课程设置由政府建议，高校领导由政府选任。内部管理实行党委领导下的校长负责制，分设党、政管理机构。这种情况不仅与历史和现实的欧美大学不同，也与当年北京大学、清华大学不同。不考虑这样的实际，试图建立教授执掌高校内部全部事务的教授治校，并以此维护外部的自主与自治,势必与现实高校管理体制严重冲突。固然,存在的未必是合理的,但存在的却一定有其特殊原因,科学的改革只能在深入考虑现实存在的基础上寻找合理路径。"辨文"认为"教授治校就是改革现有的高校管理体制,创建以学术权力为主导的组织机构与权力架构",如果不陷入空想,实现这一目标的有效途径,只能是将教授的权力主要集中于学术事务的决策和管理,同时尽可能参与学校其他事务的决策与管理。如果说这是教授治校,那也只是治学意义上的教授治校。

2. 现阶段教授治学不能有效落实,原因复杂,并非教授一执掌高校内部全部事务就能解决

"辨文"认为,"教授治校"是"教授治学"的前提,现阶段教授治学不落实,根本原因在于教授治校未能得到有效的落实,并从科研、教学、招生、考试、教师考核等方面举例论证。其实,教授治学在这些方面未能有效落实,原因极其复杂,并非皆由教授治校未能有效落实所致。

在科研方面,"辨文"指出,教授本应有权根据自己的需要、兴趣与判断确定科研选题,组建科研团队,评判科研成果,取得开展研究所必须的资源,特别是经费。然而在申报各级纵向课题时,教授们必须依据管理部门颁布的管理指南确定选题,横向课题必须根据出资单位的要求确定选题,解决出资单位需要解决的实际问题。教授们特别是从事基础理论研究的教授,往往不得不放弃自己的立场与兴趣去迎合指南的要求。科研经费的使用也有严格限制,由学校财务处管理,教授常常因为履行各种繁琐的报销程序不胜其烦,浪费了不少时间和精力。这些问题确实存在,但事实上,无论纵向课题发布选题指南,还是横向课题的出资单位提出解决实际问题要求,无不是合理的。政府管理部门资助纵向课题,究其根本是针对我国科学技术发展的迫切需要及长远需要,自然要有体现相应价值追求的选题指南。企业出资资助横向课题,根本原因在于它在发展过程中遇到了依靠自身实力无法解决的问题,需要借助高校或社会力量来解决,自然要提出明确的解决要求。这与高校建立不建立教授治校的管理体制毫无关系,自然也谈不上因为教授治校未能有效落实影响了教授治学的落实。进一步而言,教授治学本身就包涵社会服务,对横向课题而言,教授完全可以根据自己的学术专长申请和承担相应课题,而不必去理睬那些与自己学术特长无关的课题。至于对经费使用的严格控制,严格的财经纪律和办事程序无论如何都是必要的,其中过于烦琐的部分当然需要改革,但绝不会因为实行教授治校就取消。

教学方面,"辨文"认为,教授理应在专业设置、课程开设、讲授内容、评价方式等方面拥有决定权,对讲授内容有一定的取舍权,但高校专业设置必须根据教育

部颁布的学科、专业目录进行;对学生的评价,教授也要受到教务处的掣肘,一些教务处的管理人员常常硬性规定评价形式和指标,甚至实行考、教分离,或利用试题库出题,侵犯了教授的评价权。这些问题也同样是事实,然而其中的专业设置问题,实质是高校的外部行政化问题,虽然确实需要改革,但在我国现行高等教育管理体制下,试图通过实现教授治校来改变,毫无可能。课程开设问题,据笔者所知,任何一所高校的任何一个专业,都不会全盘照搬教育部的建议,总会做出相应的调整,而这些调整一般都会经过教师讨论。讲授内容方面,就笔者所知的高校而论,一门课程到底应该讲什么,不讲什么,哪些重点讲,哪些一般讲,如果是单个人讲,一般是由讲课人与教研室主任或系主任共同确定,如果是多人讲授,一般由多人讨论确定,教授治学不落实的问题实际并不存在。至于对学生的学习评价,教务处实行考、教分离,利用试题库出题等,很大程度上是针对现实中出现的教师教学不负责任的突出问题而采取的不得已之策。其实,教授对学生学习的评价可以有多方面的理解,考、教统一是评价,考、教分离同样是评价。所不同的是,后者对一些教学存在这样那样问题的教师确有较强的督导作用。高校教师的重要职责是教书育人,考、教分离只要对培养人才有利,同样是合理的,而不能认为是对教授评价权的侵犯。毕竟,无论教授治校也好,治学也罢,根本价值追求就是要更好地育人。

招生与考试方面,"辨文"指出,教授对培养人才的规格与要求最清楚,应该在招收什么样的学生方面拥有决定权,但高考制度意味着教授没有这项权力。这个问题虽然是事实,却绝非教授治校能够解决。一方面,这个问题属于高校管理的外部行政化问题,另一方面在一个13亿人口的大国,高考制度必须确保公平与公正,虽然现行的高考制度确有弊端,但迄今尚未有任何更为公平公正的制度可以取而代之,这一问题的解决仍然需要相当时间的探索。即使我国高校现在全部实现了"辨文"意义的教授治校,也于解决这个问题无补。

关于教师考核。"辨文"认为,我国许多高校实行量化评价,规定教授每年必须发表若干论文、出版专著、指导研究生,给本科生上课,评价标准的制定与实施很少征求教授的意见;晋升职称根据人事处制定的一系列标准进行,教师感到软弱无力。这种现象同样实实在在地存在,但其原因应当是教授的治学权没有得到实实在在地落实,解决的直接而有效途径,自然应当是认真落实教授的治学权,而不是一定要由教授执掌高校内部的全部事务,实行教授治校。

需要指出的是,"辨文"还特别谈到教授治校源于西方高校并盛极一时,但由于教授们精力分配的限制、全局观念的缺乏和维护学术以及忠于学校双重角色的尴尬,今天教授们在高校管理事务中的重要性已大大下降。既然事实和道理都是这样的明白,为什么还一定要强调我国现实的高校必须由教授执掌高校内部的全部事务? 实则匪夷所思。

三、实现教授治学需要有适应高校本质要求的条件为前提

综上两个方面所述,笔者认为,在我国现实国情基础上,实行教授治学显然比"辨文"坚持的由教授执掌高校内部全部事务的教授治校更现实、更有可能性。即使如此,也需要一系列适应高校本质要求的条件为前提。这里略述三个方面:

1. 教育家治校,为教授治学提供重要前提

"大学的存在时间超过了任何形式的政府,任何传统、法律的变革和科学思想。因为它们满足了人们永恒的需要。在人类的种种创造中,没有任何东西比大学更经受得住漫长的吞没一切的时间历程的考验。"[9]27 在这里,所谓"满足了人们永恒的需要",其根本原因之一,就在于大学不断地为人类社会培养各种高层次人才,持续地满足了推动社会发展的根本动力之需。教授治学的根本价值追求,就在于有效开展以人才培养为中心的学术事务,保障教学、研究、社会服务和文化传承的健康运行与发展。确保这样的价值追求顺利贯彻和实现,关键是高校内外各种关系必须顺畅,能够为教授治学提供适宜的环境和支撑。立足高校的本质特点,有效创造这样的条件,首当其冲的是必须实行教育家治校,高校管理者,尤其是校长、书记必须由教育家或有志于成长为教育家的人担任。这样的人,由于熟习和尊重高等教育规律、人才成长规律、教育教学规律、科学研究规律、高校组织建构与运行规律以及高等教育与经济社会辩证发展规律,同时具有较强的组织、沟通和协调能力,丰富的高校教育教学和管理工作经验,不仅能够知人善任,把最合适的人安排到教学、科研、行政和服务工作的最佳位置,建立有效履行高校四大基本功能为基本任务的管理系统,而且能够根据高校的特殊性质和特点,引导师生员工培养、塑造健康向上的大学文化,优化师生员工工作、学习和发展的环境与氛围。同时,还能够有效地与外部利益相关者进行沟通和联络,为高校健康运转和发展提供有利的外部条件。在这样的意义上,高校要有效地实行教授治学,当然必须由教育家执掌治校大权,否则实在是无异于缘木求鱼。要说明的是,按照我国《高等教育法》,校长是高校的法人代表,治理高校是校长的法定责任和义务,为什么还要强调党委书记也必须是教育家? 因为,根据我国《高等教育法》,高校实行的是党委领导下的校长负责制,党委书记是党和国家的教育方针、路线和政策在高校贯彻实施的方向把握者,这样的地位相应地决定了党委书记必须既是政治家又是教育家,不懂得或不自觉尊重高等教育规律,不仅无法在尊重高校教育规律的基础上有效实现党对高校的领导,而且可能因为自己的外行而影响高校的

建设与发展,教授治学能否有效实现,也就不言自明。

2. 教授委员会治学,切实将教授治学落到实处

教授治学作为一个广义的概念,是指教授们拥有关心、参与和决策学术事务的权力,但是这种权力要有效整合,却需要以相应的组织形式为保障。学术界的一致意见是建立教授委员会,但到底怎样建,意见五花八门。笔者认为,比较可行的方式是在现有学术事务组织的基础上改造和创新。目前,各高校普遍建立有学术委员会、学位委员会(已经推行教师职务聘任的学校,建立有教师职务聘任委员会)、教学工作委员会,从不少高校处理学术事务的各种委员会运行情况看,学术委员会一般是履行有关研究课题申请及各种学术荣誉获得者的评审与推荐,学术道德问题的调查与处理等工作,人员构成上具有行政职务的教授较多。职称委员会,一般是负责对二级学院推荐的职称申报人进行审核与投票,决定晋升资格,人员构成也是具有行政职务的教授较多;教学工作委员会,主要是审议教学工作的有关政策、方针,人员多由教学校长及教学院长构成,无行政职务教授为点缀。教师职务聘任委员会,负责对学院教师职务聘任委员会推荐人选进行审核与确认,人员由校长、主管教学、科技、学科、人事的校领导及相关处室主要负责人构成,无行政职务教授为点缀。这些委员会,虽然一般也发挥了相应作用,但总体上以行政为主导,严重妨碍了教授群体学术权力的行使。改造、创新的具体思路:人员构成上,学术委员会的无行政职务教授比例应增加到1/2;职能上,应将学校科研奖励等直接涉及教学和研究人员利益的制度审定等纳入学术委员会工作范畴,目前不少学校都是科技处负责制定,不经学术委员会审定,弊端甚多。职称委员会方面,人员构成同样应增加无行政职务教授到1/2。同时,透明评审过程,切实保障广大教职工的知情权和监督权。教学工作委员会可以保留现行组织形式和职能,但必须增设由资深教授组成的教授小组,主要对教务处制定的有关教学管理政策等进行评议和修订,提高其科学性和适用性,再提交教学工作委员会讨论、决策。实行教师职务聘任的学校,教师职务聘任委员会,可作为行政机构保留,但必须重建职务评审委员会,主要由各学科资深教授组成,严格按学术标准审核各学院推荐人选,拔优汰劣,然后提交校职务聘任委员会行政审核、认定。要特别强调的是,教授委员会既代表广大教授的利益行使治学权,也代表学校利益行使治学权,人员选择必须要在学术眼光、公心、责任心方面予以更多的关注。梅贻奇先生曾言:"大学之使命有二:一曰学生之训练,一曰学术之研究。"[10]358教授委员会人员的选择,从根本上讲,必须有利于贯彻和实现大学的这两方面使命。

3. 行政管理者精于治事,为教授治学提供有效的服务与保障

美国教育哲学家布鲁贝克指出:"无论学院或是大学都不是一个政治团体,它

的职责不是行政管理,而是发现、发表和讲授高深学问"。[11]42但是,现代高校作为一个组织结构极其复杂的有机体,要有效地"实现发现、发表和讲授高深学问"的使命,却必须有精于治事的行政管理者为其提供重要的保障。这样的行政管理者是有效沟通学校管理层与基层学院的重要桥梁,是学校决策的具体执行者或沟通者,也是教授治学决策的执行者或沟通者,还是积极为广大师生员工创造工作、学习和生活条件的服务者,他们的治事能力低或治事不尽心,学校的各项工作势必很难有序开展,教育家治校、教授治学就可能无法有效落实。更为重要的是,随着现代高校内外部利益相关者日益众多,需要沟通、协调处理的关系日益复杂,行政管理不仅已经成为越来越重要的管理工作,而且高素质的行政管理和服务队伍,往往能够在校内外工作中建立广泛的人际关系,创造性地发挥工作才能,事半功倍地落实学校的相关决策,促进学校又好又快地发展。在这一意义上,现代高校管理,必须高度注重行政管理队伍的建设和行政人员、服务人员的选拔。基于高校的本质与特点,他们不仅应当有较好的行政管理与服务才能、经验与热情,而且同样必须了解和把握高等教育的本质与规律,有"尊重知识、尊重人才、尊重劳动、尊重创造"[12]268的高度自觉,能够针对高校管理和服务的特点与要求,提供专业的高质量服务。与此同时,学校也应当特别注意关心行政管理及服务人员的工作、学习与发展,为他们充分发挥才能和智慧以及价值追求的展现创造良好的工作氛围和条件。值得指出的是,现实中也存在这样一种情况,由于强调教授群体在大学的重要地位,行政管理人员的成长、发展及其价值追求,往往得不到学校领导层的相应重视,以至于严重压抑行政管理人员的积极性和创造性,客观上不仅影响了大学的健康发展,也直接影响了教授治学的贯彻与实现。这是应当努力矫正的。

如果进一步考虑问题,诚如上述,现阶段我国高校的教授治学不能有效落实,很大程度上与政府管理集权过多直接相关,有效落实教授治学,尤其需要政府根据高等教育改革、发展的需要,在经费的划拨和使用、专业及学位点的设置等方面逐步向高校放权,以便为教授治学创造适宜的外部条件。

参考文献:

[1]赵蒙成."教授治校"与"教授治学"辨[J].江苏高教,2011(6):1~5.

[2]百度.教授[OB/OL].http://baike.baidu.com/view/35725.htm.

[3]杨兴林.是学术权力还是行政权力在学术领域行使[J]高教探索,2006(3):33~35.

[4]杨兴林.大学功能视角下教师责任及管理意义[J].黑龙江高教研究,2009(1):102~105.

[5]马凤岐. 大学的治理[J]. 高教探索,2011(1). 45～49.

[6]彭阳红."教授治校"的现代变革——以德、法、美为例[J]. 现代教育管理,2011(1):122～125.

[7]张雁. 西方大学理念在近代中国的传入与影响[M]. 浙江大学出版社,2009. 241～242.

[8]余源晶. 由"教授治校"到"教授治学"——从理想到现实的转变[J]. 现代教育科学,2011(6):89～92.

[9]约翰. 布鲁贝克. 高等教育哲学[M]. 王承绪等译. 杭州:浙江教育出版社,1987.

[10]杨东平. 大学精神[C]. 沈阳:辽海出版社,2000.

[11]约翰·布鲁贝克. 高等教育哲学[M]王承绪等译. 杭州:浙江教育出版社,2002.

[12]中共中央文献研究室. 十六大以来重要文献选编(中)[C]. 北京:中央文献出版社,2006.

大学不宜"依法治校"质疑

《高教探索》2008 年第 1 期刊发马凤岐研究员的文章"'依法治校'还是大学自治?"(下简称"治文"),文章认为:大学不是一个公共权力机构,不是依法治校的主体;大学的特殊性使其不宜由法律来治理;依法治校与大学的自主办学相矛盾。这一观点的核心是大学不适宜依法治校。果真如此? 笔者试根据"治文"的阐述提炼出三个问题作进一步的讨论和辨析。"治文"的研究对象是我国的公立高校,本文也在这一研究对象基础上展开。

一、大学依法治校的基本依据

这主要可以从两个层面来分析:

第一,从国家的宏观层面看,依法治校是依法治国的本质要求和体现。依法治校的提出在逻辑上是依法治国的自然延伸,要弄清大学是否需要依法治校,首先必须弄清依法治国的科学涵义。依法治国是 1997 年中国共产党第十五次全国代表大会提出的党领导人民治理国家的基本方略。具体是指:广大人民群众在党的领导下,依照宪法和法律规定,通过各种途径和形式管理国家事务,管理经济文化事业,管理社会事务,保证国家各项工作依法进行,逐步实现社会主义民主的制度化、法律化,使其不因领导人的改变而改变,不因领导人的看法和注意力改变而改变。依法治国的主体是党领导下的所有人民群众;依法治国的依据是宪法和法律;依法治国的客体是国家事务和社会事务;依法治国的核心是在国家的政治、经济和社会生活中崇尚宪法和法律权威,彻底否定人治,确立法大于人、法高于权的法制原则,使社会主义民主制度不受个人意志的影响和制约,同时也特别要求社会公众努力培养法制意识、内化法治精神,自觉维护宪法和法律赋予的神圣权利,自觉遵守宪法和法律维护社会公共秩序的有关规定;依法治国的价值目标是建设社会主义法治国家。在这样的视角下,依法治校的提出,无疑是依法治国的逻辑必然和本质要求,也是依法治国的具体体现。因为,既然依法治国是中国共产党领导人民群众治理国家的基本方略,国家和社会的一切事务都必须在宪法和法律的范围内进行,全社会必须崇尚宪法和法律权威,大学作为承担我国高等教育任务的社会机构,她开展的一切活动,进行的一切管理,制定的一切规章和制度等等,理所当然必须符合宪法和法律的有关规定,既依法行使相应的权利与权力,也依法履行和承担相应的义务与责任。这在本质上就是依法治国在大学管理或治理问题上的本质要求,也是其必然的逻辑要求,体现在具体形式上就是依法治校。

第二,具体到教育层面,依法治校是依法治教的必然要求和重要组成部分。依法治教是指国家机关及有关行政机构依照教育法律法规,在职权范围内从事有关教育治理活动,各级各类学校及其他教育机构、社会组织和公民依照有关教育法律法规,从事办学、教育、教学及其他有关教育活动。依法治教的范围,主要包括国家机关的有关教育管理活动、各种社会组织与个人举办学校的活动、学校及其他教育机构的办学活动、教师及其他教育工作者实施教育教学的活动、学生及其他受教育者参与教育教学的活动,各种社会组织和个人从事有关教育的活动等等。依法治教的重点,一方面是各级教育行政部门依法指挥、组织、管理、实施、监督、参与教育活动,治理教育活动;另一方面是学校内部管理层依法自主组织教育、教学和科学研究及其他活动,依法开展行政、人事、财务等一系列管理活动,推动学校的正常运转与健康协调可持续发展。两个方面相互联系,相互促进,相对于第一方面,第二方面的地位和作用更为重要和突出。教育的任务和职责归根到底要由学校完成和履行,相应地决定了第二方面是第一方面活动的基础和目标,没有第二方面,第一方面的活动就失去了依托和前提。如此重要的第二方面,就其实质就是依法治校。全面推进依法治教的关键和重点就在于全面、有效地推进依法治校。2003 年教育部做出《关于加强依法治校工作的若干意见》,重要原因也在于此。高等教育是我国教育的重要组成部分,依法治教当然包括高等教育在内,也就当然适用于大学。

此外,从大学本身看,依法治校也具有紧迫性和现实性。在高度集中的计划经济体制向社会主义市场经济体制根本转变的历史条件下,随着社会主义法制建设进程加快,我国教育法律法规体系逐步完善,大学的法律地位发生了深刻变化,大学与政府特别是教育行政部门、学校与师生、教师与学生之间的法律关系出现了许多新的特点,所有这些都要求大学的办学和管理必须符合相应法律法规的要求,管理规章和制度的制定必须体现相关法律法规的精神,依法办事。然而目前大学的法治观念和依法管理意识都还比较薄弱,依法管理还没有完全成为学校的自觉行为,客观上直接影响了新形势下的大学建设与发展。根本扭转这种局面,使大学的办学与管理适应社会主义市场经济和社会主义法制建设要求,依法治校就成为大学的一项重要战略任务。

二、大学"依法行为"的必要性不容置疑①

"治文"认为大学不是依法行为的主体。基本理由有二:一是,依法行为主要是行政机关的权力和责任而不是公民个人和私人机构的权力与责任;二是,我国的公立大学虽然是由政府依法设立、为公众提供高等教育服务的机构,并且在为公众提供高等教育服务的过程中,根据国家授权,行使一定的公共权力,但她毕竟不是政府机关,依法行为也就不是她的主要责任和义务。这两方面归结到一点,就是只有掌握公共权力、行使公共权力的政府机关才是依法行为的主体,其行为才应当受法律的规范和约束。这个观点值得商榷。

国家宪法和法律是维护社会公共秩序的强制性行为规范,虽然除宪法具有普遍的适用性外,其他法律法规适用的范围和对象各不相同,但是由宪法和各种具体法律法规构成的国家法律法规体系却有机地发挥着维护整个社会的公共秩序、保障整个社会健康发展的重要作用。在这样的法律法规体系下,公民、企业和社会组织的权利无不受其保护,行为无不受其规范,谁都不能置身于法律之外,谁都必须在有关法律法规的规范下行使权利,履行义务,这本身就是依法进行的行为,也正是法制社会自由的真谛所在。"自由是做法律所许可的一切事情的权利;如果一个公民能够做法律所禁止的事情,他就不再有自由了,因为其他的人也同样会有这个权利。"[1]154既然在法制社会,公民、企业和社会组织都必须依法行事,他们也就自然是依法行为的主体,这一道理不证自明。诚然,政府机关的公共权力来自社会和人民授权,要受社会和人民监督,但由于被监督者与监督者之间客观上不可能是影之形随的关系,公共权力的行使总有其相对独立性,也就总有可能对公民、企业和社会组织的权利造成侵害,因而也就特别需要对政府机关的公共权力行使从法律上严格规范,使其依法行政,不得超越法律许可的范围。相对而言,公民、私人企业、社会组织不仅不掌握公共权力,而且易受公共权力侵害,所以法律在规定他们必须履行义务的同时,特别注重保护其权利。但是,这并不能否定他们同样必须依法行为,同样是依法行为的主体。道理很清楚,公民、私人企业、社会组织的权利行使与义务履行都必须在宪法、法律规定的范围内进行,而且行使相应的权利必须履行相应的义务,任何公民、私人企业、社会组织等都绝不能只享受权利不履行义务,更不能进行宪法、法律所禁止的行为。在这样的意义上,无论是公民、私人企业还是社会组织,他们与政府机关在依法行为上都是平等的,

---

① "依法行为"是"治文"使用的概念,但认真阅读其有关内容,这个概念的涵义实际就是依法办事。本文使用"依法行为"这一概念,目的在于保持与"治文"概念使用的一致。

也都是依法行为的主体。仅仅因为他们不掌握公共权力,并且易受公共权力侵害,就将其排除在依法行为的主体之外,在逻辑上无论如何说不通。

具体到我国的大学,确如"治文"所言,她不是政府机关,但并等于她的一切管理活动可以不依法行为。从一般意义上说,在我国实施依法治国、建设社会主义法制社会的历史条件下,一方面,大学必须按照教育法律法规的原则与规定,开展教育教学活动,尊重学生人格,维护学生合法权益,形成符合法治精神的育人环境,不断提高学校管理者、教师的法律素质,提高学校依法处理各种关系的能力;另一方面,大学必须完善学校各项民主管理制度,实现学校管理与运行的制度化、规范化和程序化。第一,必须依法实行党委领导下的校长负责制,明确党委、校长、校务委员会、学术委员会等各自的职责权限与议事规则,相互配合,权责统一,依法办事。第二,必须完善教职工代表大会制度,切实保障教职工参与学校民主管理和民主监督的权利,保证教职工对学校重大事项决策的知情权与参与权。全面实行校务公开制度,学校改革与发展的重大决策、学校的财务收支情况、福利待遇以及涉及教职工权益的其他事项,及时向教职工公布;学校的招生规定、收费项目与标准等事项,向学生、家长和社会公开。第三,必须坚持育人为本的思想,按照全国和教育系统普法规划要求,以及教育部、司法部等四部委关于加强青少年学生法制教育工作若干意见的要求,把法律知识作为大学生的必修课,保证计划、课时、教材、师资"四落实";第四,必须依法聘任具有相应资格的教师,依法与教师签订聘任合同,明确双方的权利、义务与责任,尊重教师权利,落实和保障教师待遇,建立校内教师申诉渠道,依法公正、公平地解决教师与学校之间的争议,维护教师的合法权益。第五,必须完善学校保护机制,依法保护学生权益,在日常教育教学活动中树立以人为本的教育和管理理念,自觉尊重并维护学生的人格权和其他人身权益,对学生的处分必须依法进行,保障学生的知情权、申辩权,并报主管教育部门备案。既然大学的这些管理活动都是依法进行的活动,其行为当然就是依法进行的行为,大学也就当然是依法行为的主体。这一点不言自明。

要特别注意的是,依法行为与依法行政有重大区别,不能混为一谈。在法制社会条件下,前者是对一切有法律行为能力的公民、企业、社会组织而言;后者是特指政府类公共权力机关而言。"治文"的误区在于混淆了二者的根本区别,缩小了依法行为主体的内涵,从而得出了大学不是依法行为主体的失当结论。

三、大学依法治校与自主管理是内在的统一

"治文"认为大学不宜依法治校的又一理由在于依法治校与大学的自主管理相矛盾:大学的责任和存在的理由在于为社会提供高层次教育和从事科学研究,

大学管理应以保障大学高效率、高水平地履行社会责任为目标,因此大学内部事务的管理应由熟悉学术活动特点的内部成员来进行,而不宜由大学以外的组织或机构来实施,政府对大学行动的干预,无论是通过行政的手段还是法制的手段都是外部干预,并且法制性管理比行政性管理更加教条和僵化,很难适应每所大学的特点,会妨碍大学的多样化发展。这样的认识同样欠妥。

第一,它把依法治校理解为由大学以外的组织或机构对大学实施直接管理和干预,具体就是政府部门特别是教育行政部门对大学进行直接管理和干预。这一理解与依法治校的内在要求完全相背。按照教育部《关于加强依法治校工作的若干意见》,依法治校的前提和保障是政府部门特别是教育行政部门切实转变行政管理职能,依法行政。具体而言:一是,依据法律规定的职责、权限与程序对学校进行管理,维护学校的办学自主权;二是,按照行政审批制度改革的要求,精简审批项目,公开审批程序,提高办事效率;三是,探索综合执法机制和监督机制,依法监督办学活动,维护教育活动的正常秩序;四是,依法健全和规范申诉渠道,及时办理教师和学生申诉案件,建立面向社会的举报制度,及时发现和纠正学校的违法行为,特别是学校、教师侵犯学生合法权益的违法行为;五是,积极配合有关部门开展校园及其周边环境的治理工作,依法保护学校的合法权益,为学校教育教学活动创造良好的环境氛围。在这五个方面中,不仅第一个方面明确强调政府部门特别是教育行政部门要依法维护学校的办学自主权,其他四个方面也同样分别为保障学校自主办学所必需。它们各自作用的对象都不是学校的具体教育、教学等活动,而是学校自主办学所需外部条件及其办学行为的依法与合法。这些内容是针对我国所有学校而言的,大学自然不能例外。既如此,大学依法治校又怎么会导致外部机构特别是政府部门对大学的直接管理与干预?

第二,它过于强调了大学这一社会机构的特殊性。大学在我国教育体系中占有十分重要的地位,承担着为国家建设发展培育高层次人才、从事科学研究和社会服务的基本功能及其他社会功能,大学的人才培养质量和科学研究水平的高低直接影响国家的综合实力和国家、民族的发展与未来,但是这并不能成为大学不宜依法治校的理由。原因在于:大学具有自身的特殊性,其他社会机构或组织又何尝没有自身的特殊性?应该说只不过程度不同而已。如果各自都强调自身的特殊性,其行为都不受国家法律法规的规范和约束,整个社会的法制建设岂不成了空中楼阁?这不仅不可想象,也为社会主义法制建设的要求相背。事实上,"治文"在阐述大学不宜由法律治理的同时,也承认大学没有"法外治权",大学自治不意味着完全抛弃法律制约,比如在招生过程中,大学必须遵守宪法、法律和国家的招生政策,不得随意制定招生标准,不得随意剥夺符合录取标准的考生的受教育权利,必须遵守宪法确立的公民平等原则;又如在学生教育和管理过程中,要尊重和维护学生的受教育权、人格权和其他合法权利,对学生的处分标准要合法、程序要符合规定,并保障学生对处分的申诉权,等等。按照教育部《关于加强依法治校工作的若干意见》,这些内容无疑都属于依法治校的内容,并且无论法律在这些方面介入的范围大小,程度深浅,结论都是一样。这也恰恰从另一侧面证明了"治文"关于大学不适宜依法治理的观点无法立足。

第三,它既把大学依法治校误解为法对大学的一切办学活动都加以强行规制,又对大学依法自主管理的依据、内涵和实质缺乏深入认识和把握。众所周知,法是由国家制定并以国家的强制力保证实施的一种社会规范,区别于道德、宗教及其他社会规范,它通过法律规范为人们的行为提供模式、制定标准和指明方向,并由国家强制力保证实施。依法治校中的"法"主要是我国的教育法律规范,按照对教育法律关系主体规定和限定的范围或程度不同,可以把教育法律规范划分为强制性规范和任意性规范。强制性规范是指内容规定具有强制性质,不允许教育法律关系主体随便加以更改的法律规范。任意性规范是指规定在一定范围内,允许教育法律关系主体自主选择为与不为、为的方式以及法律关系中的权利义务内容的法律规范。大学实行依法治校,既是严格按照强制性教育法律规范办学,又是遵循任意性教育法律规范办学,"治文"对大学依法治校的理解仅局限于前一种情况,这是其误区所在,也正因如此导致了它对自主管理的内涵和实质缺乏深入认识和把握。在我国的教育法律规范中存在着大量的任意性教育法律规范,它们既是大学依法治校的前提,又是大学自主管理的依据。比如:《中华人民共和国教育法》规定学校"按照章程自主管理"。《中华人民共和国高等教育法》在规定"高等学校应当以培养人才为中心,开展教学、科学研究和社会服务,保证教育教学质量达到国家规定的标准"的同时,规定高等学校"根据社会需求、办学条件和国家核定的办学规模,制定招生方案,自主调节系科招生比例";"依法自主设置和调整学科、专业";"根据教学需要,自主制定教学计划、选编教材、组织实施教学活动";"根据自身条件,自主开展科学研究、技术开发和社会服务";"按照国家有关规定,自主开展与境外高等学校之间的科学技术文化交流与合作";等等。以上任意性教育法律规范给予了大学自主管理的广阔空间,根本不存在"治文"所言法制性管理干预大学学术事务的管理细节?进而又何来法制性的"僵化""教条"管理影响大学的多样化发展?事实上,无论是《中华人民共和国教育法》《中华人民共和国高等教育法》,还是教育部《关于加强依法治校工作的若干意见》,它们规定大学依法自主管理的根本目的,就在于充分调动大学自身办学的积极性和主动性,使其能够立足自身办学定位和办学实际办出特色,办出个性,办出水平,办出效益,从根本上改变计划经济体制下那种千校一面的办学模式,更好地适应经济社会发展的多样化需要及大学自身的发展需要。"治文"的失误,从根本上讲在于把大学依法治校误解为法对大学的一切办学活动都强行加以规制,具体讲在于对大学依法自主管理的依据、内涵和实质缺乏深入认识和把握。这样,它得出的结论自然也就无法立足了。

　　总之,依法治校是社会主义法制建设的重要组成部分,依法治校不仅是政府的权力和责任,也是大学自身的权利和义务,依法治校的重要作用是有效处理大学办学过程中的各方面关系,为大学教育、教学和科学研究及其他活动的自主、自由开展提供保障和前提,大学办学的自主权只有在依法治校的前提下才能实现。大学依法治校与自主管理是内在的统一。

参考文献:

[1][法]孟德斯鸠. 论法的精神[M]. 北京:商务印书馆,2002.

04

| 体制机制问题 |

研究型、研究教学型、教学研究型、教学型的"四分法"是我国高校分类理论中颇有影响的理论。我国高校发展中普遍出现的盲目追求一流、追求研究型、追求综合、追求办学规模四种倾向与这种分类有直接关系。高校的分类应当以人才培养的社会服务面向为依据,在分类明确的前提下,不同类型高校的办学层次应由高校自主决定,政府加强指导和调控。

在现代大学这一特殊社会文化组织中,教授需要治学,也需要治校,是主导治学与参与治校的统一。从大学发展的历史轨迹看,整体趋势是教授参与治校,也主导治学,并非非此即彼;从现代大学实际运行看,治学与治校主体通常交叉,绝非某一主体独享某一专有领地;从教授治学与教授治校的内在逻辑看,二者有区别也有联系,并非截然对立。当今中国切实建立教授主导治学、参与治校的大学治理结构,理性层面上应着力认识其深刻的内在缘由;实践层面上应努力探寻其适宜的相应路径。

学术委员会作为高校治理的重要主体必须接受校党委的统一领导,这是我国高校的根本性质所决定,绝非压低学术权力的地位,但校党委的领导是宏观层面的领导,而非对具体学术事务的包办。学术委员会因其权责由高校的法人代表——校长所授予,在独立行使职权的同时必须接受相应的监督与制约。学术委员会的决策或决议经校长及校长办公会审议、认可后,具体由相关职能部门贯彻和落实,是相关职能部门应尽的责任,无须额外的制度安排。

干部年度考评在高校管理中占有重要地位,必须立足高校管理内容、管理要求和办学规律,采取合适的形式对考核对象的职责履行情况进行考核和评议,对每个干部的年度工作给出实事求是的评价,奖励先进,鞭策后进,也为学校的干部选拔和使用提供科学依据。现阶段的高校干部考评存在考评主体构成不科学、考评方式不合理、考评过程缺乏责任约束、考评结果不能充分体现公平与公正等问题。矫正这些问题,提高考评的科学化水平,必须依据考评工作要求的特殊性有针对性地改进。

大学校长的能力、水平及思想境界的高度直接影响大学发展的高度。科学遴选大学校长是大学治理的重要方面。我国学术界关于大学校长遴选主要有由教授委员会选举产生、全体教师选举产生、教授选举与政府任命产生、专门遴选机构遴选产生四种意见。综合比较看,第四种看法似乎更为合理。当下,我国大学校长由传统的上级任命向公开遴选的可能性已经出现,但仍然存在相应的法律依据不足、理论滞后与利益制约、大学教师的主人翁意识较弱等问题,因此,我国大学校长公开遴选的实践探索只能采取循序渐进的策略,在学习借鉴和逐步实践探索的基础上,最终找到符合我国国情的大学校长公开遴选办法。

"四分法"理论的重新审视与我国高校分类再思考

现阶段,我国高校发展中普遍出现的追求一流、追求研究型、追求综合、追求办学规模四种倾向(下简称"四种倾向"),引起了社会的高度关注,专家学者纷纷发表意见,分析危害,探寻对策,不少意见确有启迪意义。不过,认真分析这四种倾向,不难发现后两种倾向都与前两种倾向有很强的相关关系,甚至可以说,在很大程度上是前两种倾向的派生,因而矫正了前两种倾向,后两种倾向也就会在很大程度上得到矫正。导致这四种倾向出现的原因,笔者认为,要者之一,就在于事实上存在的对政府决策和高校决策都有较大影响的高校分类"四分法"理论,以及相应的政府行为。本文拟对这一问题作一集中分析,并在此基础上对我国高校的分类略述看法。

一、"四分法"理论的重新审视

国际上,高校分类研究始于 20 世纪 60 年代,到现阶段为止,以美国卡内基教学促进基金会分类法(下简称"卡内基分类")和联合国教科文组织分类法最为有名。我国高校分类问题的提出始于 1993 年的《中国教育改革与发展纲要》,到 20 世纪末和新世纪初,高校分类的研究范围和力度加大。其客观背景是,从 1999 年起,中央政府基于我国经济社会发展的现实需求,强力推动高校大幅度扩大招生,使我国的高等教育迅速从精英教育转向了大众化教育,首都北京甚至快速进入了普及化教育轨道。为推动我国高等教育更好地符合经济社会发展要求,高等教育学界在汲取国外高校分类理论的基础上,对我国的高校分类进行了广泛探讨,提出了种种分类理论。在这些理论中,意见比较一致且对政府决策和高校影响比较突出的,是在借鉴卡内基分类的基础上提出的研究型、研究教学型、教学研究型、教学型的"四分法"理论(下简称"四分法")。[1]这个分类理论作为一种探索,精神是可贵的,问题也是明显的。其问题,择其要者有三个方面:

1. 忽略了人才培养的社会服务面向

今天,我国的高等教育已经进入大众化,首都北京甚至已快速进入到普及化。在这一新的发展阶段,进入大学的学生资质快速走向多样化,新科技革命推动的社会发展更加多样化,日益成熟的市场经济体制使我国的经济发展愈趋多样化。应对如此深刻的社会变化,我国高校必须从过去比较单一的分类和发展模式转变到多样化的分类和发展模式,重新确定科学的人才培养服务面向和发展战略。任何一所高校,都只有归类科学,并且其资源、实力、特色也能够满足这一归类要求时,它的人才培养才能够适销对路,它的科学研究才能够获得广泛拓展的空间,它的整体水平提升才会有坚实的保障,从而才能够在良性轨道上运行和发展。反之,归类不当,在复杂的社会需求和纷繁的社会发展面前,势必跟着感觉走,随着风向转,在自己的主攻方向、优势领域集中精力不够,在自己不该发挥作用的领域四处伸手,导致该上水平的上不去,升台阶的升不了,抓了芝麻丢了西瓜,顾了眼前利益,丢了长远利益。这种情况不断增多,其结果就是学校之间的非良性竞争持续发展,导致国家的高等教育无序化严重。

"四分法"的最大问题,就是在我国的高等教育从精英化转向大众化的背景下,只强调学校的人才培养层次、学校的研究层次等指标,恰恰忽略了它的人才培养的社会服务面向。如只强调研究型大学、教学科研型大学,每年应分别授予多少个博士学位,年科研经费应分别达到多少,年收入 SCI 和 EI 的论文达到多少,或每年在国外及全国性学术刊物上发表学术论文多少,此外还有学科的综合程度或学科群情况,学校规模、留学生人数,在国内高校的排名位置,建校历史,等等。这些指标对于高校确实都重要,但是高校的眼光如果仅仅盯在这些指标上,对首当其冲的人才培养服务面向却不甚清楚,而政府对不同的高校应有怎样的服务面向也不甚清楚,不知道怎样通过宏观调控,把不同的高校引导到合适的社会服务面向轨道上,甚至于政府的决策取向无意地片面鼓励高校眼睛紧盯以上指标,高校在发展方向上错位或越位就不可避免。现阶段,国内不少高校不问社会需求,盲目追求一流、追求研究型、综合化和办学规模,而一些一流大学,又付出不少精力去发展高等职业技术教育、成人教育,办独立学院,与一般高校争办学空间,究其基本原因正在于此。

2. 在对待高校层次提升问题上自相矛盾

"四分法"的另一突出问题是:一方面主观上试图人为阻止高校盲目追求提升办学层次,另一方面又在事实上鼓励高校不考虑社会服务面向,在"四分法"的阶梯上盲目追求提升办学层次。所谓办学层次,主要是指人才培养规格,即培养专科生、本科生,还是研究生,以及相应的科研实力及其他指标。"四分法"的基本意向之一,就是主张各层次的高校各安其位,不得愈越:研究型大学主要培养博士、硕士;研究教学型大学部分培养博士,大部分培养硕士、学士;教学研究型大学主要培养硕士、学士;教学型大学主要培养学士。现实中,不少知名专家、政府官员,一再呼吁高校不要把精力放到追求提升办学层次上,要放到追求办学特色、为地方经济社会发展服务上。但是,理论意向归理论意向,意见、批评归意见、批评,高校发展中普遍追求研究型、追求综合化、追求办学规模,研究型大学又普遍追求国内一流和世界一流的倾向,不仅未能停止反而愈趋突出。

理论与实践如此悬殊的背离,根本原因就在于:从"四分法"理论本身看,如上述它的四个类型,不是立足于人才培养服务面向的定位,而是立足于人才培养层次的定位,是对学校学术水平、研究实力等方面的定位。这两个不同的定位,对高校的影响有重大区别。立足于人才培养服务面向的定位,体现的是高校对社会不同领域的适应关系,反映的是社会不同领域对高等教育的不同需求,不同类型的高校只是服务社会的具体功能不同,不存在高低贵贱之分,彼此是相互弥补的关系。但是,立足于人才培养层次的定位,高校之间事实上存在高低贵贱之分,不管人们主观上承认不承认,在我国现实国情背景下,按照这一分类体系,不同类型高校的社会声望确实是逐层递减的。更为关键的是,在我国现行高等教育体制下,不同类型的高校所获得的政府财政拨款、经费支持是大不相同的,而政府的财政拨款和经费又直接影响高校的生存和发展。此外,还有师资的选择范围、学生的入学条件、科研项目的争取、校企合作的可能等,无不对高校的生存和发展有重要影响。在这样的多重因素作用下,各高校为了获得较多的财政拨款,争取较好的生源,引进高水平的人才,增强办学实力,提升社会声望,保证在市场经济条件下更有竞争力,当然就要去集中精力提升自己的办学层次,进而学校与学校之间的竞争,当然也就要集中体现为提升办学层次的竞争了。(1)再进一步放开眼光看,在我国现行高等教育体制下,高校之间提升办学层次的竞争,还不仅仅是高校的自身行为,也是各级地方政府的行为。因为,任何一所国家重点大学或国家重点建设的大学,不管它在哪一个省份,财政拨款都是中央政府负责,但这所学校的服务,既要面向国家,又要面向地方,进而地方就在事实上既节约了向这所学校划拨的经费,又获得了这所学校给地方带来的种种优惠。有此动力,各地方政府自然要尽力推动本地有一定实力的高校上层次、上等级,最终实现冲击国家重点或国家重点建设的目标了(高等教育比较落后的省份更是如此)。在这一意义上,把我国高校发展中出现"四种倾向"的原因都推到高校身上,显然是有失公允的。

3. 理论引进中比较分析不够

"四分法"的再一个突出问题,就是在引进卡内基分类的同时,对其具体的分类标准及适用范围缺乏科学分析,存在简单照搬的成分。其实,卡内基分类只是对美国大学在不同时期发展状况的即时性描述,它纯粹依据高校的设立宗旨、学生的特性、教师特色等相关资料进行,绝不意味着不同的学校有学术水平高低的差异。虽然美国高等教育界普遍认可的是卡内基分类,每所大学都能在这样的层次中找到自己的位置,并依此确定自己的宗旨,进行定向发展。但是,美国的高校并不盲目地讲"世界一流"或"国内一流",而是特别重视自己的办学宗旨,重视在这样的宗旨下创造佳绩。[2]这里的基本原因就在于:美国的高等教育是在市场经济条件下自主发展的,它的高校布局,它的每所学校发展都是市场选择的结果,也是学校根据市场需求和高校办学规律自主选择的结果,每所学校对自己的服务面向都是清楚的,在人才培养层次上是否需要提升,也是根据社会服务面向的实际需要和自己实际自主确定的。在这种情况下,各个高校绝不会因为自己在卡内基分类中处于较低层次,就轻易地改变自己的服务面向或办学层次,美国大量的社区学院安于其位的发展,名校如加州理工学院、麻省理工学院皆能保持自己的理工风格,秉承自己的办学传统,不盲目追求综合,就是有力的证明。

在我国,政府对高等教育直接管理的作用仍然很强。从20世纪末的高校共建、合并、合作、调整,到"211工程"建设,从"211工程"建设到"985计划"的启动、扩展,无不是政府行为的结果。甚至于就"211工程"和"985计划"而言,从"强强合并"到巨型大学的产生,从入选大学名单的确定到校长的任免都是如此,并且如上述,政府行为又与财政拨款机制紧密地联系在一起,学校的层次越高,政府就越重视,得到的财政拨款就越充裕。在这样一种机制的引导下,各高校自然要把注意力首先集中在政府的决策意图上而不是社会服务面向上,政府行为自然成为高校办学的指挥棒。"四分法"理论对孕育、生长卡内基分类的美国国情与中国国情缺少比较分析,对我国高校在市场经济条件下的服务面向,特别是高等教育大众化背景下的服务面向考虑不够,重视不够,因而在我国具体国情背景下,它反映出来的社会意义,不可避免地蕴涵着不同高校之间的高低贵贱,再加之这一分类理念又事实上体现到了政府对高等教育的管理中,成了一种政策导向,既如此,各高校为了获得更好地发展,当然要在这四个层次的阶梯上激烈竞争了。

二、社会服务面向视角下的高校分类思考

一个国家的高等教育究竟如何发展,归根到底由其自身发展规律和本国经济社会发展要求所决定。高校的社会服务面向,只能够根据社会发展的实际需要来确定。事实上,科学技术对社会生活各方面高度渗透、社会发展既高度分化又高度综合,更多的人只有接受相应的高等教育才能适应社会发展、才能更好地推动社会发展的状况,是推动高等教育从精英化到大众化,再到普及化转变的根本原因。高等教育的这一转变蕴涵的内在逻辑之一,就是高校只有适应社会对不同方面人才的需求,确定明确的人才培养服务面向,才能够实现健康协调可持续发展。

在这样的视角下,现阶段我国高校的分类应当考虑重点把握两个方面:

1. 适应建设创新型国家的需要,把高校划分为学术型、应用型和职业技能型三大类

现阶段,建设创新型国家,是党和国家面对当今世界汹涌澎湃的新科技革命浪潮,在科学分析我国基本国情和全面判断我国战略需求的基础上提出的重大战略任务,是全面落实科学发展观、开创社会主义现代化建设新局面的重大战略举措。建设创新型国家,"核心就是把增强自主创新能力作为发展科学技术的战略基点,走出中国特色自主创新道路,推动科学技术的跨越式发展;就是把增强自主创新能力作为调整产业结构、转变增长方式的中心环节,建设资源节约型、环境友好型社会,推动国民经济又快又好发展;就是把增强自主创新能力作为国家战略,贯穿到现代化建设各个方面,激发全民族创新精神,培养高水平创新人才,形成有利于自主创新的体制机制,大力推进理论创新、制度创新、科技创新,不断巩固和发展中国特色社会主义伟大事业。"[3]建设这样的创新型国家,关键靠人才。这里的"人才",既包括一批少而精的基础科学、基础理论的研究创新人才,又包括大批应用型科学的研究创新人才、高级公共管理人才、高级经营管理人才,还包括大批职业技能型人才。既需要有原始创新的"原创型"人才,又需要有集成创新的系统组织型人才,还要有引进、消化、吸收、再创新的集技术、贸易与中西方文化于一身的复合型人才。

立足于建设创新型国家的多类型人才需求,我国高校整体上可以考虑分成三大类:学术型、应用型和职业技能型。学术型高校,基本职能应当主要集中在基础理论研究,具有重要战略意义的技术研究,同时要培养这些方面的拔尖创新人才。就办学基础而言,应当是学科专业较广,人才资源、物力资源、研究实力雄厚,有独特的学科宽度,拥有快速重组其研究体系的卓越能力,能够抓住新的跨学科机遇,在基础理论研究方面实现创新和突破,特别是重大创新和突破;在人才培养方面应当固守精英教育模式,把各种资源和精力主要集中在提高办学质量、激发创新和追求卓越。应用型为主的高校,其学科专业应以应用型为主,从事应用型研究的人力资源、物力资源、研究基础比较突出,能够为社会生产的发展提供大量的应用型研究成果和大批高级应用型人才。职业技能型为主的高校,主要为社会生产、经济建设提供大量操作型、技能型人才,这类学校应以具有教师和工程师资质的"双师型"教师为突出特征和办学优势,教学应当更多地突出"实训"环节,更多地注重生产实习,注重社会实践,培养人才的标准应当是相应职业技能的具备。三个类型的高校各有特定的社会服务对象,彼此平等,没有贵贱之别,没有高低之分,共同在建设创新型国家中发挥各自的特殊作用,共同服务于创新型国家建设。

20 世纪 70 年代,联合国教科文组织为了提供一套便于各国国内和国际上通行的教育数据和教育指标统计工具,制定了《国际教育标准分类法》(ISCED),经过反复修订完善,1997 年 1 月 25 日正式发布了《〈国际教育标准分类〉第二次修订稿》,8 月在巴黎召开的联合国教科文组织第 29 届大会正式批准实施。这个分类法把高等教育分在第 5 层次。进而又分为 5A 和 5B。5A 是理论型,5B 是职业型、技能型。5A 又细分为两小类,第一类是专为准备作研究工作的人而设的,如 4 年后攻读博士学位;第二类是培养应用型人才,如高级工程师、律师、医师、教师等。5B 相当于职业技术型的高职高专。比较学术型、应用型、职业技能型分类与联合国教科文组织对高等教育的 5A、5B 分类,其精神是完全契合的。

2. 高校类型的划分不应当影响高校办学层次的提升

学术型、应用型和职业技能型的划分解决的是不同高校的社会服务面向,与此相适应的是学校的发展层次。类型是一所高校在社会发展横断面的定位;层次是一所高校在与社会发展互动过程中,自身在发展纵向的定位。类型涉及的是一个高校与其他高校之间的关系,即各个高校在为社会服务的过程中,都有明确的适应领域,互不冲突,避免有的领域服务过剩,有的领域服务缺失,从而推动社会良性运行、协调发展;层次只涉及各高校的自身状态。一所高校的办学层次究竟需不需要提升,该怎样提升,既决定于社会对其人才培养层次的实际需要,也决定于该校学科发展、人才资源等方面的实际状况,是这两方面因素综合作用的结果。在这样的视角上,学校类型的划分不会也不应当影响高校办学层次的提升,各个学校办学层次的提升当然也不应当受到学校类型的束缚。不仅学术型为主的高校需要大力发展硕士、博士层次教育,为社会培养高层次的人才,提供高层次的研究成果,应用型、职业技能型高校从社会实际需要和自身实际出发,同样可以发展较高层次的教育,提供较高层次的研究成果。我国现阶段尤其应当这样考虑问题。理由如次:

其一,我国的高等教育已经进入大众化阶段,高等教育的毛入学率大幅度提高,高校大幅度增多,社会公众对高校的要求明显提高,期望值明显增加,一所高校属于哪一层次,在这一层次,有多少硕士点、博士点,通常是学生家长和学生报考的重要参数,毕竟有无硕士点、博士点或硕士点、博士点的多少,客观上是一所高校办学实力的体现。固然专业特色在高校生源竞争中有特殊作用,但无论如何,任何专业都绝不属某一所学校的专利,在几所学校都具有某一专业时,有硕士点、博士点的学校自然就有了先天的竞争优势。

其二,学科建设是高校师资队伍建设、科研力量培养的重要途径,学科建设得力,师资队伍建设就有力,科研力量培养就有力,学科的辐射性、带动性就能得到相应的发挥,从而为学校适应社会需要进行专业调整奠定扎实的基础。大量实践证明:不进行学科建设,只满足于本、专科教育,只围绕本、专科课程进行师资建设,老师只满足于教课,师资队伍的水平是很难有效提高的,也难以形成相应的学术梯队,并且很容易逐步走向萎缩。同时,一所高校仅局限于课程建设,也很难吸引高水平的教师进入,甚至已有的高水平教师还会流失。

其三,应用型人才、职业技能型人才的培养,更多的需要"双师型"资质的教师,大力鼓励这类高校在其有优势的学科、专业上发展较高层次的教育,突出应用特色,也更有利于培养大量的"双师型"师资,反过来进一步提高这类学校学生的培养质量,从而推动这类高校办学实力的不断增强和健康协调可持续发展。

与这样考虑问题相适应,政府应当适应市场经济条件下高校的办学规律,对高校的层次发展问题,不是硬性地去规定该怎么样,不该怎么样,而只需要在两个方面把好关,发挥好指导和调控作用:一是,在科学把握学校类型的前提下,制定科学的学位点和专业设置审批标准,并严格按标准办事,符合条件的批准,不符合条件的不批准,校校平等,任何学校不得例外;二是,建立健全相应的评估、激励机制,科学评估各类高校的定位与发展,对于办学特色突出的予以相应的激励,特别是要适应我国现代化建设对大批应用型和职业技能型人才的需要,对那些专业设置有特色,学生培养有特色的应用型、职业技能型高校进行较大力度的激励,为它们的发展创造更好的环境和氛围,既激发它们紧扣社会需求办学的积极性和主动性,也给其他同类高校以正确的导向,从而激活我国高等教育的整盘棋子,提高人才培养的社会效益。

注释:

(1)现阶段,有学者提出将办学层次与人才培养类型综合分类。马陆亭认为,我国高等学校在层次上可分为研究型、教学研究型、本科教学型、专科教学型四类,在类型上可分为学术型和应用型两类。学术型类可分为广博研究大学、综合研究大学、文理学院、城市学院,它们分别对应研究型、教学研究型、本科教学型、专科教学型;应用型类与这四个层次相对应,依次可以划分为特色研究大学、专业大学、专业学院、职业技术学院。① 曾洁、彭安臣论述了三种类型:研究型(国家重点大学)、教学型(一般本科院校)、实用型(高职高专),与这三种类型相对应的人才培养类型是学术型创新型、应用型、实用型。② 这两种划分方法,相对于按人才

① 马陆亭. 高等教育发展趋势与政策分析[J]. 北京教育高教版 2006(3)
② 曾洁　彭安臣. 高校本科教学质量评估体系的多样化[J]. 高教发展与评估 2006(1)

培养层次、研究层次单一分类的研究型、教学研究型、教学型、高职高专型是一种新的探索,但是,其一,它仍然是把人才培养层次作为分类的首要依据,而不是把人才培养的类型作为首要依据,颠倒了二者的位次关系;其二,它仍然硬性地规定某一类型的高等学校只能在某一层次发展,这不仅在市场经济条件下,在现行财政拨款机制下不可能实现,而且也违背高等教育发展的内在规律。高等学校发展的内部冲动,无论如何都会突破这种人为的限制。

参考文献:

[1]于卡内基的大学分类理论,马陆亭作过比较详细的介绍。参见马陆亭.高等学校的分层与管理.广州:广东教育出版社,2004:78~82.

[2]北京市高校校长赴美考察团.美国高校管理对我们的启示[EB/OL].中国教育先锋网 2006 – 05 – 14

[3]中共中央国务院关于实施科技规划纲要增强自主创新能力的决定[N].光明日报 2006 – 02 – 10(1).

教授主导治学与参与治校的统一论析

坚持教授治学,还是教授治校事涉我国现代大学治理结构设计,学术界讨论热烈,有的坚持教授治学,有的坚持教授治校,各执一词。也有学者提出二者具有兼容性,但其观点却是视大学发展具体情况而定,适合教授治校的采用教授治校,适合教授治学的采用教授治学。[1]笔者认为,在大学这一特殊社会文化组织中,教授需要治学,也需要治校,并非非此即彼,截然对立,只不过两种治理体系中的教授身份有重要不同,在前者中以主导者身份出现,依据的主要是学术专业权威;在后者中以参与者身份出现,依据的主要是现代大学这一相关利益者组织的本质特性。深刻认识这一问题,对于恰当设计我国的现代大学治理结构,有效发挥教授在大学发展中的重要作用,具有重要的理论意义及实践意义。

笔者持上述观点,主要有三个方面的重要依据:

1. 从大学发展的历史轨迹看,整体趋势是教授参与治校也主导治学,绝非非此即彼

在历史发展视角上,教授治校有轨可循,最早可以追溯到欧洲的中世纪大学。当时教会神权与世俗皇权统治整个社会,为了维护自身利益,在有"西方大学之母"的巴黎大学,教师们借鉴城市手工艺人的行会制度,获得教皇许可,建立起"教师行会",凭借这种制度,在外部,大学享有广泛的办学自治权;在内部,教师共同商讨课程设置、学位授予、教师聘任、学生遴选、校长选举等学术事务。诚然,这个制度下的教授治校就是全体教授治理学校事务,而非仅仅参与,但须注意的是,当时大学规模不大,内外事务简单,整个大学事务近似于学术事务,相应的教授治校也就实际表现为教授对学术事务的治理。

19 世纪的德国柏林大学,洪堡以新人文主义思想为基础,建立起教授治理大学内部事务的运行模式:一是教授担任大学基层组织负责人,享有经费预算的权力以及研究和教学的自由;二是学部设立部务委员会,成员主要由教授组成,拥有领导研究所、课程设置、考试安排和自由开展科学研究等权力;三是,学校设立学术评议会,成员由教授组成,享有对学校重大事务的决定权。[2]这样的体制是教授

参与治校的体制,也是教授主导治学的体制,它的三个方面治理事务中,前二者均属学术事务。

　　在美国,北美殖民地学院时期就确立起董事会管理大学的治理格局,教师对大学治理的影响很弱。[3]但是,随着1915年大学教授会成立,状况有了较大改变,教授会享有制定颁布毕业证书和学位标准、课程设置与调整以及聘任教师等权力。第二次世界大战后,大学成立的评议会全面负责院系事务,也有权参与治理学校重要事务。1996年美国大学教授协会(AAUP)、美国教育委员会(ACE)、美国大学学院董事会协会(ACB)联合发布《学院与大学治理声明》,确认董事会领导下的校长和评议会分工负责大学主要学术事务的决策、咨询和建议。教授对教师聘任、教学和研究项目、学生学习等学术事务负有首要责任,同时有权参与确定学校发展目标、制定学校预算等重要决策。至此,教授参与治校、主导治学成为美国大学治理体制的鲜明特征。

　　中国早期大学制度是向西方学习的结果。1912年10月,中华民国教育部就颁布《大学令》,明确规定大学设立评议会和教授会。[4]381~382 1916年底,深受柏林大学影响的蔡元培就任北京大学校长,1917年主持颁布和实施《北京大学评议会规则》,规定评议会由校长、学长及主任教员、各科教授组成,教授每科二人,自行选举,以一年为任期,任满再选,其实质就是要改变校长独揽学校大权的状况,引导教授积极参与大学治理。1919年评议会又通过《国立北京大学现行章程》,规定"评议会以校长及教授互选之评议员组成之,校长为议长",负责议决各学系之设立废止及变更、校内各机关之设立废止及变更、制定各种规则、各行政委员会委员之委任、本校预算及决算等事务。[5]30~35从这些方面看,当时的北京大学治理体制确为教授治校的体制。然而,蔡元培在推进改革进程中,"也逐渐意识到所有事宜均取合议制会影响办事效率",[6]241~242为此北京大学评议会又通过有《国立北京大学学科教授会组织法》,规定"本校各科各门之重要学科,各自合为一部,每部设一教授会,其附属各学科或以类附属诸部或依学科之关系,互相联合组成合部,每一合部设一教授会。"[7]23每部设主任1名,任期二年,由本部会员投票选举决定。根据这一规定,当年共设立国文、英文、数学、物理等11个学科教授会。1919年北京大学采用学系制,改为系教授会,其基本职责是负责学术事务。联系这一情况,整体审视蔡元培主政北京大学的治理体制,它的确是一个教授治校体制,但同时也是一个教授主导治学体制,二者并不矛盾。

　　蒋梦麟出任北京大学校长后,对内部治理体制进行改革,1931年的北京大学纪念周上,蒋梦麟明确提出"教授治学、学生求学、职员治事、校长治校",[8]153但从当时的实际情况看,其教授所"治",绝非局限于学术事务,学校大权也绝非仅仅局限于校长之手。虽然在表面上 1932 年 6 月蒋梦麟主持制定的《国立北京大学组织大纲》取消评议会,建立校务会议和行政会议,似乎学术事务以外的学校事务从此与教授无关,但事实上,校务会议"以校长、秘书长、课业长、图书馆长、各院院长、各学系主任及全体教授、副教授选出之代表若干人组成之,校长为主席",行政会议"以校长、院长、秘书长、课业长组织之,校长为主席",各学院院长、秘书长、课业长、图书馆长由"校长就教授中聘任之"。[4]36~39 校务会议与行政会议共同决定学校预算、学院学系设立及废止、大学内部各种规程等重大事务。既然"两会"中都有教授参与或者说都以教授为主体,当时的北京大学教授所"治"又怎能解释为仅仅是学术事务? 更何况"学校预算、学院学系设立及废止、大学内部各种规程等重大事务"皆由"两会"共同决定,又岂能言"两会"中的教授不参与学术事务以外重大事务的治理? 合理的解释只能是蒋梦麟主政时期的北京大学治理体制,绝非教授只治学,不治校,而是既治学,又治校,或曰既主导治学,又参与治校。

当时的清华大学,学术界公认为实施教授治校比较彻底。1926 年曹云祥校长主持颁布《清华学校组织大纲》,明确指出"清华学校自革新以来,组织方面采用教授治校之原则",规定"本校评议会以校长、教务长,及教授会互选之评议员七人组成之。校长为当然主席"。[4]57~60 1929 年罗家伦校长主持颁布《国立清华大学规程》,规定"国立清华大学设立评议会,以校长、教务长、秘书长、各院长及教授会互选之评议员七人组织之。[4]61~64 1931 年梅贻琦主政清华大学,最终形成董事会、教授会及评议会结合的治理体制。董事会主要推荐校长候选人以及管理学校账务等大事。教授会主要负责课程设置、学生训育、考试等与教学相关事务。评议会主要制定学校预算、决定科系建立和废止、制定学校规程等事务。细心审视这个最终形成的"三会"体制,其中教授会主导的正是学术事务。既然如此,这一治理体制,在本质上也就与蔡元培和蒋梦麟主政北京大学时期的治理体制存在着基本方面的一致。

2. 从现代大学实际运行看,治学与治校主体通常交叉,绝非某一主体独享某一专有领地

学术事务、行政事务,统属大学事务,学术权力、行政权力,统归大学权力。大学作为一个整体,固然各部分权力性质不同,其宗旨却都在于服务大学的生存与发展。这种状况相应决定了在大学内部治学与治校主体通常相互交叉,绝非某一主体独享某一专有领地。

(1)治学并非为某一主体所独享。人们通常认为在教授治学体系下,治学是教授群体的专利,这其实是误区。实际情况是:教授主导学术事务,校长及其他主管同样享有治理的权力。美国被公认为是当今世界大学教育最发达、最完善的国

家,其大学治理体系中,董事会和校长负责治校,教授委员会负责治学,系、所、学院的学术事务统一由相应的教授委员会负责处理和决定,但值得注意的是,教授委员会的决定并非最终决定,而是视情况报系、所主管或副院长、院长等最后审批,并且审批绝非走过场,审批不通过,教授委员会必须重议。其中,对有些学术问题,负有审批权的主管甚至并非简单地视教授委员会投票情况而定。如系、所的教授升等,当然需要系、所或院教授委员会审议、投票,但是一个学者到底能否实现升等,系、所或学院主管在审批时,要看教授委员会的投票情况,更要看同领域权威专家的意见。如果虽然只有两三票反对,但反对票却出自于同领域学术权威之手,形成为"显著少数"(significance minority),主管往往会搁置原案。原因在于大学是追求学术卓越的机构,"一位学术诸葛亮的判断,其重量应该远大于十位学术臭皮匠"。[9]154这种教授委员会决策,行政主管审议批准的体制,充分体现了教授对学术事务的治理,也体现了行政主管对学术事务的治理,二者之间目标一致,并非彼此排斥。

学术不端行为的处理属于典型的学术事务,在美国的大学,其处理权也非仅由教授群体所享有。一般程序是:①举报与初审。每当有学术不端行为发生或有学术不端嫌疑时,任何人都有义务向有关院长或副教务长举报。如果举报人向有关院长举报,该院长应及时将举报材料转交副教务长。副教务长即指派该院长进行初步审查,初审结束需要书面向副教务长提出是否继续审查的建议。②质询阶段。如果需要继续审查,学术不端行为委员会则任命前述院长、至少3名学术不端行为委员会委员,并且从各学科挑选适合该案件处理的专家组成质询委员会,人数不超过8人,由院长担任主席。质询结束,在规定期限内,院长向副教务长提出书面报告,副教务长对报告进行审查,并作出是否进行正式调查的建议。③听证与处罚。如果案件需要正式调查,副教务长需负责组建听证陪审团,成员包括学术不端行为委员会委员5人及10名补充委员,其中至少2人来自被举报人所在学院(系)。听证结束,教务长要对传送来的听证团书面报告、被举报人的"书面答辩"、副教务长的"意见"进行审查,作出裁定。[10],这一学术事务的处理过程,完全是一个由教授及相关行政主管共同完成的过程,并非仅仅由教授群体所完成。

(2)治校亦非某一主体所专享。以大学校长遴选为例,20世纪60年代以前,美国大学校长遴选完全由校董事会负责,70年代后情况发生重大变化,出现了四种遴选形式:一是由校董事会本身组成遴选委员会;二是由学校各单位选出代表,经校董事会批准组成遴选委员会;三是同时成立两个委员会,具体有两种情况,一种情况是:一个遴选委员会负责寻找合适的校长人选,另一个负责对寻找来的应聘人进行遴选;另一种情况是,分别由校董事代表及教师代表组成两个校长遴选委员会,同步开展工作,共同完成校长遴选,只不过当两个委员会意见不一致时,教师遴选委员会应该尊重董事遴选委员会的意见。[11]四是由校董事会成员加上教授、学生及其他代表组成咨询委员会,协助校董事会开展遴选工作。显而易见,四种方式中的三种都有教授代表参与其中。更为重要的是,无论何种形式的校长遴选委员会,实际开展校长遴选过程中,都需要特别注意广泛听取校内外各个群体的意见,特别是教师群体的意见。尽管美国大学有公立和私立之分,校长遴选的方式、步骤各有特点,但是注意吸取教授代表参与,广泛征求教授意见,却是其共同的特点。

欧陆国家和英国的大学均实行教授治校,但是各有特点。欧陆国家大学设立的教授会,是置于政府或法人统治之下的最高权力机构,但是这种体制并不排斥校长在治校中的重要地位,其领导作用往往通过作为教授议会主席的身份在合议方式下实现。英国,大学体制形式多样,牛津大学、剑桥大学是一类,伦敦大学是一类,19世纪成立的大学是一类,20世纪40年代成立的大学是一类,苏格兰的大学又自成体系。仅以牛津、剑桥为例,两所大学都由许多学院组成,每个学院各自形成一个完整的大学部,因而它们的校长采取各个学院院长轮流担任,任期一般都在一两年之间,具体权力较小。但是,两所大学的学院院长却拥有较大权力,负有较重责任,其遴选方法也与美国大学校长遴选情况相似,亦即其院长的遴选由教授行政群体与教授群体共同参与和完成。

总之,在现代大学治理结构内,对治学而言,教授都居于主导性地位;对治校而言,教授则居于参与性地位。董事会、校长等在治校中居于主导性地位,在治学中也同样发挥重要作用。治学与治校的主体交叉呈现,不存在某一主体独享的专有领域。

3. 从教授治学与教授治校的内在逻辑看,二者有区别也有联系,并非截然对立

关于教授治学,我国学术界主要是着眼于治学主体及治学的内涵来定义。在治学主体上,有的学者认为教授治学,就是以教授为代表的教师群体积极参与大学的人才培养、学科发展、学术研究与学风建设等活动。这种观点强调的治学主体是整个教授群体,韩延明教授[12]、别敦荣教授[13]及不少学者持这一观点。有的学者认为,教授治学就是一批具有较高学术水平的教师群体,共同进行学术事务的管理和决策。[14]这种观点强调的主体是教授群体中学术水平较高的部分,徐先凤、孙晓华及部分学者持这一观点。在治学内容上,有的学者认为包括教授本人在学术领域的治学以及对学术事务的治理,即治教学、治学科、治学术、治学风。韩延明教授持这一观点。还有不少学者的观点,虽然表述略有差异,但基本都属

于"四治"范畴,如孙晓华教授认为,教授治学就是学术水平高、科研能力强、具有独立人格与学术追求的教师对大学的教学、学术、科研及部分事务性工作的决策与管理,还可以延伸到与学术、教学关系较为密切的大学管理领域,如学科和专业设置、教学计划制定、学术人员晋级与聘任等内容。[15]苟朝莉教授认为教授治学的内容包括教师职称和各种学术荣誉的评定,学生学位及各种学习荣誉的评定,教学工作的创新及质量评估,学科专业建设的规划与方案制定等。[16]不管学术界对教授治学的看法有何具体不同,其核心都是指由教授群体的代表或教授群体对大学的学术事务实施治理。

关于教授治校,我国学术界大体有如下观点:一是教授治校就是教授通过评议会等决策机构,就包括学术事务在内的重大学校事务行使神圣的学术权力与民主权力。[17]二是认为传统意义的教授治校,指教授完全管理大学事务,现代意义的教授治校是大学教师群体作为核心力量参与大学所有事务的决策与管理。[18]三是指通过大学宪章或规程以及一定的组织形式,由教授执掌大学内部的全部或主要事务,尤其是学术事务的决策权,并对外维护学校的自主与自治。[19]四是认为教授治校就是教授阶层参与大学权力运行的治理活动,具体包括:(1)以教代会形式参与学校决策的形成,集体审议学校大政方针;(2)少数教授直接进入学校部分管理机构,直接行使部分治校权力;(3)少数有群众威信、专业造诣的知名教授通过组建大学决策咨询委员会,进行决策咨询。(4)以各种形式参与学校重大政策的制定、评议与问责、咨询。[20]上述看法虽不尽相同,但其共同点却都在于强调教授制度化地参与学校重大事务的治理,其内涵自然无外乎学术事务及学术事务以外的学校建设发展等事务。

在如上看法基础上,联系大学现实运行,深入透视教授治学与教授治校的内涵,二者之间确有明显区别。其一,二者所"治"范围不同。教授治学之"治",仅指学术事务。教授治校之"治"既指学术事务,又指学术事务以外的学校其他事务。其二,教授在相应治理中的地位不同。在教授治学体系中,教授以主导者身份出现,发挥主导性作用;在教授治校体系中,除学术事务外(下同),教授均以重要参与者身份出现,发挥参与性作用。其三,在两种治理体系中,教授意见的权威性不同。在教授治学体系中,教授们经过反复讨论、深思熟虑的意见具有不可轻易改变的权威性,即使发现不妥,也仍然由教授组织重议,管理者无权也不宜越俎代庖;在教授治校体系中,教授们所提意见,即使事先经过深思熟虑,也还要与其他各方面意见进行充分的碰撞和整合。其四,在两种治理体系中,教授发表意见的着眼点不同。在教授治学体系中,教授直接着眼于学术问题做判断、下结论;在教授治校体系中,教授的着眼点在于推动学校相关建设发展或者管理工作更好地为学校发展和学术工作服务。

教授治学与教授治校之间也有密切的联系。一是,从概念的外在关系看,教授治学是下位概念,教授治校是上位概念,二者是"包含于"和"包含"的关系。二是,从概念的内涵看,教授治学之"治",无论是学问,还是教学、学科、学术、学风等学术事务,都在教授治校体系中居于中心地位,教授治校的其他内容无论涵盖多少方面,也无论多么重要,客观上都以学术事务的卓有成效开展为宗旨,为促进学术事业发展服务,离开这一点,就从根本上背离了大学的本质和要求,失去了根本价值和意义。三是,从实际工作关系看,一方面教授治学越有成效,不仅意味着教授治校越有成效,而且意味着对教授治校的其他方面提出了更高的工作要求;另一方面教授治校的成效越突出,也不仅一般地意味着教授治学越有成效,而且意味着进一步为教授治学创造更好的环境,提供更好的前提。四是,从根本价值诉求看,无论教授治校,还是教授治学,二者凸显的都是教授群体在大学这一特殊社会文化组织中的中心地位以及大学权力配置的分权与共治取向,顺应了大学民主管理、协商共治的内在要求。

当今中国切实建立教授主导治学、参与治校的大学治理结构,确需解决两个层面的重要问题。

1. 理性层面上,应着力认识教授主导治学、参与治校的深刻内在缘由

在大学组织运行中,教授主导治学,参与治校,从根本上说由大学的本质所决定,具体地说由教授在大学组织中的重要地位以及现代大学的组织特点所决定。

一方面,教授是大学组织中从事学术事务的重要主体,理应在治理学术事务中居于主导地位。"大学"一词,源自拉丁文"university",有"社会、整体、世界、宇宙"之意。欧洲中世纪,大学拥有崇高的荣耀和地位,"意大利人有教皇,日耳曼人有帝国,法兰西人有大学",大学的崇高地位可见一斑。大学之所以高贵,是因为它是富于理想的,是"一个以理性为基础的国家的神殿,是奉献给纯粹理性的",[21]264它崇尚学术,追求学术,志在探索自然、社会和人伦,培育社会精英,养成社会良心,造福人类。现代大学已从高居社会之上的"象牙塔"走进社会中心,承载众多的社会期望,肩负众多的社会责任。但无论如何,大学作为学术高地的性质没有变。大学的要义在于学问之深,学术之大。美国教育哲学家约翰·布鲁贝克指出"无论学院或是大学都不是一个政治团体,它的职责不是行政管理,而是发现、发表和讲授高深学问"。[22]42人才培养、科学研究、社会服务、文化传承均为现代大学的基本功能,但其本质却无不在于学术。教授是大学学术发展的主体,最了解大学学术事务的规律和特点,尤其是大师级的教授更是大学学术发展的导航人。因此,教授自然是大学学术事务治理的天然主体,需要发挥主导性作用,否

则大学就不成其为大学。哈佛大学前校长德里克·博克(Derek Bok)曾言:教师就应该广泛控制学术活动,由于他们最清楚高深学问的内容,因此他们最有资格决定应该开设哪些科目以及如何讲授。此外,教师还应该决定谁最有资格学习高深学问(招生),谁已经掌握了知识(考试)并应该获得学位(毕业要求)。更显而易见的是,教师比其他人更清楚地知道谁最有资格成为教授。最重要的是,他们必须是他们的学术自由是否受到侵犯的公证人。[22]31~32这一精辟的见解无疑是对教授主导治学必要性的深刻阐释。

另一方面,现代大学是一个相关利益者的社会组织,教授作为大学的重要利益主体,参与大学治理是其基本权利。1984年,美国学者R·爱德华·弗里曼出版《战略管理:利益相关者管理的分析方法》一书,明确提出利益相关者管理理论。它认为任何一个企业发展都离不开利益相关者的投入或参与。企业利益相关者,包括股东、债权人、雇员、消费者、供应商等交易伙伴,也包括政府部门、本地居民、本地社区、媒体、环保主义等压力集团,甚至还包括自然环境、人类后代等受到企业经营活动直接或间接影响的客体。这些利益相关者,有的为企业分担经营风险,有的为企业经营活动付出代价,有的对企业进行监督和制约,这也相应地决定了任何企业所要追求的利益都必须是包括利益相关者在内的整体利益,而不能仅仅是企业自身的利益,企业的经营决策必须综合平衡各方面利益相关者的利益要求与约束。现实的大学已经从18世纪前"僧侣居住的村庄"、19世纪"知识分子垄断的城镇",发展为"一座充满无穷变化的大都市",与众多利益相关者存在广泛的直接与间接联系。大学的利益相关者,内部主要有学生、教师、管理人员等,外部主要有政府部门、用人单位、校友、捐赠者、社区、家长、贷款者、公众、其他高校等。[23]现实的大学发展状况如何,不仅直接影响大学自身的利益和前途,而且直接、间接地影响利益相关者的利益与前途。这样的发展现实,客观上要求大学必须创新治理体制,构建包含内外利益相关者在内的共同治理结构,实现大学与利益相关者发展共赢。教授群体是"为大学提供战略资源的利益主体,对于大学的生存和发展具有特殊的影响力,在理性的博弈格局下,教师的权利和利益应该得到充分的体现和维护"。[24]更进一步而言,其必要性还绝不仅仅在于保障教授群体在大学治理中的应有地位,更为重要的则是更好地促使现代大学治理始终围绕大学的中心任务——发展学术而开展,同时便于教授群体从学术专业视角对大学治理提出富有实效性的建议,节约治理成本,提高治理效率。

2. 实践层面上,应着力探寻适宜教授主导治学、参与治校的相应路径

无论是教授主导治学,还是参与治校都必须通过相应的路径来进行。目前学术界在教授治学与治校问题上,探讨虽然略有不同,但基本观点都主张建立教授

委员会。这一看法确有道理,但是要适宜于教授主导治学、参与治校,尚需进一步深入和具体。

就体制机制而言,保障教授主导治学需要在学院和学校建立治理学术事务的学术委员会、教师职务晋升委员会、学术不端行为处理委员会。学院层次的学术委员会,由学术水平较高、学术道德良好的教授组成,具体负责学院的学科、专业建设、科学研究发展规划、学生培养方案、学位授予资格的审定等事务。学术委员会主席,由委员民主推选产生。教师职务评定委员会,主要负责学院教师学术职称或职务的升级审核与评定。学术不端行为处理委员会主要接受对学术不端行为的举报、查证、提出初步审核意见等。三个学术委员会形成的决策性意见都须报学院领导审核和批准,学院领导审核后提出异议的,相应委员会必须组织重议,以此保证学术事务决策的恰当,也在学术权力与行政权力之间形成必要的制衡。学校层次的学术委员会,主要负责学校学术发展的有关重大事务,具体包括审议学科、专业设置计划,教学及科学研究计划,评定教学、科学研究成果,学术资源分配等有关学术事项。教师职务晋升委员会,主要负责审议和审定教师职务晋升方案、学院(系)上报的教师职务晋升名单、处理教师晋升过程中的违规行为等。学术不端行为处理委员会负责处理学术不端行为政策的制定、接受学术不端行为的举报、组织对学术不端行为的查证和处理,包括指派相关学院进行初步调查和审议,对需要进入学校审理程序的建立相应处理机构,进行质询和查证,以及对最终结果作出处理意见。其中,学术委员会及教师职务委员会对相关学术事务的处理意见,应上报校长,由校长组织召开校长办公会,特别重大的召开校务会议进行审议,作出最终结论,审议有异议的,相关委员会须重新审议,目的同样在于既保障教授治学的落实,又实现学术权力与行政权力的必要制衡。学术不端行为处理委员会的处理意见须报主管副校长审议,特别重大的可由副校长报校长审议或召开校长办公会审议。

在保障教授参与治校方面,同样需要建立相应的组织机构,具体可以有三种形式:一是有关决策事务委员会。主要是两个方面:一方面是将校务委员会作为学校民主决策的议事机构,其成员构成应当平等地分配给教授群体席位,保证教授代表参与学校建设发展重大事务的审议与决策。另一方面是改革教代会的构成形式,有关涉及学术事务的决策应主要由学术代表审议,以突出其专业权威。为增加代表性,可以临时遴选部分非常设代表参与。二是专题决策咨询机构。具体是指为了实现大学决策的科学化、民主化,学校在财务、人事、后勤等方面管理中,可以建立相应委员会,其成员构成应有一定比例的教授代表,条件是学术、专业比较对口,能够发表有价值的咨询意见。委员会每年定期召开1～2次,就有关重要问题进行研究,也可以临时就某个重要问题开会研究,听取咨询意见。三是广开言路,开辟教授自由建言通道。具体可以在学校相关部门设立专人负责接受教授群体的书面或口头建言,并及时反馈给学校主管领导,处理结果及时反馈建言人。此外,还可以总结实践经验,根据学校实际及发展需要,及时拓展更多适合教授参与治校的民主渠道。

总之,从大学发展的历史轨迹看,教授既主导治学,也参与治校,并非截然对立;从现代大学的实际运行看,治学与治校主体通常交叉,绝非某一主体独享某一专有领地;从教授治学与教授治校的内在逻辑看,二者有区别也有联系,并非非此即彼。中国现代大学制度建设,应当便于引导教授积极参与治校,更应当便于引导教授积极主导治学,从而更有效地推动大学的健康运行与发展。

参考文献:

[1]陈金圣. 教授治校与教授治学的兼容性及其现实意义[J]. 复旦教育论坛,2014(2):61~66.

[2]蒿春霞. 美国大学教授治校的理论与实践研究[D]. 济南:山东师范大学教育学院硕士学位论文,2009:8.

[3]庞振超. 教授治校与教授治学的历史考察与根本差异[J]. 现代大学教育,2013(3):61~65.

[4]张国有. 大学章程. 第一卷[M]. 北京:北京大学出版社,2011.

[5]张雁. 西方大学理念在近代中国的传入与影响[M]. 浙江大学出版社,2009.

[6]吴惠龄,李瑩. 北京高等教育史料[M]. 北京:北京师范大学出版社,1992.

[7]孙善根. 走出象牙塔——蒋梦麟传[M]. 杭州:杭州出版社,2004:153.

[8]黄俊杰. 大学校长遴选理念与实务[M]. 北京:北京大学出版社,2006.

[9]胡林龙. 中美高校学术不端行为处理程序有比较研究——中美部分高校学术规范为例[J]. 中国高教研究,2014(6):52~56.

[10]熊万曦. 世界一流大学校长遴选过程研究——以2004年麻省理工学院校长遴选为例[J]. 现代大学教育,2014(1):63~68.

[11]布鲁姆. 走向封闭的美国精神[M]. 缪青等,译. 北京:中国社会科学出版社,1994.

[12]韩延明. 论"教授治学"[J]. 教育研究,2011(12):41~45.

[13]别敦荣,唐世纲. 论教授治学的理念与实现路径[J]. 教育研究,2013(10):91~95.

[14]徐先凤,毕宪顺. 共同治理:我国大学内部治理的路径选择——从教授治校到教授治学引发的思考[J]. 东岳论坛,2013(1):39~43.

[15]孙晓华. 教授治学的历史源流及实现途径[J]. 现代教育管理,2010(12):58~60.

[16]苟朝莉.高校应由校长与教授"共治"[J].国家教育行政学院学报,2014(6):14~18.

[17]杨克瑞.教授治学,也要治校——兼论现代大学制度建设[J].教育发展研究,2012(9):47~50.

[18]彭阳红.论教授治校[D].华中科技大学,2010:66.

[19]耿有权.论"教授治校"在中国大学中的应用[J].理工高教研究,2009(2):39~43.

[20]韩玉璞.对教授治校关键问题的审视[J].教育发展研究,2013(3):42~48.

[21]约翰·布鲁贝克.高等教育哲学[M]王承绪等译.杭州:浙江教育出版社,2002.

[22]张燚,刘进平,张锐.高校利益相关者的边界与属性识别[J].高教发展与评估,2013(2):1-10.

[23]彭阳红."教授治校"与"教授治学"之辨[J].清华大学教育研究,2012(6):106~110.

高校学术委员会研究的重要问题辨析

　　学术委员会是现代大学制度和大学内部治理结构的重要组成部分。进入改革开放新时期以来,随着部分高校适应学术管理发展的要求,率先开展建立学术委员会的探索与实践,学术界也陆续展开了对这一问题的研究,特别是 2014 年教育部颁布《高等学校学术委员会规程》(下简称《规程》)以来,这一问题的研究更趋深入,直接涉及学术委员会建设和运行的多方面问题,深入推进了对许多重要问题的认识,也有一些重要问题尚需要深入地研究与辨析。这里,笔者选取其中的三个重要问题略作讨论。要说明的是,根据《规程》的规定,我国高校学术委员会实际是一个比较复杂的有机体,纵向上由校学术委员会与学院或学部、学系分委员会所组成,横向上由校学术委员会及其专门委员会所组成。为简明起见,本文的讨论均在校学术委员会及其专门委员会意义上使用。

一、学术委员会与校党委之间的关系问题

　　我国高校的现行治理结构,简而言之是中国共产党高等学校基层委员会(下简称"党委")领导下的校长负责制。学术委员会,作为校内最高学术机构,所涉及的第一层重要关系,就是与校党委之间的关系。有学者认为,在《规程》发布之前,按照有关法律和政策的规定,校党委统一领导高校的党务与学术,是党内事务的最高权力机关,也是学术事务的最高权力机关。1999 年颁布的《中华人民共和国高等教育法》(下简称《高教法》)第四章第三十九条明确规定高校党委"统一领导学校工作,支持校长独立负责地行使职权,其领导职责主要是:执行中国共产党的路线、方针、政策,坚持社会主义办学方向,领导学校的思想政治工作和德育工作,讨论决定学校内部组织机构的设置和内部组织机构负责人的人选,讨论决定学校的改革、发展和基本管理制度等重大事项,保证以培养人才为中心的各项任务的完成"。2010 年中共中央印发《中国共产党普通高等学校基层组织工作条例》(下简称《条例》)第三章第十条第二款明确规定:校党委"审议确定学校基本管理制度,讨论决定学校改革发展稳定以及教学、科研、行政管理中的重大事项"。按照

上述法律和文件的规定,"学术委员会不可能在高校拥有《规程》所要求的地位",解决的办法只能是坚持改革探索的精神,将学术事务的决策权从校党委决策的权力清单中划分出来,由学术委员会具体负责高校的学术规划、学术发展和评价,以此保障高校学术决策的科学性。[1] 上述看法有一定的合理性,但也明显存在对《高教法》和《条例》有关规定的误解,进而导致了将校党委对校内学术事务的宏观领导误解为包揽一切学术事务的处理。

关于《高教法》和《条例》中有关校党委对学术事务的领导,究竟该怎样理解才比较合理,其答案不难从党的根本大法——《中国共产党章程》(下简称《党章》)的相关规定中去寻找。中国共产党十二大以来的《党章》均明确规定:"党的领导主要是政治、思想和组织的领导"。[2] 十七大[3]、十八大[4]修订的《党章》进一步强调"党要适应改革开放和社会主义现代化建设的要求,坚持科学执政、民主执政、依法执政,加强和改善党的领导。"上述规定落实到高校,具体可以理解为:校党委对学术事务的领导,主要是保证学术事务的正确发展方向,切实服务于我国现代化事业所需要的高素质人才培养,为我国的科学技术发展和经济社会发展服务。进一步而言,主要包括两个重要方面:一方面,保证党的教育方针在高校学术事务中得到实实在在的落实,切实推动高校学术事务沿着正确的方向运行与发展;另一方面,适应经济社会发展要求,遵循高等教育发展规律,领导确定学校的中长期学术事业发展目标与规划,着力推动高校有效履行人才培养、科学研究、社会服务和文化传承等功能。至于具体的学科发展规划、人才培养规划、课程建设规划等如何制定,学位授予、学术项目申报、学术成果评价、学术不端行为处理等如何进行,则不属于校党委直接受理的范畴。这些学术事务,在没有建立学术委员会的背景下,具体由相关职能部门组织和处理,结果报校长及校长办公会审议和确认。在建立学术委员会背景下,则是经学术委员会审议和决策,再提交校长及校长办公会审议和确认。对此,特别需要说明的是,即使高校的中长期发展规划确实是在校党委的直接领导下制定,但其中涉及学术事业发展的重要指标及愿景,也仍然只能建立在教授治学以及学术委员会的审核和建议基础上,而不是也不能由校党委——越俎代庖,似此也就自然不存在将学术事务的决策权从校党委决策权力清单中划分出来的问题。

还需特别注意的是,确立学术委员会为高校内部最高学术机构,统筹行使学术事务的决策、评定、咨询等职权,并不意味着学术委员会可以不必服从校党委的统一领导,这是中国共产党的执政地位以及我国高校的社会主义性质及现行管理体制所决定,容不得丝毫的犹豫或动摇。有学者认为,学术委员会的决策或决议,必要时需经校党委审议和认可,压低了学术权力的地位,是使学术委员会依附行政权力而存在。[3]其认识误区就在于没有弄清楚校党委统一领导的重要意蕴以及学术委员会作为高校内部最高学术机构的含义。事实上,《规程》规定学术委员会为高校内部最高学术机构,其本质含义仅在于实现高校内部学术事务决策的独立,避免任何人、任何部门以任何形式随意干预学术决策,影响学术决策的科学性与正当性,但这并不意味着学术权力及其学术委员会可以不接受校党委的统一领导,成为超越于校党委统一领导的特殊权力和组织。

二、学术委员会与校长之间的关系问题

学术委员会为高校内部最高学术机构,统筹行使学术事务的决策、审议、评定和咨询等职权,需要正确处理的第二大关系是与校长及校长办公会之间的关系。有学者指出,在我国高校现行体制下,校长拥有广泛的学术事务决策权。"确立学术委员会的最高学术机构地位,必然会削弱校长以及校长办公会的权力,这对于校长履行职权来说是一个很大的挑战","因为涉及掌握的资源,很少有校长积极主动地让渡学术权力"。[1][6]言在我国现行高校管理体制下,校长拥有广泛的学术管理权确为事实。因为,按照《高教法》第四章第四十一条的规定,"高等学校的校长全面负责本学校的教学、科学研究和其他行政管理工作"。[7]具体职权包括:拟订发展规划,制定具体规章制度和年度工作计划并组织实施;组织教学活动、科学研究和思想品德教育;拟订内部组织机构的设置方案,推荐副校长人选,任免内部组织机构的负责人;聘任与解聘教师以及内部其他工作人员,对学生进行学籍管理并实施奖励或处分;拟订和执行年度经费预算方案,保护和管理校产,维护学校的合法权益等。但是,言"因为涉及掌握的资源,很少有校长积极主动地让渡学术权力",以至于无法保证学术委员会在校内最高学术主体地位的确立,尽管对某些高校而言可能在一段时间内会出现这样的情况,整体看却是对我国高校的性质及其校长的权力特点缺乏清晰的认识,也是对《规程》中蕴涵的学术委员会与校长之间的关系缺乏清晰的认识。

我国高校是一个法人实体,校长是高校的法人代表,拥有广泛的管理权。但是,校长手中广泛管理权的行使却绝非校长一人可亲力亲为,而是要通过相应的组织体系分解和实施,具体而言,横向上要通过若干副校长、校长助理来行使,纵向上要通过若干职能部门、学部、二级学院或学系来行使。在这里,校长实际是一个"总开关",既要进行横向的授权和调控,又要进行纵向的授权和调控。在没有明确划分行政权力与学术权力边界的前提下是如此,明确划分行政权力与学术权力边界的情况下也是如此。所不同的只是《规程》颁布后,高校内部行使行政权力与学术权力的主体身份得到了明确的区分,进而校长的授权和调控,也就明确地

表现为对两种不同权力的授权与调控,从而某种程度地改变了校长授权及其调控的方式,但绝没有将学术权力从校长手中分割出去,脱离校长调控的范围,自然也就根本不存在校长不愿意让渡的问题。相反,明确划分学术权力与行政权力之间的边界,实现教授按学术规律治学,学术委员会按学术规律决策学术事务,将会使高校更加自觉地遵循高等教育发展的规律,卓有成效地提高高校办学效益,有效实现高校的社会功能与使命,而这正是任何一个负责任的高校校长都孜孜以求的目标,也正因为如此,我国进入改革开放新时期以来,部分高校在国家尚未出台相关法律、政策的前提下,就主动开启了学术委员会的探索与实践之旅,实行校长治校、教授治学。有的高校为了更好保证教授治学的落实,校长甚至主动退出了新成立的学术委员会。[8]在这里,更是不存在校长不愿意让渡学术权力的问题。

也有学者认为,学术委员会既然是高校学术事务的最高主体,就不应当是受校长委托行使其职权,而应根据《规程》要求独立行使其职权,否则仍然是学术权力依附行政权力。[9]

这一认识误区产生的原因,依然在于不清楚我国高校是一个法人实体,其法人代表——校长,在本质上既是行政权力的最高代表,也是学术权力的最高代表,职能部门的行政权责由校长所授予,学术委员会的学术权责同样由校长所授予。在《规程》中,这方面的规定极其明白,不容有丝毫的怀疑。(1)从学术委员会委员的产生看,《规程》第九条明确规定"学术委员会委员由校长聘任"。[10]这一规定明白无误地表明:学术委员会是校长授权管理学术事务、行使学术权力的组织,而不是超越校长管理权限,或者是不受校长管理的学术组织。(2)从学术委员会主任委员的产生看,《规程》第十条明确规定:"学术委员会设主任委员1名,可根据需要设若干名副主任委员。主任委员可由校长提名,全体委员选举产生;也可以采取直接由全体委员选举等方式产生"。"主任委员可由校长提名,全体委员选举产生",进一步表明学术委员会是接受校长授权的学术组织,即使其主任委员直接由全体委员选举产生,也仍然不会改变这一性质。(3)就学术委员会的职责权限看,学术委员会同样是由校长或由校长代表学校授权而工作。学术委员会的职责权限在《规程》中具体有四类:一是决策权。《规程》第十五条规定:学校在有关学科、专业及教师队伍建设规划,以及科学研究、对外学术交流合作等重大学术规划决策前,应当提交学术委员会审议,或者交由学术委员会审议并直接做出决定。二是评定权。《规程》第十六条规定:学校实施以下事项,涉及对学校教学、科学研究成果和奖励,对外推荐教学、科学研究成果奖;高层次人才引进岗位人选、名誉(客座)教授聘任人选,推荐国内外重要学术组织的任职人选、人才选拔培养计划人选等做出评价的,应当由学术委员会或者其授权的学术组织进行评定。三是咨询权。《规程》第十七条规定：学校就制订与学术事务相关的全局性、重大发展规划和发展战略；学校预算决算中教学、科研经费的安排和分配及使用；教学、科研重大项目的申报及资金的分配使用等学术事务做出决策前，应当通报学术委员会，由学术委员会提出咨询意见。四是学术不端行为受理及裁决权。《规程》第十八条规定：学术委员会按照有关规定及学校委托，受理学术不端行为的举报并进行调查，裁决学术纠纷。

既然学术委员会的所有学术权责均由校长或者校长代表学校所授予，学术委员会也就自然不可能拥有与高校法人代表——校长比肩的地位，它所作出的学术决策或决议必须接受校长及校长办公会的监督与制约，其基本形式是对学术委员会的决策或决议进行形式性审查，具体内容包括决策、决议的程序是否合理与完备，公示期内有没有收到严重的批评性意见，甚或比较严重的投诉等，无论在哪一方面发现确有问题，特别是严重问题的，校长及校长办公会都有权要求学术委员会重新复议，学术委员会也必须服从。① 这种监督与制约之所以十分必要，原因在于授权不等于放弃权力，授权者在授权的同时必须对所授之权进行相应的监督与制约，否则就是放弃责任，玩忽职守。同时，任何权力都有腐化的趋势，只有当它遇到强有力的障碍时才会停止，这是权力运行的铁律。学术权力同样是权力，具有权力的一般特点，如果不受制约，同样可能发生蜕变。现实中，有些高校的学术组织在学术资源分配和学术评价方面往往显失公平，甚至严重有失公平就是有力的证明。[11] 为有效遏制这类情况的发生，校长与学术组织之间保持必要的张力，更是十分必要。美国被公认为是当今世界高等教育最发达、最完善的国家，在其大学治理体系中，虽然学术事务统一由相应的教授委员会讨论和决策，但是却需要相应系、所、学院等主管审议和批准，其中的经验值得我们认真地学习和探究。[12]

三、学术委员会决策、决议贯彻落实的问题

有学者认为，学术委员会不是行政职能机构，不直接担负行政职能，要保证学术委员会切实发挥其作用，应当在高校内部建立有效的工作机制。具体内容包

---

① 《规程》第二十二条规定"学术委员会做出的决定应当予以公示，并设置异议期。在异议期内如有异议，经1/3以上委员同意，可召开全体会议复议。经复议的决定为终局结论"。这一规定值得商榷。"异议期内如有异议"向谁提出？谁来受理？《规程》均无明确规定，即使持异议者可以向学术委员会秘书处投诉，由于学术委员皆为兼职，现实中要争取1/3以上委员同意往往也非易事。似此，异议投诉很可能不了了之。鉴于校长是高校的法人代表，学术委员会的权力既由其所授，因而由校长接受异议投诉，并在调查研究的基础上决定是否要求学术委员会进行复审或复议，倒是一条比较可行的途径。考虑到高校校长工作繁忙，不必事必躬亲，可以选择由学术委员会秘书处接受异议投诉，然后反馈校长处理。

括:(1)按照《规程》的要求,学术委员会负责高校内部学术事务的决策或决议,任何其他部门或个人均无随意干预的权力。(2)学术委员会形成的决策或决议,就是高校的最终决策或决议,党委和校长及其办公会予以认可和接受,不再做出新的决策或决议。(3)党委、校长及校长办公会将予以认可和接受的学术委员会决策或决议,交有关职能部门贯彻和落实。[13]这一探索同样有其合理性,但也存在三个方面的误区,澄清这样的误区,理论上有利于合理把握学术委员会与校内有关方面的关系,实践中有利于顺利推进学术委员会决策或决议的贯彻及落实。

一是,在校党委统一领导与校长负责制问题上存在误区。如前所述,学术委员会的决策或决议均属具体层面学术事务的决策或决议,除特殊情况外,原则上只需提交校长及其办公会审议和认可,无须提交校党委审议和认可。不加分析地将学术委员会的决策或决议一律提交校党委和校长及校长办公会审议与认可,混淆了校党委统一领导与校长负责制的关系,付诸实践既会加重校党委的工作负担,影响校党委对学校宏观、战略方面的领导,又会影响校长负责制的有效贯彻与实施。

二是,在校长与学术委员会之间的关系上存在误区。亦如前述,学术委员会决策或决议相关学术事务,本质上是学术权力的行使,同样需要接受相应的监督与制约。其中,除校内相关利益群体甚或所有师生员工的监督、制约外,最为直接的就是授权者——校长的监督和制约,学术委员会提交校长及校长办公会的决策或决议是否合理,只有经过校长及校长办公会(特殊情况下经校党委,下同)认真的审议,确认实属合理,无须重新复议者,才能够成为学校的最终决策或决议。否则,凡属学术委员会的决策或决议,就是学校的最终决策或决议,校长及校长办公会没有任何有实质意义的审议及认可的权力,学术委员会也就事实上超越了校长及校长办公会,甚至校党委的领导,这不仅与我国高校的社会主义性质及法人性质格格不入,而且与现代高校的民主治理原则根本相背。

三是,在相关职能部门的工作性质与职责问题上存在误区。现代高校职能部门大体可以划分为两大部分,一部分是比较纯粹的行政管理部门,如后勤管理处、财务处、学生工作处等,一部分是既具有行政管理职能,又具有学术管理职能的部门,如教务处、科技处、研究生院等。后一部分职能部门,不仅接受校长的授权,落实有关行政工作,也授受校长的授权,落实有关学术工作。因此,落实学校有关学术工作的决策或决议本来就是这部分职能部门的职责,只不过在没有建立学术委员会的背景下,有关学术工作的决策或决议具体由校长及校长办公会所做出,在建立学术委员会背景下,有关学术事务的决策或决议首先由学术委员会所做出,再经校长及校长办公会审议和认可,但这种工作程序的转变并不涉及有关职能部门贯彻落实学校有关学术决策或决议责任的改变。既然如此,也就自然不必要为贯彻落实学术委员会的决策或决议而在学术委员会与有关职能部门之间作出额外的制度安排与考虑。不过,鉴于我国多数高校长期没有建立学术委员会,缺乏实际工作经验,为更好地确立学术委员会为校内学术事务的最高主体,顺利履行学术职能,倒是确有必要遵循《规程》的要求,制定出学术委员会决策事务的权力清单,明确相应学术事务与具体职能部门之间的关系,凡属需要学术委员会审议、决策、评定的事项,一律由相关职能部门事先准备,提交学术委员会审议、决策或评定,作出的决策或决议提交校长及校长办公会审议和认可后,再由相关职能部门具体贯彻和落实。

参考文献:

[1]陈翔. 新时期高校学术委员会运行机制研究[J]. 高教探索,2015(1):21 - 25.

[2]新华社. 中国共产党章程(十二大)[EB/OL]. http://www. tjeti. com/newsInfo. aspx? pkId = 1216.

[3]新华社. 中国共产党章程[EB/OL]. http://www. china. com. cn/17da/2007 - 10/25/content_9179079. htm.

[4]新华社. 中国共产党章程(十八大部分修改,2012 年 11 月 14 日通过)EB/OL] . http://news. cqjtu. edu. cn/show. aspx? id = 17760.

[5]魏小琳. 高校学术委员会制度的现实困境及其建设[J]. 中国高教研究,2014(7):71 - 74.

[6]陈翔. 新时期高校学术委员会运行机制研究[J]. 高教探索,2015(1):21 - 25.

[7]教育部. 中华人民共和国高等教育法[EB/OL]http://www. gov. cn/banshi/2005 - 05/25/content_927. htm.

[8]刘茜. 高校:期待行政与学术分离[N]. 光明日报,2011 - 04 - 14(5).

[9]魏小琳. 高校学术委员会制度的现实困境及其建设[J]. 中国高教研究,2014(7):71 - 74.

[10]教育部. 高等学校学术委员会规程[EB/OL]. http://www. moe. gov. cn/publicfiles/business/htmlfiles/moe/moe_621/201402/xxgk_163994. html

[11]. 高一飞. 学术权力需要游戏规则[EB/OL]. http://www. dffy. com.

[12]杨兴林. 论教授主导治学与参与治校的统一[J]. 复旦教育论坛,2015(1):18 - 23,87.

[13]别敦荣. 大学学术委员会的性质及其运行要求[J]. 中国高等教育,2014(8):27 -30.

高校干部年度考评问题与思考

　　高校中层干部是在高校从事教学、科研或管理工作并担任一定领导职务的管理者,是高校管理工作的一支重要力量。[1]年度干部考评是高校管理的重要内容,直接涉及所有干部的切身利益,影响干部的积极性发挥和学校的健康协调可持续发展。科学、有效的年度考核,应当能够有效地鼓励先进,鞭策后进,充分调动干部的积极性和主动性,不断推动高校的各项工作创新和发展。然而,从多年的实践看,高校干部年度考评似乎并没有产生如此令人满意的效果,甚至于在人们心目中产生了年度考评就是图形式、走过场,只要"人缘儿"好,"会处事",优秀自然到手的消极印象。一些工作能力不突出,但会"处事",人缘儿好,特别是善于走"上层路线"者,往往成为优秀等级的"专业户";有的工作踏实,实绩突出,但"人缘儿"不够,处事"技巧"不够者,对优秀等级只能可望而不可即。其结果,高校的年度干部考评在人们心目中的地位呈现不断削弱的趋势,仅仅成为学校每年必须推行的管理程序和应当完成的重要工作。这个问题应当引起教育主管部门和高校领导层的高度重视,相应地高校干部年度考评的科学化也就特别值得深入研究和探讨。本文旨在以考评的基本内涵为切入点逐层展开分析。这里有两点特殊说明:一是,高校干部年度考评,包括校级干部与中层干部两个层面,这里特指中层干部,也就是干部体系中的正、副处级干部;二是,各高校干部年度考评的具体程序不尽相同,下文阐述的有关考评程序主要就笔者实际了解的情况而言。

一、高校干部年度考评的基本意蕴

　　在一般意义上,考评就是考核和评议。考核包含了考查和审核,也就是考评者运用一定的考核标准对反映考核对象品德、行为、活动、实绩等方面的材料进行检查、衡量和核定;评议,具体是指考评者在对考核对象进行全面考核的基础上,进行全面分析、比较和权衡,最终确定出每个考核对象的考评等级。

　　高校干部年度考评遵循考评的一般规定和要求,其特殊性仅在于它的考评内容要始终围绕学校的教育、教学、财务、后勤等方面的管理工作展开,考评的基本要求是根据高校的管理内容、要求和规律,采取合适的形式对考核对象的职责履行情况进行考核和评议,考评的基本目的是对每个干部的年度工作作出实事求是的评价,奖励先进,鞭策后进,激励每一个干部更加积极、主动的工作,有效贯彻和履行高校基本功能,推进学校的建设和发展,同时也为学校的干部选拔和使用提供科学依据,为建设高素质的高校干部队伍奠定牢固的基础。它有五个基本要素:

①考评主体。具体是指考评任务的实施者。考评主体应当公平、公正,熟悉考评对象承担工作的具体职责、特点与要求,有较高的理论水平与政策水平。这一点对于具有最后考评评议权的主体而言尤其重要。考评主体的构成科学、合理与否直接决定考评结果的科学、合理与否。

②考评客体。具体是指考评的对象,形式上表现为接受考评的具体人,本质上表现为反映考评对象履行职责过程中德、能、勤、绩、廉的各种证据与材料。基于考评的基本涵义,考评针对的不是具体的人,而是具体人履行职责的行为与结果,也就是反映考核对象的各种材料,"对事不对人"是保证考评客观、公正的重要前提。考评主体的责任,就是对反映考评对象行为及其结果的材料进行分析、甄别和判定,得出符合干部工作实际的结论。

③考评标准。具体是指在考核和评议中,考评主体用于衡量考察对象行为、活动结果的一套基本准则。考评标准必须适应于每一个考察对象,在同一次考评中对所有考评对象只能用同一标准,绝不能有二重标准或多重标准。同一标准面前人人平等,这既是考评的严肃性、公正性和公平性所决定,也是现代法制社会在高校干部考评中的基本要求。

④考评方式。具体是指考评所采取的方法和形式。考评方式的科学、合理与否对考评结果的影响特别直接和重大。科学、合理的考评方式能够保证考评结果的可信、有效,保证考评基本目的的实现。考评方式不科学、不合理,再好的考评标准也会被扭曲,考评结果自然失去信度和效度,不仅考评的基本目的无从实现,相反还会孕育严重的消极后果。正因为如此,考评方式的改进,一直都是考评工作需要头等考虑的问题,也是学术界和实践领域一直都在探讨的重要问题。

⑤考评结果。具体是指考核主体在对考核对象进行考核和评议的基础上,按照考核标准,确定考核对象所属档次,即优秀,还是称职、不称职。考核结果是对考核对象年内职责履行情况的具体定性,是考评是否科学、合理、公平、公正的集中反映,也是在高校干部管理中是否正确贯彻、实施以人为本的科学发展观的集中反映。科学、合理、公平、公正的考核结果,不仅使考核对象心服口服,而且能有效发挥考评的激励作用,调动广大干部发展建设学校的积极性和主动性,增强学

校的凝聚力和向心力,这正是推动学校健康、协调、可持续发展的有力保证,相反的考评结果,不仅无法使考核对象心服口服,挫伤干部的工作积极性,还极易诱发人们的心理对抗,严重影响今后学校工作的开展与学校的建设发展。

二、高校干部年度考评存在的突出问题

高校年度干部考评的基本程序,不少学校主要有如下方面:①学校成立干部年度考评领导小组,一般由学校领导班子成员组成。②学校党委组织部向每位干部下发年度考评通知。每位干部按照学校考评要求,填写年度考评表,送交党委组织部,内容一般是德、能、勤、绩、廉。③学校召开干部年度考评述职大会,每位中层干部述职,参会的校领导及每位中层干部各发1张印有所有中层干部姓名的A类和B类测评表,所有述职者述职完毕,各位校领导分别在A类测评表上对每位中层干部测评投票,即优秀,称职还是不称职,中层干部之间在B类测评表上相互测评,然后所有测评表按要求投入票箱,由组织部负责收回。对学院领导干部而言,还有教职工民主测评环节。具体操作是:召开学院教职工会议,主管相关学院的校领导委派的考核组到会,考核组负责人主持会议,向与会者说明考评的目的和要求,考核组工作人员把学院干部测评表发给每位参会者,学院领导述职完毕,与会教职工在测评表上对述职者分别填写优秀,或者称职、不称职,教职工测评完毕,考核组工作人员收回测评表,送交组织部。④党委组织部对每位中层干部的测评结果分门别类地按测评指标对校领导给出的测评意见、中层干部相互测评意见、学院领导的教职工测评意见进行统计汇总。⑤学校考评领导小组对组织部提交的中层干部测评学习部情况进行审议,根据事先确定的比率确定优秀、合格与不合格人员。⑥组织部将学校干部考评领导小组确定的中层干部考评结论通知本人,同时网上公示。这一考核程序,应当说在形式上还是比较完备的,但是仅有完备的程序并不足以保证考评结果的公平、公正、科学与合理。其中,存在的突出问题有四:

一是,考评主体构成不科学。当下的高校干部年度考评主体是多层次的,包括学校考评领导小组、学校领导个人、中层干部(相互测评),对学院干部而言,还有学院教职工。学校考评领导小组由清一色的学校领导班子成员组成,虽有权威性,但是它的代表性无论如何都明显不够;学校领导层的每个人在中层干部集体述职测评大会上对每位中层干部进行测评,由于其工作分管范围所限,势必会因对相当一部分考核对象缺乏了解或了解不够而无法给出相对公平、公正、合理的意见;每一位中层干部互为测评主体,弊端就更为突出,一个考评者面对众多的测评对象,有的根本不认识,有的虽然彼此认识,但对其工作状况基本不了解,"打分时基本是凭印象或者走过场",[2]作出的测评结论,其科学性、合理性自然无从谈起。更何况,所有中层干部中,人与人之间的工作关系不同,感情联络不同,有的甚至存在矛盾和隔阂等等,所有这些都不可避免地影响相互间测评的真实性,更遑论科学性。尤其是在"关系网"势力强的地方,这种情况就更为突出。就学院测评而言,所有教职工皆为测评主体,问题也显而易见。考评者的基本要求是公平、公正,立足点应当放在学院的建设和发展,既要对考核对象负责,更要对学院建设发展负责。事实上,要求所有教职工都做到这一点是办不到的,这就不可避免地会出现少数人乘机报复,也不能避免一些人对干部考评采取事不关己的态度,不负责任,敷衍了事,随意填写。一些学院考评中,通常出现勤奋敬业的干部,测评结果并不理想,测评结果理想的干部,工作却非常一般,也有干部为在测评中得到高分,不惜在工作中一味"糊弄"、讨好教职工,重要原因正在于此。

二是,考评方式不合理。高校干部年度考评的是职责履行情况,这种情况,应当通过反映其具体工作的材料来体现,同时,每一个中层干部都直属相应的分管校领导管理,因此考核其年度履行职责情况,既应当对反映其工作情况的材料认真审核,又应当充分发挥主管校领导的考核作用。当下,高校干部考核实行大会述职,考评主体现场测评,客观上造成了考评主体没有办法去全面了解考核对象履行职责的具体情况,只能听考核对象的口头陈述,势必难以保证每位考评人员对以下情况作出准确、合理的判断:考评对象口头表述好,德、能、勤、绩、廉也好;口头表述好,德、能、勤、绩、廉非常一般,述职中不实成分甚多;口头表述不好,德、能、勤、绩、廉事实上很突出;口头表述一般,德、能、勤、绩、廉事实上也一般。在这样的情况下,虽然那些比较了解考核对象情况的测评人能够对其给出比较公正的测评意见,但也确实难以避免数量不等的人由于情况不了解而对一些考核对象无法给出合理的测评意见,事实上导致干部年度考评很大程度上的失真。

三是,考评过程缺乏责任约束。高校干部年度考评,测评表都是匿名的,考评者实行匿名测评,事实上无法避免有些人或者不负责任,敷衍了事填写测评意见,或者乘机打击报复地填写测评意见,或者抱着其他不便公开的目的填写测评意见。出现这种情况的原因,从根本上说,就在于割裂了测评者的权力与责任,不符合权力与责任对等的现代法制原则。诚然,测评实行匿名制有利于保护测评者的利益,但在这里匿名制并不是非实行不可,完全可以采用相应的形式予以改进。这一问题留待后面一并讨论。

四是,考评结果不能充分体现公平与公正。考评主体构成不科学,考评方式不合理,考评过程缺乏责任约束,考评结果的公平、公正自然大打折扣,无须多议,最后环节的学校考评领导小组对考评结果公平、公正的影响也相当突出,比较普遍者有三:一是,不从所有考核对象的德、能、勤、绩、廉实际出发,而是把干部提升因素不恰当地考虑其中,对拟列入某一级干部后备的,或已进入某一级干部后备的,或是在新一轮干部聘任中拟委以重任的,往往给予较好的等级,尽管有的人实际工作情况很一般,群众中认同者较少;二是,工作成就虽然并非达到较高标准,但擅长于在校领导面前"套近乎"的考核对象,一般也会得到较高的等级;三是,重要职能部门负责人更是始终在最终考评等级确定中处于优先考虑的地位。

三、创新考评机制,提高考评的科学化水平

当下高校干部年度考评存在如上问题,根本原因在于考评的环节设计没有很好地遵循考评工作的基本规律和要求,与现代社会公平、公正、民主、法制的管理要求存在明显差距。矫正这些问题,提高考评的科学化水平,必须依据考评工作的特殊性、科学性、完善考评机制。对此,学术界已经有不少研究,有的主张以目标管理责任为核心,对高校中层干部年度工作进行 360 度的全方位测评;[3] 有的强调将高校中层干部年度考评的德、能、勤、绩、廉五个指标作为一级指标,之下再相应建立二级指标,构成完整的测评指标体系;[3] 有的主张恰当确定评价干部主体的范围,增强针对性;[5] 有的建议利用信息技术手段,建立高校中层干部年度考评网上系统。[6] 这些探究都具有借鉴意义和现实意义。笔者立足本文的问题切入及实际观察,权从以下方面略述看法:

①考评方式要改革。当下高校干部年度考评存在的种种问题中,最突出者就是考评方式不科学,创新考评机制,提高考评的科学化水平,必须首先从这一环节手。其核心就是要对大会述职与集体测评环节,也就是如前所述干部考评程序中的第 3 个环节进行较大的改革。具体思路:一方面,根据谁管理谁负责、责权利统一的原则,负有某一方面主要管理责任的校领导必须对某一方面考评对象的考评负有主要的责任与义务,据此组成由各分管校长为组长的多个考评小组,分别对反映相应考评对象德、能、勤、绩、廉的述职材料进行判别、分析和评议,在此基础上,考评小组成员独立填写测评表。考评主体与考评对象工作上的紧密关系,为考评主体科学判别和鉴定反映考评对象的材料和情况提供了条件和保证,相应地考评结论也就尽可能逼真;另一方面,由于任何一个部门总是在与其他部门相互联系、配合、支持中开展工作,工作关系相对紧密部门之间的工作情况自然相对了解,因而可以将工作关系相近部门的考核对象组织起来集体述职,相互测评。测评的具体内容,不仅是被测评者各自述职的内容,更要考虑部门之间工作相互配合的风格和品质。这是反映考核对象德的一个重要方面。因为,一个人的德到底如何,往往是在不经意的日常生活和工作中得到生动表现的,相应的干部考察

就必须注意对大事要看德,对小节要察德。[7]对于学院领导的考核而言,教职工民主测评仍然必须坚持,但是其测评方式的改革确需结合考评主体构成的改革同时进行。这一问题,下面再具体阐述。总的看,这样的考评方式改革,其目的就是要切实坚持贯彻以人为本的科学发展观,充分体现对考评对象的尊重和负责,也是对高校干部队伍建设的充分重视和负责,是学校依法、民主、科学管理的本质要求。

②考评的主体构成要改革。考评主体的质量直接影响考评结论的科学、合理以及公平与公正。不同层次考评主体的考评意见,对考评对象最终考评意见的形成发挥着不同的作用,有的甚至是重要作用。因此,考评主体的构成必须科学、合理,就其构成原则而言,必须坚持领导与群众相结合,具有广泛性、群众性和代表性,[8]特别是要重视专家作用的发挥。成员素质必须突出两大要求:一是,客观、公正,对学校工作热心,集体意识强。这是品德要求;二是,熟悉或了解相关管理工作,具有较强的分析、判别问题的能力。这是业务要求。基于这样的思考,学校考评领导小组成员构成,在所有校领导参加的基础上,还可以考虑增加相应的专家与其他群众代表,这些专家可以从校学术委员会委员与教代会代表中产生,也可以不受这一限制,其中特别应当包括考评方面有研究和专长的专家。分管校领导为组长的考评小组的成员,也可以考虑由分管校领导、分管领域的有关专家构成。要特别强调的是,这里的有关专家必须熟悉这个领域的业务要求和工作要求。这是保证该环节考评意见质量的重要基础。学院领导的述职、测评,其成员构成除相关校领导外,教职工代表的产生,可以综合考虑职称结构、年龄结构、性别结构,按一定的抽样原则随机抽取,比例的大小根据学院人数的多少,可以考虑由 1/2、1/3 不等。

③考评过程中的责任约束要加强。测评表填写一律实行实名制。无论是考评小组测评、一定范围相互测评,还是对学院领导的学院群众测评,测评人一律在测评表上真实署名,保证学校考评领导小组在审议各考评对象测评意见过程中,需要就其中某些问题进一步核实时,能够方便、快捷地与相应测评人交换意见,调查了解,弄清真相。情况属实的,学校考评小组要认真研究,需要在综合评议中考虑的必须考虑,需要进一步由组织部门与考察对象谈话的要认真谈话,切实对考评对象负责;测评人无法证明情况属实的,或明显是有其他企图的,有关部门要对测评人进行严肃的批评教育,并且不仅要撤销该测评人对某一测评对象的不实意见,而且该测评人对所有其他考核对象的测评意见也一律作废。这既有利于保证对考核对象的关心、负责和爱护,也体现了对测评人的严格要求与约束,实现了测评人权力与责任的有效挂钩。诚然,当下高校干部年度考评中测评表填写采取匿

名制,确有利于保护测评人免遭打击报复,便于对考评对象发表真实意见。但实际上,考评中所有的测评表都由组织部发放并及时回收,任何人填写的测评意见都不可能轻易为组织部以外的人所知道,在这种情况下,测评人的利益保护是完全有保证的,也就根本无须再采用匿名制保护了,相反采用实名制却可以有效地弥补匿名制对测评人缺乏相应纪律、责任约束的不足,更有效地实现考评的客观、公平和公正。

④考评要素中"绩"的地位要突出。"一步实际行动比一打纲领更重要。"[9]296 "空谈误国,实干兴邦",[10] 在一定意义上,在德、能、勤、绩、廉五个方面中,绩是德、能、勤、廉四个方面综合作用的结果,是一个干部综合素质的集中体现,特别是在一些特殊工作中,实绩往往是干部综合素质的有力证明。考评要素中"绩"的地位要突出,一是,在考评的各个环节都必须重视对考核对象的实绩考核,测评人对考核对象测评等级的确定要特别重视实绩的地位,优秀等级的获得者一定是工作实绩突出者。在这个问题上,任何其他因素都必须排除。这不仅是对党中央"尊重知识、尊重人才、尊重劳动、尊重创造"方针的实实在在的贯彻,也有利于激发更多的干部解放思想、开动脑筋,努力工作,争创实绩,形成推动学校健康协调可持续发展的强大活力;二是,对实绩的考核要科学。干部必须重视实绩,做出实绩,但是现实中,人们的实绩观并不一样,有正确的实绩观,也有不正确的实绩观,实绩的取得方式也不同,有的是在尊重高校办学规律的前提下,充分发挥自身及团体成员的主观能动性做出的,有的却可能是采用投机取巧或其他不正当的方式取得的。因此,在考评过程中,考评主体对考评对象实绩的考核,必须认真分析和判别,肯定科学、合理的实绩,排除不科学、不合理甚至于杀鸡取卵的实绩和虚假实绩,确保实绩确认进而考评结论的科学、合理、公平与公正。

总之,高校干部年度考评是高校管理的重要内容,直接涉及所有干部的切身利益,影响高校的健康协调可持续发展,但当下我国高校干部年度考评存在考评主体构成不科学、考评方式不合理、考评过程缺乏责任约束、考评结果不能充分体现公平、公正等突出问题,相当程度地影响了高校中层干部工作的积极性、主动性和创造性发挥,着力解决这些问题,充分发挥干部年度考评的激励和鞭策作用,学校党委及组织部门必须遵循干部年度考评的本质要求,坚持公平、公正、公开,秉持"不让老实人吃亏,不让投机钻营者得利"的原则,[11] 在考核方式、考核主体构成、考核过程、考核内容、责任约束等考核机制方面作出有针对性的改善。

参考文献:

[1]李桂红,庞效萌.高等学校中层干部考核评价体系特点分析[J].高等农业教育,

2012(3):47～49.

　　[2]鲍传友,毛亚庆,赵德成.高校行政管理干部绩效考核指标体系的构建——基于A大学的案例研究,国家行政学院学报,2010,(6):67～72.

　　[3]邹积英,高丽华,刘大力,等.目标管理责任状＋360度绩效评估模式在高校中层干部绩效考核中的应用[J].现代教育管理,2011,(5):83～85.

　　[4]鲍传友,毛亚庆,赵德成.高校行政管理干部绩效考核指标体系的构建——基于A大学的案例研究,国家行政学院学报,2010,(6):67～72.

　　[5]李战军.高校中层领导干部考核评价体系的建立与实施[J].学校党建与思想教育,2011,(4):47～49.

　　[6]王建明,肖小英,丁少华.基于B/S模式的高校中层干部考核系统的设计[J].硅谷,2010,(1):79.

　　[7]盛若蔚.怎样把好干部用起来①:用人得当　首在知人[N].人民日报,2013——09——03,(17).

　　[8]张育松.王涛.高校干部管理与考核机制的实践与探索[J].理论界,2010(1):205～206.

　　[9]马克思恩格斯选集第三卷[M].北京:人民出版社,1995.

　　[10]张烁.习近平参观《复兴之路》展览强调:空谈误国　实干兴邦[OB/OL].http://news.cntv.cn/china/20121130/101047.shtml

　　[11]胡锦涛.在庆祝中国共产党成立九十周年大会上的讲话[N].光明日报,2011-07-02(2).

我国大学校长到底该如何产生

"地无分中外,时无分古今,大学校长这一职位,总让人有仰之弥高的感觉——学识渊博,道德崇高,见人之所未见,言人之所不敢言,既是社会清流,也是国之栋梁。"[1]169办好大学,必须选择好的大学校长。大学校长的形象直接代表大学的形象,大学校长的能力、水平及思想境界的高度直接影响大学发展的高度。恰当有效地选择大学校长实为大学治理的重要内涵。近年来,我国学术界对这一问题开始涉及,提出的相关看法迫切需要认真辨析及进一步深入探讨。

一、评析视角的我国大学校长遴选观点审视

我国关于大学校长如何产生的关注,缘于对大学愈益行政化及如何"去行政化"的关注。原武汉大学校长刘道玉认为①:我国大学的行政化并非大学一诞生就存在,新中国成立前大学具有相对独立性,不存在行政化问题。新中国成立到20世纪80年代,党风、学风、社会风气比较端正,大学校长们勤奋敬业,也不存在大学行政化的问题。90年代以后,随着合并和"扩招",大学规模急剧扩大,政府进一步重视大学的同时,也进一步加强了对大学的直接干预与管理,大学行政化随之出现,并且越来越严重,消极影响越来越突出[2]。这种情况逐渐引起了人们的重视,相应研究开始兴起。《国家中长期人才发展规划纲要(2010—2020)》和《国家中长期教育改革和发展规划纲要(2010—2020年)》明确确定了大学"去行政化"的改革取向,适应这样的治理要求,部分大学先后启动改革措施:吉林大学的学术委员会章程规定,学校领导和职能部门负责人不再担任各级学术委员会委员职务;华中师范大学也确定书记、校长退出学术委员会;深圳大学推行全员聘任制,校长不再是正局级干部,只是学校行政事务的总负责人(CEO),学院院长、副院长均由教师担任。教育部也于2011年12月启动和开展面向海内外公开选拔

---

① 刘道玉校长的看法只是一家之言,事实上我国大学行政化的原因至少可以从历史因素、体制因素和文化因素方面来分析。

直属高校校长的试点工作。与实践发展相呼应,高等教育学术界有关大学"去行政化"的研究也适时展开,学者们对大学行政化的表现、成因以及"去行政化"的措施与路径进行了初步探讨。其中,有关大学行政化的表现,学术界分析颇多,关注点之一便是大学校长的产生问题。

1. 大学校长应当由教授委员会选举产生

这一观点的提出者就是如上所述的刘道玉先生。2010 年,他在《学习月刊》发表《民主选举校长是大学去行政化的关键》一文指出,大学行政化主要有五个方面的表现:一是给大学和校长定级别;二是按照政府行政领导干部的选任办法任命校长;三是随着大学规模发酵式的膨胀,大学的主要领导人,大多泡在会议上,满足于上传下达,严重脱离群众;四是大学领导者特殊化越来越严重,肆意侵占学校资源;五是大学权力高度集中,大学精神不复存在。进而,刘道玉先生认为大学去行政化,取消大学行政级别和校长级别,延长校长聘期,减少政府对大学的干预,转变领导干部作风都是治标不治本之策,要治本就必须实行民主选举校长,赋予教授委员会有选举和罢免校长的权力[2]。

2. 大学校长应由全体教师或教授选举产生

持这一观点的学者较多,但多散见于有关叙述之中。其理由主要有二:其一,大学在本质上是传承、研究、发展高深知识的学术机构和教育机构,大学之大,大学之高深,主要在于学术之大,学术之高深,大学教师群体是大学学术水平的代表,大学教师或教授民主选举大学校长,最能体现大学的本质和要求;其二,大学校长的产生方式决定大学校长的负责取向。目前,我国大学校长的产生多由上级任命。上级任命的大学校长其权力直接来源于上级,决定了某些校长更多的是对政府负责,对师生员工的负责意识则相对减弱。某些校长甚至认为只要他们不得罪上级领导,官职就可以高枕无忧。这就是为什么在一些大学,教职工几乎无法见到校长、书记,更别说要求校长、书记解决什么实际问题。转变由政府任命大学校长的方式为全体教师或教授民主选举校长,有利于大学内部对校长的民主监督与制约,也体现了大学教师或教授在大学中的重要地位。

3. 大学校长应由教授选举与政府任命结合产生

北京大学光华管理学院卫生经济与管理系副主任刘学认为,大学校长产生的方式,世界范围内主要有学校选举与政府任命结合制,如欧洲国家、日本等;董事会领导下的学校自主遴选制,如美国等;政府任命制,如中国等。大学校长虽然具有某些共同标准,但重要的是,大学校长的选择必须立足于解决大学面临的任务与挑战。立足我国实际,遴选合格的校长,必须注意校内校外相结合:学校的教师、教授,清楚了解学校面临的任务和挑战,对应当选择什么样的校长拥有发言权;政府任命对校长出任的合法性也极其重要[3]。

4. 大学校长应由校内外有关方面组成遴选机构遴选产生

上海师范大学前校长杨德广教授认为,大学管理是一门科学,从业者应有专门的知识和能力。各高校可成立"校长遴选委员会",在校内外、国内外公开招聘[4]。南京农业大学公共管理学院的陈金圣认为,应当由大学利益相关方的代表组成遴选委员会负责遴选,不能仅由政府主导大学校长选拔[5]。

综合比较以上四种看法,笔者比较倾向于第四种意见,其理由主要有两个方面:

一方面,现代大学事涉多方面利益相关者,大学校长遴选要观照多方面利益相关者的权利与要求。利益相关者,原指在企业所处的内外环境中,受企业决策及其行动影响的相关人员或群体。1984年,美国学者R·爱德华·弗里曼出版《战略管理:利益相关者管理的分析方法》一书,明确提出利益相关者管理理论。这一理论认为,任何一个企业的发展都离不开利益相关者的投入或参与,利益相关者或为企业分担经营风险,或为企业经营活动付出代价,或对企业进行监督和制约。与此相应,任何一个企业在追求自身利益的同时,都必须将利益相关者的利益考虑在内。利益相关者理论虽然存在缺陷和不足,但是它在实际中对企业的经营和发展确实具有重要的指导意义。

今天,大学已经从18世纪前"僧侣的村庄"、19世纪"知识分子的城镇",发展为巨型的大都市,不再是相对单纯的学术组织和教育机构,它与众多利益相关者存在直接或间接的关联。大学的利益相关者,内部有学生、教师、管理人员等,外部有政府、企业、校友、社区、家长、贷款者、公众等[6]。大学发展得怎样,不仅直接影响大学自身的利益和前途,而且直接、间接地影响利益相关者的利益与前途。在这样的情况下,大学要健康协调可持续地发展,就必须创新自身的治理体制与机制,构建包含内外部利益相关者在内的共同治理结构,大力拓展利益相关者参与大学治理的渠道,决策的过程和结果中重视利益相关者利益的分析与整合,满足利益相关者的利益关切,实现大学与利益相关者发展共赢。大学校长是大学的灵魂。"好的大学校长才了解什么是'好大学',才可能将大学引领向上;一位够差的大学校长不但对学校发展不利,也能将大学带向持续堕落的境地。"[1]152大学校长的遴选,不只是选出一位大学的最高行政管理者,而是着眼于学校现在和未来的发展需要,选择合适的领航者和实干家,他直接影响大学及各方利益相关者的未来利益。因此,这样的遴选,必须在学校与多方面利益相关者之间充分沟通、相互信任,在遴选目标、遴选标准、遴选程序等方面达成共识,确保遴选出适事的大学校长,绝不能只是满足于校内全体教师民主选举,或是由校内教授会民主选举,根本不考虑多方面利益相关者的利益要求与关切。

另一方面,现代大学是一个具有复杂组织特性的混合体,大学校长遴选必须契合其组织特性的要求。大学主要是以传承和创新高深知识为主的社会组织,但现代大学却具有复杂的组织特性。我国台湾学者林孝信先生从组织学视野对此作过简略分析。他认为,现代大学实际是三种体系的混合物[1]92。一是科层体系。行政部门是如此,学术部门也是如此。校长、院长、系主任,层次分明,其决策和运行类似于政府机构。二是学者体系。"大学本来是一种学者的共和国(Republic of Scholars),一种同僚的社区。学者之间通常通过民主的方式达成共识来进行决策。学者是一种专业人士,依据专业精神(Professionalism)来处理彼此之间的关系。"三是政治体系。大学里存在各种价值观念与利益关系的冲突与对立,不仅包括学者之间关于学术评定、职务升级、资源分配等方面的个人观念、矛盾与冲突,还包括学者与行政人员之间的个人观念、矛盾与冲突[1]92。大学作为一个科层体系,客观上要求大学校长必须熟悉现代组织的运行程序和规则,不仅能够有效地利用这一科层体系推动大学运转和发展,而且还要能够根据自己的治校理念,有效地改进大学的科层体系,使之更有效地服务于大学发展。

显然,大学要有效地选择如此合适的校长,姑且不考虑大学与外部社会的关系,单就大学内部而言,仅仅停留于全体教师或教授民主选举,抑或教授委员会选举也是明显不够的。因为,每一个教师,特别是教授虽然都具有某一方面的学术专长,但是毕竟术业有专攻,尽管在一般意义上,他们能够对被选举者的学术成就和学术眼光作出比较专业的判断,但是由于精力及视野的限制,一般却未必能够同样有效地对被选举者的其他方面作出比较专业的判断,更不要说其中不同的个人还可能有其自身的利益考量,客观上也影响作出比较公正的判断。还应值得注意的是,大学虽然在本质上是大学教师与学生的大学,大学教师或教授是大学的重要主体,但是如上所述,毕竟现代大学的内部组织结构、利益关系极其复杂,在选择与大学发展及有关各方利益攸关的大学校长问题上,只有全体教师或教授的声音,缺失其他方面声音,或者说只有教师享有遴选大学校长的权利,其他有关方面却无权享有,势必会导致其他有关各方的不满,严重者甚至可能使校长遴选无法进行,或者使遴选出的校长工作困难重重,无法施展才能与抱负。这无论对大学,对大学教师或教授,对校内其他有关方面,还是对大学校长自身都是严重的损失。正因为如此,遴选大学校长,比较可行的办法,就校内而言还是应当既有全体教师特别是教授的代表,也应适当包含其他方面的代表,这在本质上也是当代民主政治权利平等的基本要求,更符合我国现阶段不断扩大公民有序政治参与,大力建设和发展协商民主体制机制的需要。

二、借鉴视角的我国大学校长遴选操作

笔者倾向于第四种意见遴选大学校长,但并不是停留于现在第四种意见的一般性层面,毕竟它还仅仅在大的方向上可取,缺乏进一步深入、具体的探讨。事实上,在这方面西方大学及我国香港、台湾地区的大学都有比较丰富的实践和探索经验。特别是美国被公认为是当今世界大学教育最发达、最完善的国家,它的大学校长遴选经验值得我国学习和借鉴。立足这样的思考,下面笔者主要借鉴美国大学校长遴选经验,就我国大学校长遴选的有关问题略述看法。不过,要特别说明的是,在美国,大学校长的遴选方式,不仅私立大学与公立大学不尽相同,各个大学之间也有基于校情不同的区别,但是不管怎样,大体的方式在各校还是基本一致的,值得我们从一般性的层面学习和借鉴。

1. 关于负责遴选大学校长的组织机构

在美国,遴选大学校长是大学董事会最为重要的责任,具体工作由董事会负责,并且最终由董事会决定新的校长人选。我国现阶段仅有少数大学建立有董事会,多数大学尚未建立董事会。针对这种情况,已经建立有董事会的大学,其组织运行比较规范、比较合乎大学本质要求的大学,由校董事会负责遴选,并且最终由董事会决定新的校长人选;没有建立董事会的大学,由校党委负责遴选,并由校党委决定新的校长人选后上报备案(对此,下面将作进一步阐述,此处不再赘言)。原因在于:我国的大学实行的是党委领导下的校长负责制,学校党委统筹考虑学校大政、方针的制定与执行,遴选大学校长自然是其应当统筹考虑的学校大政、方针之一。

2. 关于遴选委员会的组成方式

在美国,大学校长遴选委员会的组成通常有四种方式:一是由校董事会本身组成遴选委员会;二是由学校各单位选出代表,经校董事会批准组成遴选委员会,即单一遴选委员会;三是同时成立两个委员会,即由校董事代表组成的校长遴选委员会和由教师代表组成校长遴选委员会,两个委员会同时同步开展工作,共同完成校长遴选的重要任务。当两个委员会意见出现不一致时,教师遴选委员会应该尊重董事遴选委员会的意见[7]。四是由校董事会委员加上教授、学生及其他代表组成咨询委员会,协助遴选工作。第二种形式最为普遍。我国大学校长遴选在起步阶段,可以借鉴比较简便的第二种形式,然后根据实践情况,再具体考虑是否需要调整以及如何调整。

3. 关于遴选委员会的成员构成

美国大学校长遴选委员会的成员包括学校董事、教授、职员、学生、校友、社区代表。我国大学与美国大学在管理体制上存在重大不同,进而在大学利益相关者方面,既有相同点,也有不同点。从这样的实际出发,我国大学校长遴选委员会的成员,可以考虑由上级党委及政府、教授、职工、学生、校友、社区、行业等方面的代表一起构成。

4. 关于遴选委员会委员的条件

美国大学遴选委员会委员,一般要求其必须符合四方面的条件:①对学校各种计划和问题有深入的了解;②对学校各种事务有广泛的经验;③处理事情时持有一种谨慎的态度和平衡的判断能力;④有尊重、认识和容纳他人不同意见的能力。这些条件都是立足于大学校长遴选工作的本质要求而确定,也是美国大学校长遴选经验的积淀,具有比较纯粹的技术意义,我们可以借鉴和采用,当然也可以视具体情况适当调整。

5. 关于遴选大学校长的条件

"大学校长遴选的目的,归根结底,是要找到适当的人来办好大学。"[1]87所谓适当的人,首先应当是能够带领大学追求学术卓越的人,有相当的学术抱负与眼光;其次应当是具有深刻办学理念及较高个人道德修养的人,能够深刻地影响全校师生,带领大学发展;再次应当具有较强行政能力和沟通能力,具体如美国在20世纪极负盛名的高等教育思想家克拉克·科尔所言:"在美国,人们期望大学校长成为学生的朋友,教职员的同事,校友的可靠伙伴,站在校友们一边的明智稳健的管理者,能干的公众演说家,同基金会和联邦机构打交道的精明的谈判人,同州议会交往的政治家,工业、劳动及农业界的朋友,同捐助人进行交涉的富有辩才的外交家,教育的优胜者,各专门行业(尤其是法律和医学)的支持者,新闻发言人,地道的学者,州和国家的公仆。"[8]这些条件均源于大学的本质和发展实践总结,我国大学遴选校长时可以借鉴和参考。不过,基于我国的社会主义制度,我们的大学校长遴选,如果是国内候选人,在政治上还应当注意高度认同和自觉践行社会主义核心价值观这一重要方面。

6. 关于候选人的遴选方式

在美国,一般有两种选择:一种是有限度寻找,找到一位合适的人选即行停止,避免耗费较多的人力、物力和财力;一种是无限度寻找,一直找到最适合的人选为止。其实,人才各有千秋,对于大学校长的遴选而言,似乎应当是不存在最好的人选,只存在最符合学校发展要求的人选。所谓"最符合",就是最适合学校现实和未来发展的需要,"如果学校百废待兴,就要请一位励精图治的校长;如果安于现状,就请一位善于守成的校长;如果学校考虑裁并紧缩,校长人选的遴选可能又不一样。"[1]120对我国的大学而言,这两种遴选及其相应的思维方式都可以学习和借鉴。

7. 关于向社会告知

美国的大学遴选委员会一成立,接下来的工作便是通过广告、通知、信函等方式向世界各地广征应征者,期望从广阔的社会范围内吸引到符合学校要求的候选人。这种做法借得我们借鉴。以往我们的大学校长多是上级党委从相应系统内遴选,视野比较狭窄,为适应当代高等教育国际化发展的大趋势,有必要进一步解放思想,开阔思路,更多地尝试从全国范围,或者全世界范围遴选和招聘合适的大学校长。

8. 关于应聘人的筛选与考察

在美国,遴选委员会收到应聘人的材料后,要依据大学校长的遴选条件仔细筛选,一般需要经过三个阶段,最终筛选出一个 3~5 人的名单,送交校董事会,经校董事会审查后,进入实际考察阶段。这一阶段一般包括:初步面谈,具体可由遴选委员会派人去应征人所在地进行,也可以到第三地点进行,但多数是在本校进行,由学校报销来校面谈候选人的路费。初步面谈结束后,遴选委员会会对面谈者再次进行筛选,确定候选人并邀请其到学校做公开访问。校园访问结束后,遴选委员会要详细收集与候选人见过面的人或团体的意见,收集完毕,对各个候选人的多方面能力再做进一步比较、分析,形成中意候选人名单,同时再次与中意候选人联络,询问其是否确实有来校任职的意向,得到肯定答复后,向校董事会提供相应候选人名单。其中,还涉及择优推荐一人还是几人的选择,如果推荐几人则涉及是否需要进行优先排序的问题。每种方法各有长处与不足,具体需要根据实际情况协商确定。如上方法都是纯技术性的,并且都是实践经验的总结,对我国而言同样可以学习和借鉴。

9. 关于向上级党委和政府报批

这一程序在美国的大学校长遴选中是不存在的,只需要校董事会决定即可。我国由于管理体制不同,校董事会或校党委会在遴选基础上最终确定的校长人选还必须报上级党委和政府批准。不仅如此,而且为使报批工作顺利,不至出现意外,甚至使相应的大学校长遴选工作功亏一篑,大学党委一定要事先与上级党委和政府部门充分沟通,以建立一个上级党委、政府和学校党委或董事会都满意的校长遴选委员会。同时,遴选委员会在工作中一定要协调好上级党委、政府部门的代表与其他方面代表的关系,并通过上级党委、政府的代表及时与上级党委和政府进行沟通,使上级党委和政府及时了解学校校长遴选工作的进展,并在必要时帮助遴选委员会解决一些意想不到的困难。

最后,还需要特别强调三个问题:第一个问题是大学校长遴选,公开发广告、通知和信函等吸引人才前来应聘是必要的,但是要切实保证遴选到希望的人选,往往还需要遴选委员会主动上门求才。在美国和我国香港及台湾地区的大学校长遴选过程中,通常都存在"勉强的候选人"情况[1],这类候选人本身已经有满意的工作,取得了一定的工作成就,一般不会主动前来应聘大学校长,但是这样的人往往最有可能成为大学新校长的人选,因此遴选委员会应特别注意通过多方面渠道物色这样的合适人才,并且诚恳地"三顾茅庐"邀请他们前来"申请"。这样的情况在国内大学校长遴选过程中同样可能碰到。因此,我们的大学校长遴选委员会也应该有明确的"两手抓"意识:一手抓公开发信函、通知和广告,吸引有兴趣者前来应聘;一手抓"勉强的"或潜在的候选人应聘,以保证遴选出最符合大学发展需要的校长。第二个问题是根据美国、我国香港及台湾地区大学校长遴选经验,遴选委员会在遴选大学校长过程中的所有环节都必须注意保守秘密,防止应聘人的任何资料及遴选过程中的任何信息外泄①,以避免给应聘人带来不必要的压力,甚至于导致其放弃应聘,也为遴选委员会省去可能出现的各种麻烦,保证遴选工作顺利进行。遴选工作完毕后,所有资料都应整理归档,交给有关部门专门保管。第三个问题是大学校长遴选需要照顾利益相关者的利益关切,校长遴选委员会的构成需要有各利益相关方的代表,但是大学校长最为直接的服务对象是校内师生员工,因此遴选委员会工作过程中不仅要注意征询校外有关方面的意见,而且要特别注意通过各种可能的形式和渠道,广泛征询校内师生员工的意见,倾听他们的心声,这样的过程实际上也是把大学校长遴选的过程作为一个为新任校长建立合法认同的过程[7]。

　　总之,大学校长遴选是一项极其细致的工作,从成立遴选委员会,到遴选委员会正式开展工作,直到成功遴选出合适的大学校长,所有环节都需要精心准备,用心操作。细节决定成败,在这里尤为适用。

三、现实视角的我国大学校长遴选策略

　　上述关于我国大学校长产生方式的阐述是基于借鉴意义的考虑,虽然符合高等教育发展的本质与规律,但在我国现阶段,尚不可能较大规模的推行。我国大学校长选拔采用的是与党政领导干部同样的方式:先由上级党委根据党政干部选

---

①　值得说明的是,在美国很多公立大学校长遴选采取与私立大学同样的方式,但也有些州,如密歇根州实行《阳光法案》,校长遴选的全过程都要公开并且公布,结果很多优秀的候选人因为不愿意曝光而退出遴选,以至于给大学校长遴选带来许多负面影响。见熊万曦:《大学校长选拔:美国顶尖大学的经验——哈佛大学前校长德里克·博克专访》,《现代大学教育》,2013(5):18-22。

拔任用条件提名,组织部门考察,党委会讨论、确定,然后任命。近年来,随着这种方式在高等教育发展过程中种种弊端的暴露,国家、教育主管部门、高校逐渐意识到改革、创新的必要性,开始了相应的研究与探索,大学校长由传统的上级任命向公开遴选的可能性已经出现,但仍然存在诸多难题,尤其需要循序渐进的策略来推进。

(一)我国大学校长公开遴选的可能性

1. 学术界的研究、探索以及理论与经验引介正积极进行,相应理念在逐步传播和确立

具体有钟秉林教授领衔的中组部委托重大课题"世界一流大学崛起特征和校长管理机制国际化比较研究",教育部组织开展的"完善中国特色现代大学制度进程中的大学校长管理专业化研究"。熊万曦等人对欧洲国家、美国、日本以及我国香港和台湾地区著名大学校长的遴选模式、标准、程序等进行了专门研究。刘道玉、杨德广、陈金圣、刘学、张燚诸多学者从不同角度,对我国大学校长遴选的必要性、重要意义等进行了若干探讨。我国台湾学者黄俊杰教授在主编的《大学校长遴选:理念与实务》一书中,对深刻影响大学风格的大学校长的遴选方式、遴选制度和遴选经验等方面进行了深入探讨,并旁涉了德国与其他欧洲国家以及中国台湾、香港等地区的大学校长遴选的得失经验。这对目前中国大陆高等教育改革和发展有一定的启迪意义。

2. 实践方面正在积极探索

为了解、学习发达国家大学校长遴选经验,教育部多次组织国内高水平大学的校长赴国外调查、研究、学习,还着力推行国内高水平大学校长国外培训工作,由国家教育行政学院组织实施"高校领导赴海外培训项目",每年大约120人[9]。在前期探索的基础上,我国大学校长遴选也正式试水,2009 年南方科技大学校长遴选开我国大学校长遴选之先河,2011 年后,教育部两次组织直属高校校长遴选,取得了一些有益的经验,如坚持以学术性为主进行遴选,组织涵盖多方面领导、专家为主的遴选阵容,倾听多方面人士意见等。尽管在遴选理念、标准、过程方面也存在许多不足,但它们毕竟是我国大学校长遴选的本土实践获得的第一手重要经验。

3. 国家层面有关的政策规定已经明确

中共中央、国务院 2010 年颁布的《国家中长期教育改革和发展规划纲要(2010 – 2020 年)》明确指出:"要推进政校分开、管办分离,克服行政化倾向,取消实际存在的行政级别和行政化管理模式。要建设现代大学制度,完善大学校长选拔任用办法。"所谓"完善大学校长选拔任用办法",自然涵盖可以进行大学校长的

公开遴选之意。

（二）我国大学校长公开遴选面临的难题

1. 相应的法律依据仍然不足

《中华人民共和国高等教育法》作为我国高等教育的大法,虽然第四十条规定"高等学校的校长、副校长按照国家有关规定任免",但是这个规定并不能视为我国大学校长如何借鉴国外大学校长遴选经验进行遴选的规定。2011年7月,教育部通过的《高等学校章程制定暂行办法》虽然明确规定大学章程"应当按照高等教育法的规定,载明学校负责人的产生与任命机制",但是这个规定只是对《高等教育法》有关条款的贯彻,而不是对我国大学校长应当如何借鉴国外大学校长遴选经验,结合自身实际进行合理遴选的规定。《国家中长期教育改革和发展规划纲要(2010 – 2020年)》明确提出,高校应当去行政化,建设现代大学制度,完善大学校长选拔任用办法。但这只是一个重要政策,尚未上升到法律层面,不具有充分的法律效力,其作用和影响力都很有限。相应法律依据不足,无疑将严重制约我国大学校长遴选的实践探索。

2. 理论滞后与利益制约

如上所述,我国大学校长的产生一直沿用党政领导干部的选拔任用方式,上级党委确定初步人选后考察、商议、确定,进而对符合条件者予以任命,其理论和法理依据在于党管干部。虽然说党管干部的具体方式,进入改革开放和现代化建设新时期以来一直在探索,但在产生大学校长问题上,党管干部究竟该采取怎样合理的方式,却迄今未有明显的突破。理论是实践的先导,理论的滞后自然会严重制约我国大学校长遴选机制改革的实践探索和推进。同时,传统的大学校长产生模式,某些时候,某些地区也为上级党委的干部安排提供了方便。然而,将大学校长产生转变为立足高等教育本质要求和具体高校实际公开遴选,意味着上级党委直接向高校安排干部的传统方式将不再继续适用,这实际是对上级党委干部安排权力的重要改革,直接涉及上级党委、政府及部分干部的切身利益,其思想、认识转变可能需要一个较长的过程。

3. 我国大学教师的学术意识、敬业意识、主人翁意识较弱

我国进入改革开放和现代化建设新时期以来,高等教育获得了快速发展,但是由于受市场经济趋利性的冲击以及大学行政权力强势、学术权力式微等方面复杂因素的影响,大学教职工特别是教师群体中学术意识、敬业意识、主人公意识淡化也成为不争的事实,在不少高校还表现得相当突出。这种状况严重减弱了大学师生员工,特别是教师群体对于大学校长如何产生的关心,客观上成为公开民主遴选大学校长的又一重要制约因素。

（三）我国大学校长遴选产生的实践策略

面对以上正在出现的可能性以及依然存在的困难,我国大学校长遴选的实践探索只能采取循序渐进、走一步看一步、"摸着石头过河"的策略,绝不可一下子全面铺开,毕其功于一役。具体而言有五个方面:

1. 要继续加大大学校长遴选的研究和宣传,进一步在高等教育研究和实践领域普及相关理念,增强相关意识,提高相应的自觉性。

2. 要继续选拔国家和地方层面的教育领导、教育部直属高校领导、地方高校领导赴海外高校培训、考察,创新理念,开阔眼界,转换思维,学习方法,进一步提升完善我国大学校长遴选机制的自觉性和主动性。

3. 要继续开展大学校长遴选实践,总结经验,摸索前进。"一步实际行动比一打纲领更重要"[10]296在这里同样适用。具体可以考虑在教育部直属高校和地方高校两个层次分别进行。教育部直属高校校长遴选可由中组部、教育部、高校、行业等有关方面人士组成遴选委员会,地方高校校长遴选可以考虑由地方党委组织部门及教育工委、教育厅（局）、高校、行业等方面有关人士组成遴选委员会,在借鉴国外大学校长遴选和总结我国实践,明确遴选理念、遴选目标、遴选标准、遴选程序等有关问题的基础上,挑选有代表性的高校扎扎实实地进行,每一次遴选完毕都进行深入的研究和总结,肯定经验,汲取教训,逐步提升我国大学校长遴选经验的理性化程度,为推进国家层面出台有关大学校长遴选的明确法律规范提供充足的理论前提和实践借鉴,塑造相应的环境氛围。

4. 要按照建设现代大学制度的要求,进一步完善高校内部治理体系。如进一步加强党委领导下的校长负责制,真正实现党委领导、校长负责、教授治学、民主管理,理顺校内行政权力与学术权力的关系,增强校内各群体的民主治理意识;切实贯彻我党关于尊重知识、尊重人才、尊重劳动、尊重创造的精神,加强大学学术文化建设和学术委员会等学术组织建设,增强大学学人的学术文化意识和治理意识;针对市场经济等复杂因素对高校的消极影响,加强学校的凝聚力建设,激发全体师生的爱校、强校意识和主人翁精神等。所有这些都是完善我国大学校长遴选机制的重要基础性工作。大学,本质上是全体师生的大学,只有全体师生有强烈的学术意识、民主意识、主人翁意识,也只有大学的各种学术组织都能够有序运转,切实体现大学的学术功能,大学师生才会真正从实践中体会到他们究竟需要怎样的校长以及以什么理念和标准去选择校长,从而在大学校长遴选过程中实现真正有效的参与。

由党和政府、大学和社会多方合作遴选大学校长,既是大学的本质要求,也是现代社会发展所要求,更有发达国家大学校长遴选的经验为借鉴,进入 21 世纪以来,国内关于大学校长遴选的研究逐渐增多,实践初步开启,国家层面的意识开始呈现,但现实中也仍然存在不少困难,需要进一步深入研究、探索和局部性实践,绝不可一下全面铺开,毕其功于一役。

参考文献:

[1]黄俊杰. 大学校长遴选理念与实务[M]. 北京:北京大学出版社,2006.

[2]刘道玉. 民主选举校长是大学去行政化的关键[J]. 学习月刊,2010(6):17－18.

[3]陈金圣. 用人制度改革:高校去行政化的切入点[J]. 教育发展研究,2011(11):1－5.

[4]杨德广. 关于高校"去行政化"的思考[J]. 教育发展研究,2009(9):19－24.

[5]刘学. 大学体制与大学校长[J]. 群言,2010(1):10－11.

[6]张燚,刘进平,张锐. 高校利益相关者的边界与属性识别[J]. 高教发展与评估,2013(2):1－10.

[7]熊万曦. 世界一流大学校长遴选过程研究——以2004年麻省理工学院校长遴选为例[J]. 现代大学教育,2014(1):63－68.

[8]张宗益. 从参与全球公选的视角谈大学校长的职责与素质[J]. 中国高等教育,2012(19):22－24.

[9]樊小杰. 我国大学校长遴选机制改革的现实选择[J]. 江苏高教,2015(1):33－36.

[10]中共中央马克思恩格斯列宁斯大林著作编译局. 马克思恩格斯选集(第三卷)[M]. 北京:人民出版社,1995.

05

|"双一流"建设问题|

建设世界一流大学、一流学科是党和政府关于我国大学发展的一项重大决策,其根本价值目的在于高等教育强国,根本立足点是国家战略需求,一流专业建设则是"双一流"建设极为重要的内蕴。"双一流"建设进程中必须对这三个重要问题有深入的认识和把握。

统筹推进"世界一流学科"建设是"世界一流大学"建设的重要基础。总结以往的经验和教训,扎实打好这样的基础特别需要预防四大认识误区:"世界一流学科"建设就是要大力提高科学研究的水平;"世界一流学科"建设就是要全面提升履行大学基本功能的水平;"世界一流学科"建设就是要大量增加各类学术头衔的人才;"世界一流学科"建设就是要全力达到有关一流建设指标的要求。

关于"双一流"建设的三个重要问题思考

　　2015 年 8 月 8 日,党中央全面深化改革领导小组第 15 次会议审议通过《统筹推进世界一流大学和一流学科建设总体方案》(下简称《方案》),[1]决定统筹推进建设世界一流大学和一流学科,推动我国实现从高等教育大国向高等教育强国的历史性转变。高等教育界积极回应,讨论热烈,相应研究立即展开。本文试就其中的三个重要问题略述思考。

一、高等教育强国:"双一流"建设的根本价值目的

　　高等教育强国这一概念,可以有两种理解,一种是高等教育的强国;一种是通过建设强大的高等教育为国家发展、强大提供重要支撑和动力。两种理解有区别也有联系,联系主要反映在强大的高等教育是推动国家发展、强大的重要支撑和动力。本文侧重于第二种理解,兼顾第一种理解。高等教育能够为国家发展、强大提供重要支撑和动力,根本原因有二:一方面,从"结构——功能"的视角来审视,国家是一个有机体,有机体上的各个部分均承担着整体赋予的特殊功能和要求,在有机体的运行和发展中居于重要地位,发挥着特殊的重要作用。高等教育作为国家有机体的重要组成部分,承担着国家赋予的重要任务和职责,理所当然地应当以自己的发展、强大为国家的发展和强大服务;另一方面是高等教育的本质功能所必然,人才培养、科学研究、社会服务是高等教育在长期发展过程中逐步呈现的三项基本功能,其中,任何一项功能都无不因国家需要而产生,也无不因国家需要而发展。人才培养是大学的根本功能,也是国家发展支撑的根本所系,科学研究是大学的重要功能,又是国家发展的重要"加速器",社会服务是大学的重要功能,更是直接为经济社会发展提供帮助。正因为大学对国家发展如此重要,哈佛大学前校长洛韦尔曾深刻地指出:"大学的存在时间超过了任何形式的政府,任何传统、法律的变革和科学思想"。"在人类的种种创造中,没有任何东西比大学更经受得住漫长的吞没一切的时间历程的考验。"[2]27

　　强大的高等教育能够推动国家发展和强大,早已为西方国家发展所证实。有

学者研究指出,人类社会自近代以来,科学活动加速,"科学活动中心"不断转移,至于转移的次数,有的学者认为有四次,有的认为有五次,不管这样的转移有几次,审视世界"科学活动中心"的转移都不难发现,其背后均以强大的高等教育为支撑,如意大利成为世界近代史上第一个世界科学活动中心,背后的支撑正是源于中世纪的大学勃兴,德国成为 19 世纪初至 20 世纪初的世界科学活动中心,背后的支撑正是源于洪堡改革柏林大学所带来的德国高等教育的高质量发展。正是由于近代以来高等教育对国家发展的贡献越来越大,早在 19 世纪中叶,西方就有学者明确指出大学已经成为人类社会发展的"动力站",或"加油站"。今天,大学的"动力站"或"加油站"作用更为突出,"知识的保存、传授、应用和创新,文明的传承和进步,人才的发掘与培育,科学发现与支持更新,无一不以高等教育为基础和平台"。[3]

高等教育强国是我国近代以来的百年追求。中国自 1840 年鸦片战争失败,逐步沦为半殖民地半封建社会深渊,外无主权,内无民主,国家衰败,列强欺凌,水深火热,暗无天日。为拯救中华民族,实现国家富强,人民富裕,无数仁人志士先后尝试过实业救国、变法维新等多种方式,最后把眼光聚焦于办教育,启民智,引进西方高等教育,一批受过西方高等教育的学者承担起按照西方高等教育模式发展中国高等教育的重任。中国共产党在革命战争年代极其艰难困苦的条件下,同样进行过创办高等教育的尝试,为革命和解放区建设培养亟须的高级人才。新中国成立,为我国高等教育发展提供了坚实的制度基础,在中国共产党领导下,中国政府对包括高等教育在内的教育系统进行革命性改造,其中在高等教育方面,汲取苏联经验,进行院校重组,减少综合型高校,发展行业型高校,为国家的各方面现代化建设提供大量的专业人才和技术支撑。十年"文革"虽然使我国的教育,包括高等教育遭到严重破坏,但"文革"结束仅一年,在邓小平的领导和支持下,国家便重新恢复高考制度,通过考试择优录取德才兼备的人才进大学,将我国高等教育发展重新转入正规。

进入改革开放和现代化建设新时期以来,党和国家一直致力于加快高等教育发展,将教育置于优先发展的战略地位,提出和实施"科教兴国"战略,20 世纪 90年代中期以来,党和政府开始实施"211"工程和"985"工程以及"优势学科创新平台"和"特色重点学科项目"建设,使一批重点高校和重点学科的实力与水平得到明显提升,进而带动了我国高等教育整体实力和水平提升,为经济社会持续健康发展作出了重要贡献。但是,必须看到,我国的高等教育水平与世界一流水平整体上还有较大差距,我国高等教育对国家发展和强大的贡献与世界一流水平还有较大差距,与我国实行创新驱动发展战略,实现"两个一百年"奋斗目标和中华民族伟大复兴的中国梦还有较大差距。在这样的背景下,党和政府推出"双一流"建设,直接目的固然在于加强资源整合,创新高等教育领域重点建设的实施方式,有效解决"211"工程、"985"工程、优势学科创新平台建设、特色重点学科项目建设方面存在的身份固化、竞争缺失、重复交叉等问题,提升我国高等教育整体实力和水平,根本的价值目的则是在已经取得成就的基础上,进一步提升我国高等教育的综合实力和国际竞争力,进而为我国实施创新驱动发展战略,实现"两个一百年"奋斗目标和中华民族伟大复兴的中国梦提供强有力的人才支撑和科学技术支撑。高等教育界特别是具有实力建设世界一流大学、一流学科的大学,一定要对这一问题有高度的理性认知和行为自觉。

二、国家战略需求:"双一流"建设的根本立足点

战略,原本为军事学术语,指有关战争全局的谋划,包括战争的性质、战争的目标、战争的发展方向、进程、特点以及所需资源与保证等。在西方,"strategy"一词,源于希腊语"strategos",意为军事将领、地方行政长官,后来演变成军事术语,指军事将领指挥军队作战的谋略。在中国,战略一词历史久远,远在春秋时代的《孙子兵法》,被认为是中国最早对战争进行全局筹划的著作。战略具有宏观性、全局性、长远性、发展性、预测性等特点。战略的正确与否从根本上影响和制约战争的胜败。战略一词引申到经济社会领域,是指关于经济社会发展全局的重大谋划。国家战略是一国战略体系中居于最高层次的战略,不同国家对于国家战略的定义各不相同,但是它们的基本涵义都是国家根据一定历史时期国内外发展状况和趋势所确定的总体发展目标、发展任务和政策。所谓国家战略需求,就是为达成一定时期的国家发展总目标,完成国家发展总任务,实施国家发展总政策必须满足的重大要求和条件。当下,我国党和政府推出高等教育"双一流"建设方案,其鲜明目的就是为实现当下至 21 世纪中叶的战略目标服务。与此相应,"双一流"建设必须积极、主动地立足国家战略需求而展开。按照弗莱克斯纳的观点,大学不能简单地迎合时尚,但必须满足经济社会发展的长远要求,以自己的实力和声望对科学和重大而紧迫的问题进行研究,对相应的社会政策产生影响,否则脱离社会,孤芳自赏,社会在发展,大学却拒绝因势而变,势必无法维持持久的繁荣。对此,我国大学在争创"双一流"建设中同样必须深刻地认识,自觉地践行。

自 1978 年底党的十一届三中全会将党的工作重点转移到经济建设上为标志,我国的改革开放和现代化建设按照邓小平设计、党中央确定的"温饱——小康——基本实现现代化"的"三步走"发展战略以及 1995 年《中共中央关于制定国民经济和社会发展"九五"计划和 2010 年远景目标的建议》提出的新"新三步走"

发展战略:"小康社会更加充裕——全面建成小康社会——基本实现现代化",先后完成了温饱、整体小康及小康生活更加充裕阶段的战略任务,进入到全面建成小康社会的现代化发展新阶段,社会生产力快速发展,综合国力明显增强,人民生活水平和质量明显改善,国际地位明显提升,这是举世瞩目的伟大成就。当下,我国的经济社会发展特别是经济发展正处于一个重要的转折期,即从连续十多年的高速增长转向中高速增长;经济结构从低端向中高端不断优化升级,第三产业消费需求逐步成为主体;发展驱动从要素驱动、投资驱动转向创新驱动。[4]这是一个面临国内外种种复杂情况的新阶段,也是面临一系列发展中问题的新阶段,更是一个向更高层次跃升的新阶段。适应我国经济发展新常态,整体提升我国经济进而整个经济社会发展的水平和质量,党的十八届五中全会作出的《关于制定国民经济和社会发展第十三个五年规划的建议》明确提出了"创新、协调、绿色、开放、共享"五大发展理念,[5]这五大发展理念既是我国改革开放和现代化发展经验教训的深刻总结,又汲取了当代世界发展理论的精华,不仅是未来五年我国国民经济和社会发展必须遵循的重大理念,也是我国在改革开放和现代化建设新阶段进一步发展的重大理念,高等教育领域的"双一流"建设,作为与我国全面建成小康社会和21世纪中叶基本实现现代化同步推进的重大战略,可以有诸多路径选择,但是最为根本的却是深刻把握我国现代化发展新阶段的战略需求,与国家现代化建设同步推进,贡献服务。在这样的意义上,无论是具有较强综合实力的大学建设世界一流大学,还是具有较强学科实力的大学建设世界一流学科,都应特别注意把握如下重要领域,适应国家发展的战略需要:

一是,电子信息。电子信息几乎渗透现代产业的方方面面,成为现代产业发展、升级的强大技术支撑,当代世界各国之间发展差距快速拉大,一些国家被快速边缘化,最主要因素也是电子信息化水平发展的程度差别。为了加快我国电子信息化发展,李克强总理在2015年政府工作报告中提出,要"制定'互联网+'行动计划,推动移动互联网、云计算、大数据、物联网等与现代制造业结合,促进电子商务、工业互联网和互联网金融健康发展"。[6]在浙江乌镇"互联网之光"大会上,习近平总书记又进一步提出我国要实施"互联网+"战略、网络空间安全战略等。其中,"互联网+"行动计划将重点促进以云计算、物联网、大数据为代表的新一代信息技术与现代制造业、生产性服务业等融合创新,发展壮大新兴业态,打造新的产业增长点,为大众创业、万众创新提供环境,为产业智能化提供支撑,增强新的经济发展动力,促进国民经济提质增效。对此,无论是申报世界一流大学建设,还是世界一流学科建设,在这一领域有突出学科优势的高校,特别是电子信息类行业特色高校,尤其应当抓住时机,瞄准世界前沿科技问题,立足国家战略需求,建设队伍,深入研究,培育人才,在强劲发展自己的同时,为国家的电子信息化进一步发展作出更大的贡献。

二是,现代制造。制造业是一个国家产业的基础和支撑,电子信息只有与高水平的现代制造业结合才会发挥出巨大优势。一个现代化国家首先是装备制造业现代化的国家。制造业与电子信息相互融合,发展新质态的制造业,是当今世界制造业发展的主流趋势,也是我国现代化建设极为重要的任务。为进一步提升我国现代制造业发展水平,国家在2015年推出了《中国制造2025规划》,布局十大重点领域和五项重点工程。十大重要领域是:新一代信息通信技术产业、高档数控机床和机器人、航空航天装备、海洋工程装备及高技术船舶、轨道交通装备、节能与新能源汽车、电力装备、新材料、生物医药及高性能医疗器械、农业机械装备。五项重点工程是:国家制造业创新中心建设、智能制造、工业强基、绿色制造、高端装备创新。在这一领域具有突出优势地位的高校,紧紧抓住"双一流"建设机会,密切把握世界先进制造的前沿加强研究,进一步拓展学科发展方向,着力解决国家现代制造业的重大理论与实践问题,是契合我国现代化发展战略的迫切之需。

三是,粮食安全。中国是一个人口大国,人口占世界总人口的五分之一。民以食为天,我国的可耕地十分有限,粮食安全问题始终是影响我国可持续发展的重大问题。粮食生产稳定,经济社会发展就稳定,粮食生产出现问题,经济社会发展就会面临巨大灾难。正因为如此,粮食安全一直是党和国家高度重视的战略问题。就粮食品种而言,我国主要是水稻、小麦、玉米和土豆。如何使这些粮食作物耕种的适应面更广,产量更高,质量更优,一直是我国农业领域持续研究和解决的重大问题。"双一流"建设中,在这一领域有突出优势的高校或学科,如何从我国实际出发,进一步研究、解决我国粮食生产的重大科学问题和实践问题,有效提升我国的粮食产量和质量,确保我国的粮食安全,无疑是极富价值的战略选择。

四是,生态环保。人是自然的产物,良好的生态环境是人类繁衍、生存和发展的必要前提。人类发展需要金山银山,更需要绿水青山。自进入改革开放和现代化建设新时期以来,我国经济建设高速发展的同时,由于种种复杂原因,生态环境也遭到严重破坏,地矿资源被破坏性采掘,一些重要动植物种消失,土地沙漠化、石漠化严重,江河湖海污染,酸雨面积区扩大,雾霾现象加重。为有效治理生态问题,还人类以良好的生态家园,继党的十八大、十八届三中、四中全会对生态文明建设作出顶层设计之后,2015年3月24日,中共中央政治局召开会议,又审议通过《关于加快推进生态文明建设的意见》,明确提出"把生态文明建设放在突出的战略位置",[7]强调坚持"绿色发展、循环发展、低碳发展",[1]构建科技含量高、资源消耗低、环境污染少的产业结构,大力发展绿色产业,培育新的经济增长点。国家的这一重要战略需要,同样是"双一流"建设必须高度重视的战略立足点。

五是高水平智库建设。当代世界科学技术迅猛发展,各种社会现象纷纭复杂,国家层面做出任何重大决策都不仅需要决策集体具备高瞻远瞩的战略眼光,对复杂事务的科学分析能力和驾驭能力,而且特别需要有高水平的智库作为"外脑",提供多方面的情报分析和问题判断。我国的高校智库建设总体比较落后,近年来取得了不小成绩,对党和国家的宏观决策发挥了积极作用,但与发达国家大学智库相比,确实还处于初级阶段。当下,我国步入改革开放和现代化建设新时期,改革向纵深发展,经济发展进入新常态,社会层面诸多矛盾并存,所处国际局势错综复杂等,对党和国家的宏观战略决策提出了更高要求,也对我国的高水平智库建设提出了更高要求。大学是自然科学、社会科学研究的文化高地,具有开展交叉学科研究,成为高水平智库的天然优势,因此在这方面具有突出优势的大学尤其应当争建一流。

三、一流专业建设:"双一流"建设应特别关注的重要意蕴

"双一流"建设表层看就是建设世界一流大学、一流学科,但是从高等教育的本质及"双一流"建设的内在要求来审视,还蕴涵一项十分重要的建设:一流专业建设,值得特别关注。

第一,从"双一流"建设的重点任务看,一流专业建设是其题中重要之意。党中央深化改革领导小组批准的《方案》,围绕"中国特色、世界一流"提出的"双一流"建设任务,一共有五项:一是建设一流师资队伍。强化高层次人才的支撑和引领作用,加快培养和引进一批一流科学家、学科领军人物和创新团队,培养造就一支优秀教师队伍。二是培养拔尖创新人才。突出人才培养的核心地位,着力培养具有国家使命感和社会责任心,富有创新精神和实践能力的各类创新型、应用型、复合型优秀人才。三是提升科学研究水平。以国家重大需求为导向,提升高水平科学研究能力,着力提升解决重大问题和原始创新的能力,推进科研组织模式创新,打造具有中国特色和世界影响的新型高校智库。四是传承创新优秀文化。加强大学文化建设,把社会主义核心价值观融入教育教学全过程,发挥中华优秀传统文化的教化育人作用。五是着力推进成果转化。深化产教融合,着力提高高校对产业转型升级的贡献率,推动重大科学创新、关键技术突破转变为先进生产力,增强高校创新资源对经济社会发展的驱动力。五项任务中,拔尖创新人才培养置于第二位,具体是培养具有国家使命感和社会责任心,富有创新精神和实践能力的各类创新型、应用型、复合型优秀人才。这样的人才既是指博士、硕士层次的人

才,更是指大量的本科人才,并且在人才培养规律上,本科层次居于最为基础的层次,本科人才培养质量高,不仅硕士、博士层次人才培养质量有了根本前提,而且国家的经济社会建设有了高质量的基础人才保证;反之不仅硕士、博士人才培养量缺乏坚实基础,而且严重影响国家经济社会的基础人才质量。正是在这一意义上,"双一流"建设固然强调的是建设世界一流大学、一流学科,但却内在地蕴涵一流本科专业建设。

第二,从我国改革开放以来高等教育发展经验看,一流专业建设是"双一流"建设姓"学"的根本保证。以党的十一届三中全会为标志,我国高等教育同样进入改革开放和现代化建设的快速发展期,综合实力得到稳步提升,特别是国家实施科教兴国发展战略、"211"、"985"工程建设和"2011"协同创新计划,更进一步增强了我国重点高校的整体实力,高等教育对经济社会发展的贡献率越来越大,但必须正视的是,这一过程中我国高校人才培养和科学研究的关系也逐渐发生错位,甚至是严重错位,科学研究成为高校追求的硬指标,科研经费、科研获奖、承担国家重大科研项目等成为高校热衷追捧的标志性成果,人才培养、教学工作事实上成为软指标,结果是导致了学生、家长、社会对高校教育质量普遍不满,引起了党和政府高度重视。教育部作为全国教育工作的主管部门不得不实施高等学校本科教育质量工程,希望通过一系列政策措施落实高校人才培养工作的中心地位,但是效果却不甚理想,一些政策措施被扭曲或淡化。总结其中的原因,与思想上未能切实把握大学三项基本功能的关系,真正认识大学的本质姓"学"有很大关系。汲取这样的经验教训,"双一流"建设务须高度重视人才培养的中心地位,所有建设工作都必须落实到这一服务国家长远发展,民族振兴的根本目标上。其中,特别应当特别重视本科层次人才,着力建设一流本科专业,这是大学姓"学"的最为突出标志和最为根本的保证,也是办人民满意的教育的最根本要求。

第三,从国外高等教育经验看,但凡世界一流高校无不是高度注重一流本科专业建设的高校。专业并非是欧美高校的词汇,据《教育大辞典》解释,它是中国、苏联等国高等学校培养学生的各个专门领域,大体与《国际教育标准分类》的课程计划(program),或者美国的课程主修(major)相应。这样的培养专门领域,无论是称为专业,还是称为课程计划、课程主修,本质上都是本科学生培养的平台或载体,它以某一学科为主体,以其他若干学科为支撑而建设,目的是适应经济社会某一领域或者某一方面的需要。提起世界一流大学,对于哈佛大学、耶鲁大学、麻省理工学院、剑桥大学、牛津大学,恐怕不会有任何争议,但是这些大学无一不高度重视本科人才培养,迄今为止,确实未见它们提一流大学、一流学科、一流专业的目标或概念,但它们却是实实在在的一流大学、一流学科和一流专业。这些大学高度重视本科通识教育,致力于学生的全面发展和拔尖创新能力培养;它们坚持教书比天大,教学第一;它们对学生学习要求极为严格,各个环节紧紧相扣,着力培养自学能力、创新意识及实践能力;它们十分注重小班教学,为学生与教授之间进行充分沟通提供充分的条件和机会。正因为如此,它们因而得以成为各国莘莘学子魂牵梦萦的学术殿堂。他山之石,可以攻玉。我国实施"双一流"建设,要靠自己的努力,更需要虚心学习世界一流大学经验,高度重视本科专业,着力建设世界一流的本科专业。

一流专业建设是我国高等教育领域"双一流"建设的重要意蕴,充分认识这一重要意蕴,并落实于现实,关键是要坚持一流专业与"双一流"同步考虑、同步建设、同步检查和考核。所谓同步考虑,就是"双一流"申报评审必须考虑相应的一流专业建设,有相应的建设思路与措施;所谓同步建设,就是将一流专业建设与世界一流大学或一流学科建设视为一个整体,从师资建设到软硬件资源等都要保证相应专业建设同步受益。所谓同步检查与考核,就是在五年一个周期完毕,无论是世界一流大学建设,还是世界一流学科建设,成果总结都必须包括相应专业建设在内,政府委托的第三方评审也必须根据预期指标对相应专业建设进行严格评审,只有一流大学或一流学科与一流专业建设同时审查合格才是真正的合格,方可有资格进入下一个建设周期。

参考文献:

[1]国务院.统筹推进世界一流大学和一流学科建设总体方案[OB/OL]. http://www. gov. cn/zhengce/content/2015 – 11/05/content_10269. htm.

[2]约翰.布鲁贝克.高等教育哲学[M].王承绪等译.杭州:浙江教育出版社,1987.

[3]邬大光,赵婷婷,李枭鹰,梁燕玲,李国强.高等教育强国的内涵、本质与基本特征[J].中国高教研究,2010(1):4–10.

[4]人民网.习近平提出中国经济新常态的3个特点及4个机遇[OB/OL]. http://politics. people. com. cn/n/2014/1109/c1024 – 25998809. html

[5]中共中央关于制定国民经济和社会发展第十三个五年规划的建议[N].光明日报,2015 – 11 – 04(1).

[6]李克强.政府工作报告——二〇一五年三月五日在第十二届全国人民代表大会上[N].光明日报,2015 – 03 – 17(1).

[7]中共中央国务院善于加快推进生态文明建设的意见[N].光明日报,2015 – 05 – 06(1 – 2).

"世界一流学科"建设须预防四大误区

当下,随着国务院颁发《统筹推进世界一流大学和一流学科建设总体方案》,"世界一流大学"、"世界一流学科"建设逐渐成为我国高教研究和实践探讨的重要主题,汲取"211"、"985"工程建设的经验和教训,这里笔者仅就"世界一流学科"建设可能出现的四大误区及其预防略述看法。

误区之一:"世界一流学科"建设就是要大力提高科学研究的水平

学术界关于学科的定义很多,但不管如何定义,作为一个知识分类和动态发展的体系,科学研究都是学科内涵中最具关键性的内容:它持续不断地为学科拓展新的发展方向,充实新的知识内容,提供新的认识自然界、人类社会和人自身的方法与视角,没有一代又一代薪火相传的科学研究,学科势将因无法适应社会发展要求而走向没落或枯萎。作为大学的基本细胞,学科发展程度直接决定大学学术发展的程度。在这样的意义上,进行学科建设自当必须大力发展科学研究,学科建设的重要意蕴也在于科学研究,当下的我国开展"世界一流学科"建设尤其应当将科学研究置于极为重要的地位。现实的中国是当今世界的高等教育大国,却远非高等教育强国,特别是与发达国家一流大学相比,即使是致力于建设"世界一流大学"的"985"工程大学,其众多学科能够达到世界一流水平者也为数不多,造成这种状况的根本原因在于我国大学的科学研究与发达国家一流大学相比存在较大差距。从如此视角观察和考虑问题,我国的"世界一流学科"建设,当然必须以世界一流水准制定发展规划,创造高水平条件,营造适宜的环境和氛围,坚定不移地贯彻"尊重知识,尊重人才,尊重劳动,尊重创造"[1]540的精神,大力激发人的创新激情和智慧,努力提升科学研究的质量和水平。

但是,我们必须高度注意的是,大力提高科学研究水平是"世界一流学科"建设的极为重要方面,却绝非唯一方面。立足于学科的本质意蕴,学科既是一个知识分类体系,又是一个传承和创新知识的人才体系,还是一个相应的条件保障和支撑体系。在这样的意蕴基础上,我们的"世界一流学科"建设,至少包括如下方面:凝练学科方向、汇聚学术队伍、构筑学科平台、着力人才培养、开展科学研究、营造学术环境等,每一个方面都在其中具有特殊的地位和作用,彼此相互联系和影响,共同促进或制约"世界一流学科"建设的推进及成效。仅仅强调"世界一流学科"建设就是大力提高科学研究水平,将学科建设内涵简单地压缩为科学研究,不仅在实践中极易导致对其他方面的忽视,而且必然严重消解科学研究对"世界一流学科"建设的根本性作用。还应高度注意的是,立足于学科的本质意蕴,"世界一流学科"建设的内涵固然是多方面的,但在其中居于基础地位的却是两个方面:一是科学研究,这是学科发展的活力和动力,也是学科实现社会功能的基本前提;一是人才培养,这也是学科发展的活力和动力,更是学科实现社会功能的根本前提。二者相比,由于大学的本质功能在于人才培养,因而在学科建设中,人才培养事实上比科学研究处于更为基础的地位。英国剑桥大学物理系一直长盛不衰,固然在于它的卡文迪什实验室作出了许多开创性的学术成果,更在于从这个实验室里走出了20多位诺贝尔奖的获得者,他们中有教师,也有学生。教学相长,教研相长在这里得到了完美结合。[2]也正因为人才培养在学科建设,进而大学建设中的突出作用,社会对大学或其学科的评价,往往也就不会刻意关注它有多少高水平的科研成果,而是特别关注它培养了多少杰出的校友——卓越的科学家、卓越的政治家、卓越的社会管理者等,一所大学、一个学科的杰出校友越多,越能得到学术界和社会的认可,进而越能成为世界各地莘莘学子魂牵梦萦的学术殿堂。这样的大学和学科即使没有"世界一流"的标签,也是名副其实的"世界一流大学""世界一流学科"。

在我国高等教育环境中,学科建设意蕴往往被压缩至科学研究一项。原因主要有二:一方面,人们通常习惯于把学科建设等同于科学研究,将专业建设等同于人才培养,一提学科建设,第一思维指向就是加强科学研究,一提专业建设,第一思维指向就是提高教学质量;另一方面,人才培养是"文火慢炖"的工作,周期长,成效难以即时显现,科学研究见效快,短期内即可出现明显成效,以至于现实中人们抓学科建设往往更多地倾向于科学研究,人才培养则处于相对不受重视的地位。当下的中国正在开展"世界一流学科"建设,但从学术研究侧面看,对于如何凝练学科方向、汇聚学术人才,特别是如何开展科学研究的声音相对比较突出,而对于如何有效提高人才培养质量,声音却比较弱势。从实践侧面看,从政府到高校对于如何加大科学研究的资金投入,创造一流的科学研究条件,讨论多,行动多,对于如何培养高水平的人才却鲜有声音,某省级市的作法就比较有代表性:该市为大力提升本市"世界一流大学""世界一流学科"的建设水平,果断推出"高精尖"行动计划,申报获批的每个建设点一年可获1亿元人民币财政资助,连续资助10年,建设内容包括从世界各地引进高水平人才,建设高水平研究平台,做出高水平研究成果等,唯独没有强调人才培养特别是本科人才培养应当努力达到世界一流水平的要求。有效避免把"世界一流学科"建设简单等同于科学研究,国家在实施"双一流"建设中,必须把从本科教育到研究生教育各学段的人才培养纳入建设和考评体系,不仅要强调高水平的博士、硕士学位人才培养,而且必须高度重视学士学位人才培养,将"双一流"建设与"一流专业"建设有机融合,具体实施途径上可以考虑将人才培养质量,包括"一流专业"建设质量同时纳入"世界一流学科"建设的申报以及成功获得批准单位的后续考评,只有"一流学科"建设、"一流人才"培养同时符合要求者才能够获得建设资格,或进一步建设的资格。值得说明的是,"一流专业"建设现已引起有关大学重视,电子科技大学在"十三五"事业发展规划中明确提出要办卓越本科,西安电子科技大学明确提出"双一流"建设要与"一流专业"同时建设。[3]这样的见识是深邃的,无疑将有力地促进"双一流"建设推进,也值得政府主管部门和其他大学认真学习和借鉴。

误区之二:"世界一流学科"建设就是要全面提升履行大学基本功能的水平

大学是以学科为基本细胞构成的有机体。同样,"世界一流学科"是"世界一流大学"的基本细胞,任何一所"世界一流大学"都有若干"世界一流学科"为基本支撑。2013——2014年《泰晤士高等教育》大学排行表明:加州理工学院排名世界第1,它的物理学科排名世界第1,工程技术学科排名世界第4;牛津大学排名世界第2,它的5个学科领域均处于世界顶尖水平,临床预防医学排名世界第1,社会科学排名世界第2,生命科学、艺术与人文排名世界第3;麻省理工学院排名世界第5,它的4个学科领域排名均居于世界顶尖水平,工程技术排名世界第1,生命科学、物理科学、社会科学均排名世界第2。2013年上海交通大学世界一流大学研究中心的世界大学学术排名也表明:凡进入学术水平世界前100名的大学,均有15个学科进入ESI排名前1%,其中哈佛大学是22,麻省理工学院是21。[4]正因为学科特别是一流学科对大学的建设如此重要,所以大学建设必须从学科建设抓起,同时又必须坚持有所为,有所不为的原则,集中精力在优势领域建设起若干"世界一流学科",进而整体推进大学实力的提升。对此,加州大学原校长田长霖教授在受邀清华大学演讲时曾有清楚的表述:"世界上地位上升很快的学校,都是在一、两个领域首先突破,一个学校不可能在很多领域同时达到世界一流,一定要有先有后,研究型大学一定要想办法扶持最优异的学科,把它变成全世界最好的"。[5]

学科在大学有机体中居于基础地位,因而大学基本功能的履行必须依靠学科的发展和贡献,但这并不意味着每一个学科都必须履行大学的全部功能,或者说每一个学科都有履行大学全部基本功能的同样能力。大学是一个社会组织,需要直接对社会履行其基本功能;作为大学的基本细胞,学科是直接面向大学履行其基本功能。大学基本功能的履行,依靠自身有机体内不同学科的协同和整合;学科基本功能的履行依靠自身内部不同要素的协同和整合。更为重要的是,在大学实际运转中,每个学科的学科性质、学科体系、教学科研内容、知识生产方式、发挥社会作用的途径等差距甚大,"人文学科不同于社会科学、理工学科,基础学科不同于应用学科,交叉学科、新兴学科不同于传统学科。"[2]确实,大学所有学科都有人才培养和科学研究两大功能,但是对于社会服务功能而言,却是不同学科间差距甚大,一些学科特别是哲学、社会科学、人文科学所要开展的社会服务、履行的社会功能就是尽心竭力地培养人才,从事科学研究,服务社会则主要是通过努力履行人才培养和科学研究来实现,一定要要求这些学科直接面向社会,为社会服务,势必严重影响其人才培养和科学研究功能的履行。理工学科,特别是工程应用学科,社会应用学科,在从事人才培养和科学研究的同时,自然需要与社会和有关产业对接,既在回应社会和有关产业发展要求的过程中拓展学科发展视野,提升科学研究水平,也更好地将人才培养与工程实践、社会实践相结合,培养学生实际发现和解决问题的能力。在这样的意义上,我国建设的"世界一流学科"对大学功能的履行一定要立足于相应学科的基本性质,对不同的学科提出不同的要求,建立不同的考评体系,绝不能够不问学科特点,用同一个模式、同一种标准来处理。

现实的我国大学,随着由社会边缘迅速进入社会中心,从过去不太明确、不太注重研究自身基本功能,开始清楚地意识、明确、践行自身社会功能是一个巨大的历史进步。但是,这一过程中,由于先导性理论研究比较薄弱,加之对国外大学发展经验缺乏深入了解和研究,在大学如何履行社会功能问题上出现了不同程度的认识误区:一方面在大学层面,对人才培养、科学研究、社会服务三者之间的内在关系缺乏深入了解,将其原本先后相继,后者以前者为基础,并以实现前者为根本前提的递进关系,简单地看成平行关系,甚至于一些大学由于受利益驱动影响,把提供社会服务,获得经济利益回报,特别是获得较大经济利益回报置于首要地位,导致一切向钱看,严重影响了人才培养和科学研究基本功能的履行,其中人才培养受到的干扰又尤其突出;另一方面,在学科建设层面不仅片面地强调以科学研究为主,有些学科甚至热衷于有偿服务,获得利益回报,经济收入大小成为衡量学科发展成就的重要标尺,从而导致一些教师或研究人员将无法获得经济收入,特别是较大经济收入的学科研究弃置一边,集中精力"拉关系""跑路子",争取能够获得经济利益回报,特别是能够获得较大经济利益回报的社会服务,严重破坏了大学潜心治学的环境和气氛。当下,我国推动"世界一流大学""世界一流学科"建设,旨在通过特殊的政策引导,从根本上增强我国大学整体实力。为实现这样的目的,无论是政府,还是大学都必须深入汲取我国大学履行社会功能的经验和教训,切实立足大学发展规律和学科发展规律发展大学、发展学科,对不同类型的大学,不同性质的学科确定不同的建设与评价指标,既有效引导不同类型的"世界一流"大学和学科在建设过程中更好地履行其本质功能,又推动两个"一流"建设取得扎扎实实的功效。

误区之三:"世界一流学科"建设就是要大量增加各类学术头衔的人才

学科建设,学者为先是尽人皆知的道理。学科水平直接取决于学科队伍的水平。如上所述,在上海交通大学 2013 年世界大学学术排名中,哈佛大学有 22 个学科进入 ESI 排名前 1%,而它的 2259 名教师中,拥有美国国家科学院、美国国家工程院、美国国家医学院三院院士头衔的教师达 300 余人。哈佛大学在其数百年的辉煌生涯中,教授团队中共有 44 人获得过诺贝尔奖。同样,在 2013——2014 年《泰晤士高等教育》大学排行榜中名列世界第 1 的加州理工学院,在 20 世纪 20 年代初尚无名气,之后它从芝加哥大学引进世界著名物理学家和教育家、诺贝尔物理学奖获得者罗伯特·密立根担任物理学科带头人,引进前麻省理工学院院长、著名化学家阿瑟·诺伊斯开办化学系,引进现代航空航天工程学先驱西奥多·冯·卡门负责航空航天科学及古根海姆航空实验室的建设和研究,引进天文学家乔治·埃勒里·海耳负责天文学、天体物理学和威尔逊山天文台建设。这些学术大师的加盟使加州理工学院逐渐形成了独特的学术风格,发展成为世界一流大学。正因为学术精英和学术大师对学科建设的作用如此重要,世界一流大学校长都对这一问题有深刻的认识。哈佛大学第 21、23、25 任校长查尔斯·艾略特、科南特、博克曾分别指出:"大学的真正进步必须依赖于教师","大学者,大师云集之地也,如果学校的终身教授是世界上最著名的,那么这所大学必定是世界上最著名的大学","要使我们学校经常居于前列,归根到底是要有好的教授"。约翰·霍普金斯大学首任校长吉尔曼也曾言:"大学的荣誉应该取决于聚焦于此的教师和学者的质量,而不应取决于数量,更不能取决于供他们使用的建筑物。"[4]

学术精英和学术大师是学科建设之魂,但是学科建设的长足发展却绝非仅靠一、两个学术大师能够实现,尤其需要有高水平的学术团队为其坚强后盾,这在当代科学发展高度综合、高度复杂的背景下尤其重要。这样的学术团队不仅要有学术功底深厚、视野开阔、具有学科发展战略思维的大师充当学科带头人,而且要有学术功底扎实、学术能力出众的专家、学者充当各个方向的带头人,更要有适宜数量的学术精英成为各个方向的重要支撑及开拓力量。团队"将星"云集,学术功底厚、素质好,容易造就学术发展的"高原",高水平的学术大师则独具慧眼,把握学科发展的时代脉搏,立足团队实际,为学科开辟出可持续发展方向,推动学科由高原走向顶峰。这样的学术团队，成员的学术职称、年龄结构应有相应的梯级安排，能够保证不同职称层次和年龄层次成员的智慧多元化、多样化，发挥最佳整体效应，更能保证学术事业发展"江山代有才人出"，薪火相传。这样的学术团队，学缘结构应当且必须多元化，来自于不同大学、不同学派的学术成员，思维方式、学术眼光、研究专长、行事风格各有特点，极其有利于推动团队多视角、多方位发现问题、思考问题，形成活泼、多向的思维风格和学术风格，易于在学习、借鉴、汲取其他大学、学派研究成果及其思维方式的基础上，打通与有关学科的内在联系，推动新兴学科和交叉学科发展，毕竟"今天，科学中许多激动人心的事件是在学术院系和传统学科之缝隙发生的。一个一流的物理系可能受益于一个较低级别的化学、地质学、天文学、考古学、生物学、数学计算机科学系"[6]。这样的学术团队是在德高望重的学术大师引导下，经过多年反复磨合的结果，没有较长时间的彼此磨合，成员与成员之间，方向带头人与成员之间，学科带头人与方向带头人以及所有成员之间就不可能达到相互默契，当然也就不可能产生强大的凝聚力和向心力。

从我国现实看，自 20 世纪末党和国家领导人提出建设"世界一流大学"以来，高等教育界逐渐普遍认识到"世界一流学科"是"世界一流大学"建设的基础工程，进而围绕学术队伍建设、研究经费及重大课题、研究平台建设等进行了许多工作，其中尤其是"985""211"工程大学，包括部分地方重点大学都取得了重要进展，整体上提高了我国大学的整体实力，但是其间在诸如对学科发展方向凝聚、学科方向提炼、汇聚学术队伍、学科发展平台建设等方面也存在不少问题和误区。其中，汇聚学术队伍方面主要表现为：①求名重于求实。一些没有院士的大学普遍采取所谓的"双聘"形式，名义上受聘院士每年到受聘大学全职工作若干个月不等，事实上聘书、仪式、丰厚的待遇是一回事，到受聘大学全职工作相应时间的要求却始终不能落实。一些大学从国外聘请教授作为特聘教授、讲座教授，同样是有聘书、有仪式、有丰厚的待遇，全职工作的时间同样大打折扣，有的甚至根本不来校工作。②重人才引进轻工作条件配备和完善。一些大学积极引进"长江"、"杰青"等各种名号的学术带头人，大都打着年薪多少，住房多少，科研启动经费多少的旗号，结果人才引进来，住房、年薪等确实都能落实，却不能提供相应的科研平台，人才作用无从发挥，有的人才最后不得不选择离开。③重人才吸引轻团队建设。有的大学往往集中引进人才，大打人才争夺战，一时间人才引进不少，却不注重引进人才与原有人才之间的融合，特别是过于重引进，轻原有人才的发展及其作用的发挥，导致"引来女婿气死儿"，不仅没有增强团队凝聚力，反而加大了离心力。如上问题在地方大学层面尤其突出。立足于这些问题，我国在"世界一流学科"建设中，当然必须注重汇聚学术队伍，但是必须尊重学术队伍的汇聚和建设规律,高度重视不同级别、不同学缘、不同年龄人才的按需引进,建立合适的学术队伍结构;同时,还要高度注重学术队伍的磨合与调适,营造适宜的学术环境和氛围,使学术队伍发挥出整体最佳效益;最后,特别要注意引得其用,人才与岗位要求相适,绝不能为数量而数量,为引进而引进,既浪费学科建设的宝贵资源,也浪费各类人才的学术生命,这是问题的一个方面;另一面,学科建设是系统工程,必须按照系统工程的要求系统推进,在高度重视学术队伍建设的同时,科学确定学科定位及其发展目标,立足具体学科的本质及其规律开展科学研究,特别是要善于通过适当的大课题锻炼队伍,提高素质,平台建设则既要保持先进性,又要坚持节约原则,当下一些经济发达地区,政府支持经费比较充足,一些学校于是出现了为花钱而花钱,为购设备而购设备的极不正常现象,导致大量设备从购进之日起就闲置,严重浪费国家钱财,这样的所谓"建设"在当下的"世界一流学科"建设中应当得到有效避免。

误区之四:"世界一流学科"建设就是要全力达到有关一流评估指标的要求

在时间维度上,"世界一流学科"是继"世界一流大学"之后出现的概念。对现实的中国而言,无论是建设"世界一流大学",还是建设"世界一流学科"都是基于学习、追赶"先发"国家现代化发展的需要。1998 年 5 月 4 日,时任中共中央总书记、国家主席江泽民在庆祝北京大学成立 100 周年的大会上代表党和政府向全社会宣布:"为了实现现代化,我国要有若干所具有世界先进水平的一流大学。这样的大学应该是培养高素质的创造性人才的摇篮,应该是认识未知世界、探求客观真理、为人类解决面临的重大课题提供科学依据的前沿,应该是知识创新、推动科学技术成果向现实生产力转化的重要力量,应该是民族优秀文化与世界先进文明成果交流借鉴的桥梁"。[7]123 回应江泽民的这一重要讲话精神,国家随后正式启动了"985"工程,着手建设"世界一流大学"或"世界高水平大学",进而在总结"985"、"211"工程建设基础上,2015 年 10 月,国务院印发《统筹推进世界一流大学和一流学科建设方案》(下简称《方案》),明确提出"世界一流学科"建设问题。就国际范围看,20 世纪中后期,欧美一些国家曾先后提出和建设"一流大学",自1983 年《美国新闻与世界报道》(US NEWS)发布第一个大学排行榜以来,现在国际范围内已有包括《QS 世界大学排名》、《泰晤士高等教育世界大学排名》、《US News 世界大学排名》以及上海交通大学的《世界大学学术排名》四大最具影响力的关于"世界一流"大学和学科的全球性排名。其中,关于"世界一流学科"的评估主要是对学术声誉、雇主声誉、论文引用率的把握。国内有学者提出,应考虑一流学者、一流学生、一流科学研究、一流学术声誉、一流社会服务 5 个方面。《方案》有关我国"世界一流大学"、"世界一流学科"建设和改革的任务共计 10 项;建设一流师资队伍、培养拔尖创新人才、提升科学研究水平、传承创新优秀文化、着力推进成果转化、加强和改进党对高校领导、完善内部治理结构、实现关键环节突破、构建社会参与机制、推进国际交流合作。概括 10 项任务,其中反映"世界一流大学"及"世界一流学科"特性的一般内容,大体有一流师资队伍、拔尖创新人才培养、科学研究水平、优秀文化传承、科技成果转化、国际交流与合作 6 项。"大学是花钱的,好大学是很花钱的",[8]29建设"世界一流大学"和"世界一流学科"当然需要花很多的钱,这样的钱在我国大学现行经费筹集体制中主要依靠财政投入,正因为如此,国家对"双一流"建设明确任务或标准,并且据此严格考核,自然有其充足的理由和根据。

不过,客观而言"世界一流大学""世界一流学科"既有可明确考核、评估的一面,又有不可明确考核、评估的一面,因而在建设和评估中一定要两方面同时兼顾,绝不可"单打一"。言其有可明确考核、评估的一面,一方面是因为现代科学可以对研究对象进行分门别类地解剖,通过严格的考察得出比较清晰的结论。对于"世界一流大学""世界一流学科",人们同样可以通过这样的方法来研究,不管那些被称为"世界一流"的大学、学科有何不同,或有多少不同,研究者总可以在一定的理论视角下将它们的内部结构、要素等一一区隔开来,逐个运用科学的方法进行解剖、观察和研究,进而将体现"世界一流"的所有元素集中起来,进行仔细地比较、对比和筛选,最终获取"世界一流"大学、学科的共性元素,这些元素由于抽去了各个"世界一流"大学、学科的特殊性而具有一般的、普世的意义,进而可以为"后发"国家的大学学习、借鉴、建设和评估提供一个比较具有普遍意义的标准。另一方面,在不同时代、不同社会背景下,一些大学、学科成为人们心目中的"世界一流",往往可能是由于某些比较特殊的原因,如一些是由于教授水平高;一些是由于学习和研究的人特别多;一些是由于毕业生出路好、薪酬高等,这样的标准尽管特殊,充满个性,却可以从某个层面进行相对精确的比较和评估。言其有不可明确考核、评估的一面,一方面是因为"世界一流"大学、学科概念的由来,最初并非依据什么精确的指标评估而得出,而是因为这些大学、学科在长期发展中呈现出强烈的社会责任担当,培养了大批社会精英、科技精英,在自然科学领域或社会科学领域,抑或在两个领域同时做出了重大贡献,在世人心目中自然而然地形成了"世界一流"的印象,进而成为世界各地莘莘学子崇尚和向往的学术圣地。显而易见,这类源于人们心底意会的标准实在难以用精确的指标来衡量。另一方面,任何大学、学科的育人都不仅仅在于教会学生谋生的技能,还必须高度注重社会伦理价值的教育,培养学生的强烈社会责任感和爱国感,而这类教育的水平和程度,事实上也无法用精确的指标来度量。

　　立足于"世界一流大学""世界一流学科"的上述特点,《方案》确定的相应建设要求,不妨称之为明确的建设、评估标准或硬性的建设、评估标准,而隐含于这类明确标准或硬性标准之内的伦理价值取向、各种特质则是相应的模糊标准或柔性标准。前者建立在归纳、概括当今"世界一流"大学、学科基础之上,具有重要的一般意义和定量意义,后者旨在注重挖掘硬性标准背后的深层价值意蕴以及不同大学、不同学科的特殊意蕴,具有特殊意义与定性意义。从根本上说,我国的"世界一流学科"建设是当今中国现代化发展的必然要求,也是对"先发"国家一流大学、一流学科发展经验的学习和借鉴。多方面的历史经验表明:"后发"国家在学习"先发"国家经验时,往往容易照搬外显指标,对于蕴藏其中的价值伦理、文化追求等往往不闻不问,以至于仅仅搬来现代化的"躯壳",却没有学到现代化的真谛。汲取这样的经验和教训,我们的"世界一流学科"建设务须高度重视认识和把握两类指标之间的关系,既抓明确指标,又抓模糊指标,绝不能仅仅聚焦明确指标,轻视模糊指标,甚至于只抓明确指标无视模糊指标,最终导致"世界一流学科"建设有硬件无软件,有学术追求无伦理追求。至于明确指标的次级指标体系则必须易评估,易操作,能够为实际的建设提供清晰导向,但对模糊指标而言,由于其模糊性,需要人们通过对其相关侧面细致的观察来体会,不宜设置过细的次级指标体系,但应当将其作为明确的价值导向贯穿其中。还应强调的是,"世界一流学科"建设是高度学术性、专业性的工作,应当更多地尊重学术权威、学科权威,行政权力、行政权威需要为"世界一流学科"的建设和评估提供必要的、适时的服务,却不能够任性地施加不当的影响和干预。

参考文献:

[1]江泽民文集.第三卷[M].北京:人民出版社,2006.

[2]胡娟.如何认识和评价世界一流学科[N].光明日报,2016 - 03 - 29(13).

[3]陈治亚,郝跃.行业特色型高校建设"双一流"的思考[J].中国教育报,2015 - 12 - 07(9).

[4]徐翠华.英美一流高校的学科建设启示[J].江苏高教,2013(6):155 - 157.

[5]杨玉良.关于学科和学科建设有关问题的认识[J].中国高等教育,2009(19):4 - 7,19.

[6][美]达里尔.E.楚宾,爱德华.J哈 克特.难有同行的科学:同行语言与美国科学 ghtg[M].谭文华,曾国屏译。北京:北京大学出版社,2011:191.

[7]江泽民文选.第二卷[M].北京:人民出版社,2006.

[8][美]伯顿·克拉克.建立创业型大学:组织上转型的途径[M].人民教育出版社,2003.

06

| 学习借鉴问题 |

美国教育学者肯·贝恩所著《如何成为卓越的大学教师》集中展示了美国杰出大学教师的卓越教学。这些教师知道如何调动学生的内在兴趣,总是把教学准备视作严肃的智力行为,善于创造自然的批判性的学习环境,注意教学技巧的运用,善于对学生显示出强烈的信任和谦卑,善于恰切地评估学生和自己。其重要启迪是:培养人才永远是现代大学的第一职能,绝不能有丝毫懈怠;教师卓越教学的实现必须以科学理念为导向,以高度的责任心为基础;大学教师的卓越教学能力需要组织的培养和教育以及自身的勤学与养成,绝非无师自通。

在美国大学,人才培养是中心工作,工作实在而全面,科学研究环境宽松,注重技术的企业转移和利益共享,社会服务立足于大学的本质和特点,筹款以捐赠者对大学的感情和信任为基石。美国大学的管理理念并不神秘,关键是持之以恒地贯彻在办学实践中。中国大学学习、借鉴美国大学管理经验,尤其应当扎扎实实地学习、借鉴其务实的作法和精神。

创业型大学是以自力更生、自我发展,甘冒风险、追求卓越为精神特质的大学。创业型大学深化了大学的基本社会功能,与传统大学相比,它的最大区别是凸显了一种特殊的精神气质及组织特性。我国建设创业型大学,以培养应用型人才为主的地方大学可以首先尝试,研究型大学需要处理好坚守"象牙塔"与深度融入社会的关系。创业型大学的重要活力在基层,重要保障在于大学内部各级组织的创业文化塑造。建设创业型大学,国家在提出指导性方针和政策的前提下,需要给大学以更多的办学自主权。

美国杰出大学教师的卓越教学及启迪

　　肯·贝恩是美国纽约大学优秀教学中心、西北大学瑟尔精英教学中心、范德比尔特大学教学中心和蒙特克莱尔新泽西州立大学教学资源中心的创始人,曾获多项全美教学奖,被誉为美国最好的老师之一。他从 20 世纪 80 年代中期开始对美国多所大学不同学科的 60 多位杰出教师进行了长达 15 年的观察和研究,最终完成的《如何成为卓越的大学教师》,一出版立即成为国际教育界广泛关注的畅销书,被翻译成 6 种语言出版。该书 2007 年 9 月由北京大学出版社在我国翻译出版,其中透过一个个生动故事描绘的杰出大学教师的卓越教学颇具启迪意义。笔者拟对《卓越》介绍的杰出大学教师的卓越教学作一简要概括,并在此基础上针对大众化进程中的我国高校实际略述启迪,希冀能够引起我国高等教育学界对《卓越》的进一步关注,进而“为中国的大学教学吹来一股清风”。[1]181

一、杰出大学教师的卓越教学精要

　　《卓越》详细描述了美国杰出大学教师的教学理念、教学追求、教学方式、教学技巧以及培养人才过程中的教与学的关系,融理论、实践、故事、趣味为一体,“令人回味无穷”,[2]18其精要似可大致凝练为五个方面:

　　(一)杰出的教师知道如何调动学生的内在兴趣,激发学生自主学习的积极性

　　人类是富于求知欲的高级动物。人们在努力解决与自己意志息息相关的问题时就在自然地学习。他们逐渐培养起一种内在的学习兴趣,这种兴趣引导着他们对知识的追求,但是面对外在奖励和惩罚,人的内在兴趣却可能削弱。这是因为,如果一个人认为自己受到了外在奖惩的操纵,他(她)就会丧失大部分动机。换言之,如果一个人把某一行为当作获取奖励或逃避惩罚的手段,那么只有当他(她)想要得到奖励并且相信其行为将会获得这种奖励时,才会参与那些活动,否则就会对这一活动丧失兴趣。试验证明:甚至有些类型的口头表扬也会对学习造成损害。一个小孩经常听到“个人”表扬(“你真聪明,做得这么好”),而不是任务表扬(“这事你做得不错”),他(她)就有可能更加相信智力是固定的,而不是通过

努力得到发展的,其自主学习兴趣就会减弱。杰出大学教师要特别注重培养学生的内在动机,避免给予任何外在刺激,以使他们向着具有学习目标和熟练掌握知识的方向发展。

学习者类型一般有三:一是深度学习者。他们长于应对挑战,努力掌握某门知识,深入某门学科,理解所有问题的复杂性。二是策略性学习者。他们对参加竞赛、获取金牌能够作出很好的反应,努力获取机会胜过他人。但是,他们多是为考试而学习,然后很快就将学过的东西从大脑中删除,以腾出位置容纳别的知识。三是表现型防范者。他们在课堂上从不愿意投入精力去深入探索某个话题,因害怕失败而采取努力应付的态度。杰出的教师意识到,人类是能够改变的,并且确实在改变,教书育人的本质能够对这一进程产生巨大影响。针对表现型防范者因为缺乏自信而痛苦,杰出的教师总是精心设计学习任务和目标,帮助他们建立自信。对于策略型学习者,杰出的教师通常力戒求助于竞赛,而是强调跟他们一起努力体会回答问题的美,深入追求问题的答案。他们向学生作出承诺,然后帮助每一位学生尽可能达到最大的努力目标,同时倾听学生的心声及其雄心抱负,帮助他们理解和实现抱负。

道韦尔斯利学院的威廉·佩里(William Perry)及一群心理学家提出:学习可能经历四种广义的层次。接受型认知是最基础的层次。在这一层次,学生认为学习只是跟专家核实对错,得出正确答案,之后把它记住。主观认知是第二个发展阶段。这个阶段,学生使用感觉作判断,如果他们感觉一个概念是对的,它就是对的。程序认知是第三个发展阶段。这时,学生学会了遵守科学的游戏规则,他们认识到学科为作出学业评价提供了标准,学会了使用那些标准来写作论文。投入性认知是最高层次。这个层次的学生已经成为独立的、有判断力和创造力的思想者,他们重视接触到的观念和思维方式,始终如一地加以运用。这一层次又有两类认知者。一是独立认知者,他们喜欢挣脱某一观点的束缚,保持客观甚至是怀疑的态度。一是关联认知者,他们总是着眼他人的长处,而不是努力将其否定。值得注意的是,在这个认知层次系统中,学生的认知并不是一直向上发展的,而是在不同层次之间来回移动,可以同时处在不同的发展层次。在专业领域,他们可能上升到程序认知层次,在其他领域则可能仍然处于接受型认知或主观认知。杰出的教师主张刺激学生,逐步改变他们对知识的观念,并对不同层次的学生采取不同的方法,期待学生向着最高层次发展。

(二)杰出的教师总是给学生以更多期待

首先,杰出的教师善于寻找和欣赏每一位学生的个人价值。他们不是将学生分成赢家和输家、天才和笨蛋、好生和差生,而是寻找每一位学生可以带到课堂上来的种种能力。保罗·贝克是得克萨斯大学成就非凡的戏剧教授,他多次说过:"每一位学生都是独一无二的,都能做出别人无法替代的贡献"。[1]71

其次,杰出的教师相信学生具备学有所成的能力。他们对于某些易受伤害的学生群体,总是"将高标准与自信心相结合"。[2]这种方法对这类学生无异于旱地逢甘霖,是一种非常需要而非被动接受的安慰。

再次,杰出的教师倾向于给学生设置最高标准,并且对学生达到最高标准表示强烈的信任。这些教师懂得,害怕和焦虑会损害思考能力,他们提倡智力的激励,刺激学生的求知欲,而不是助长学生对"得分"的担心。这种努力体现在他们所做的每一件事情上,包括对学生作出评价的方法。这些教师强调的能力,包括创造非凡艺术品和做学术研究的能力、良好缜密的推理能力、理解复杂问题的能力、收集和使用证据的能力、解决问题的能力以及从事该学科领域有才华的学者、专业人士和艺术家可能从事的一切课外活动的能力。杰出的教师总是把学习的控制权还给学生,鼓励学生追求远大目标,并承诺帮助他们取得成功。

最后,杰出教师的信任策略行之有效。他们对学生以及可能影响学生表现的社会力量有深入了解,煞费苦心地探究学生学习,小心谨慎地分析学生成绩,全面彻底地思考不同特点的学生能够学什么和怎么学,不辞辛苦地设计适合每一位学生的需要、兴趣和现有能力的独特作业。即使大班上课,他们也会钻研全班学生的"合成照片",以便分析出学生类型。

(三)杰出的教师既善于创造自然的批判性的学习环境,又注意教学技巧的运用

所谓"自然",就是学生在"无意中"遇到的某些问题和任务,其中包含他们正在努力学习的技巧、习惯、态度和信息,这些内容对学生具有吸引力,这些真实的任务能够激发学生的好奇心,成为他们内在的兴趣。所谓"批判",就是要求学生学会以批判的态度来思考,以证据来推理,运用各式各样理智的标准来检验推理的质量,在思考的同时作出改进,对别人的思想提出具有探索性和深刻见解的质疑。

自然的批判性学习为开展出色的教学活动提供了智力支持,还有另外一些原则为杰出的教师提供行动指导:教师要善于引起学生的注意力并且保持下去。为抓住学生的注意力,并且为了更高的目标保持他们的注意力,教学精湛的教师会用诸如学生关心、知道或学生认为他们知道的东西开始讲课,而不是一上来就展示蓝图、大纲、数据或理论。杰出的教师要求学生在上课和学习时心存责任感,开学伊始,在宣布课程承诺和计划时就开宗明义要求学生决定是否真的按照教师规定的方法追求学习目标。有的教师正式写出明确的责任,将其视为学生决定跟班

听课的必要条件。教授们在课堂上总是传授他们认为最能帮助和激励学生课外学习和师生交往中学习的东西,善于激励学生从专业角度思考问题,同时创造多元的学习体验。杰出的教师课堂上特别注意与学生交谈,其谈话质量对教学成功产生重要的影响。

总之,杰出的教师不单单是优秀的讲演家或讨论的领导者,他们更是特殊类型的学者和思想家,引领自己和学生钻研学问,享受智慧人生。对学生的关爱使他们注意表演的细节,他们的焦点定位在学生学习的本质和过程,而不是自己表演。

（四）杰出的教师总是对学生显示出强烈的信任和谦卑

有巨大影响力的教师往往会对学生显示出强烈的信任。这种信任关系,使他们通常认为学生渴望学习,而且如果没有相反的证据,他们认为学生有能力学习。与学生建立了特殊信任的教授经常展现一种海纳百川的气度,时时谈论他们的求学经历、人生抱负、胜利、挫折及其失败,并且同样鼓励学生反省和坦率。信任和坦率产生互动的氛围,学生可以自由地提问,毫无两难和受窘之虞。有了信任和坦率,随之而来的是一种泰然自若和经常表达的对生命的敬畏和好奇感。他们可能意识到他们所知道的一切,甚至他们自己的知识含量远远超过他们的学生,但是他们也明白有多少东西他们还不懂。若把自己的成就放在巨大的学问体系中,其水平相对接近学生的成就水平。

最重要的是,怀着对未知世界的谦卑、畏惧和崇拜,杰出的教师内心有一种坚定的信念:他们和他们的学生一定能够干出一番伟大的事业。他们从不轻视自己的有限成就,并且极力尊重前人积累学问为生命导航的巨大功绩。他们相信自己的学术成就主要源自持之以恒的毅力,而不是什么天赋过人,但是他们对所有人类的成就感到惊喜,包括学生的成就。谦卑伴随着自豪,畏惧混杂着坚毅。他们在探讨教书失败的时候,这种感觉最为明显。

（五）杰出的教师善于恰切地评估学生和自己

杰出的教师善于运用评价帮助学生学习,不仅仅是将学生的努力结果评分排序。他们认识到学习是一种发展的过程,评分不是排名次的手段,而是与学生沟通的手段。关于学习的证据可能来自一次考试、一篇论文、一个科研项目或一次谈话,但是,杰出的教师设法突出和表现的是学习而不是分数。为了使基于学习的评价发挥作用,杰出的教师尽量去了解学生,开学之初就开始收集学生信息,包括学生的志向及其学习的方法、学习的概念、推理方式、思维模式、性格气质、情感习惯和他们注意力的日常琐事。有些杰出的教师在上课第一天,就给学生列出一份从五到十个专业课程将要帮助他们解决的问题,然后让每个同学就每个问题按照兴趣排出顺序。还有一些教师养成了课前课后与学生交谈的习惯或与学生共进午餐,以便能够更加随意和轻松地收集学生信息。总之,教师熟悉学生的过程连续地贯穿整个学期,很多教授上完几个周的课之后,往往会运用一些匿名反馈的形式了解学生。

杰出的教师把考试看成为现在课程之中的工作扩展,训练学生从事某些形式的智力劳动,而不是做应试高手。评价的主要目的在于帮助学生学会思考,以便运用学科或专业标准认识缺点,在思考过程中改变推理方式。很多杰出的教师对学生的综合考试采取每一次测试都取代上一次测试的方式。第一次测试涵盖了从课程开始时的内容,后面的每一次考试也都如此。课程结束前,学生理解的东西和动脑筋的收获比什么东西都重要。凭借一次次考试的累积,教授向学生传达一种信息:学习应该是长久的任务,而不是考试及格就万事大吉。

杰出教师的每一种教学行为都以学生为中心,并且都源于对学生学习的关心。这种模式也体现在这些教师思考如何评估自己教学结果的方法中,甚至在决定评估自己教学的承诺中。他们经常问自己一些基本的评价问题:我的这种教学是不是会帮助和鼓励学生学习,并持续地、实质地、积极地改变他们的思维、行为或感觉方式,而不会给他们造成任何严重的伤害? 为了回答这样的问题,杰出的教师参与对教学目标的广泛检查,从检查学生的工作中,反映学生的学习情况,分析用于评价工作的标准和方法,仔细查看期望中学生学习的水平。

二、美国杰出大学教师卓越教学的深刻启迪

中美两国国情不同,高等教育体制机制不同,但是高校必须以培养人才为根本使命,而人才培养作为一个生动的过程,有其随机性,也有许许多多的普遍性和一致性。在这样的意义上,《卓越》描述的美国杰出大学教师的卓越教学给了我们许多有益的启迪。立足当下我国大学实际,这里仅从一般性层面略述四个方面:

(一)现代大学有诸多社会职能,但培养人才永远是其第一职能

大学是建立于人类社会有机体上的社会文化组织,承担的基本任务和职能随人类社会发展而发展。从早期的意大利博洛尼亚大学到英国红衣主教纽曼时期的大学,基本任务和职能就是培养绅士;随着工业革命在德国发展,洪堡主持的柏林大学开始把科学研究引入大学,科学研究的开展为教学充实了推动工业革命深入发展的新内容。美国的威斯康星大学适应地区经济社会发展需要,将大学的任务和职能再一次扩充。时至今日,随着先进科学技术的飞速发展,整个社会的科学化、知识化程度快速提高,大学进一步走进社会中心,社会对大学的期待也与日俱增,大学需要回应的社会要求越来越多。这种情况,一方面推动了大学快速发

展,也在一定程度上影响了大学发展的主导方向,人才培养职能一定程度上被挤压,"但是,这种状况是危险的,"如果以牺牲所有其他人的学习为代价来促进一代学者的学习,那我们根本就无法长久维持一个文教昌明的社会"。[1]1

确实,相对于科学研究和社会服务,大学的人才培养居于更为基础的地位。科学研究和社会服务都建立在大学有效履行人才培养职能的基础上,它们的递次出现是为人才培养进一步输入新的内涵,"教育责任是大学应当承担的永恒的第一社会责任"。[2]51一所大学,无论它的科学研究、社会服务多么出色,只要人才培养功能没有得到很好地体现,它就不是一所合格的大学。改革开放以来,特别是20世纪90年代末以来,我国高等教育快速发展,从精英教育进入大众化教育,在面向经济建设、服务国家现代化建设方面的科学研究和社会服务也越来越突出。这一过程中,由于复杂因素的影响,大学人才培养受重视程度事实上严重降低。①以经济效益为本。一些高校办学要讲效益简单地理解成为经济效益,一门心思放在如何赚取更多收入或是如何尽可能节约教学开支上。②以科学研究为本。无论何种类型的大学都把科学研究放在第一位,科研成为硬任务,育人成为软任务。③以政绩追求为本。一些高校推进本科教学质量工程,只将眼光紧盯各级教学成果奖、优秀教学团队等所谓标志性成果,花费大量人力、物力、时间在申报书上"动脑子",各种关系上"做文章";花高价买招牌,聘请院士以及各类名称的"学者""专家""教授",装点门面。此外,还有其他各种形式的"为本",并且都做得实实在在,唯独以人才培养为本浮在了表面。近年来,我国越来越多的高中生去美国接受本科教育,众多调查发现,一个重要原因就是那里的大学生能够与高水平的教授充分沟通,课程设置和学习能更好地激发学生兴趣。这种现象值得深思!

(二)大学教师的卓越教学以科学的理念为导向,没有科学的理念就没有卓越的教学

1. 教学就是让学生参与,就是设计一个可以让学生可以学习的环境。这一理念深刻地揭示了教学是教师与学生共同参与的活动,其中教师参与是为了帮助学生实现更好的参与。所以,任何教学活动的开展都必须以保证学生的积极参与为前提,没有学生参与,仅由教师唱独角戏,不管教师多么敬业,也不是好的教学。

2. 教学就是创造一种状态,在这种状态里大部分的学生将会发现他们学习的潜能。这一理念深刻地揭示了教学的本质不仅仅是一般的知识传授,而是着力发现学生学习的内在潜质,激发学生的学习潜能,进而将其转化为独立的学习能力。

3. 教学是力所能及地帮助和鼓励学生学习,而不是对学生造成任何严重伤害。这一理念深刻地揭示了教学的本义在于给学生以帮助和鼓励,时时注意增强学生的自尊心和自信心,绝不能因急躁、不耐烦、甚至是粗暴,给学生自尊心和自

信心以伤害。

4. 知识是建构的,不是灌输的。人的思维模式变化缓慢,刺激学生建立新的思维模式,必须进行"深度"的学习,而不是为了学会考试。这一理念揭示的是学生认知发展规律,强调的是教师必须注意"从智力上挑战学生",用独特的方式管理课堂和设计作业,允许学生检验自己的思想、遭遇失败、接受反馈和重新尝试。

5. 大多数外在刺激因素易损害学生学习的内在动机,教学必须避免给予学生以任何外在刺激,注重培养他们的内在动机。这一理念揭示的是学生学习积极性、主动性养成的根本动力。为有效激励学生学习,教师必须把重点置于学生内在心理动机的不断激发和保持,绝不能滥用奖励,以避免误导学生形成投机取巧或功利的动力。

6. 学生都具有学有所成的能力,教学就是要寻找和欣赏每一位学生的个人价值。这一理念,形式上揭示的是教学的切入点和着重点,本质上揭示的是对学生的高度尊重,也是对因材施教原则如何有效实施的深刻阐释。

7. 学习涉及个人发展和智力发展,而且思维能力和成年人的品质都不是一成不变的。这一理念揭示的是学习内涵的丰富性。学习虽然表现为多门课程的集合,每一门课程都有其相应的知识范围,但实际上学习是一个综合的过程,涉及知识的建构、能力的培养、心理品质的养成、情感的陶冶、身体的发育与长成等。教学既要努力引导学生完成知识的建构,培养逻辑思维能力,更要注意引导学生的多方面协调发展、全面发展。

教学理念,是人们形成并且信奉的有关教学本质及其规律认识的一种系统化哲学思考。不等同于一般的教学想法,一般的教学想法可以随感而发,多停留于问题的表层。理念也不等同于一般的教育理论,它是建立在教育理论基础之上并用于指导实践的理性思考,具有强烈的实践性和行为遵从性。理念是行动的先导,卓越的教学首先必须要有卓越的教学理念。我国现实的高等教育,教学理念一直相对薄弱。近年来,随着社会上理念创新的影响,高校虽然开始关注理念的作用,但重点却不是放在如何引导形成科学的理念,而是置于毫无目的的虚无创新。创新的声音满天飞,实际的理念却不知是何。我国现实大学教学中存在这样那样的问题,教学理念严重缺乏不能不是重要原因。这种状况是需要实实在在改进的。

(三)大学教师的卓越教学建立在高度责任心基础上

《卓越》的研究对象众多,杰出教师们的个人特点、教学方式、风格各不相同,但他们都作出了卓越的教学,其重要原因,不仅仅在于他们善于总结和形成科学的教学理念,更重要的在于他们都有教书育人的高度责任心。《卓越》告诉人们:

"我们注意到,我们挑选的教师通常对学术界有一种强烈的责任感,他们不只专注于课堂上的个人成功。他们把自己的努力看做一项伟大事业的一小部分,而不是把它当做展示个人才能的机会"。[1]20杰出的教师常常致力于重大的课程改革,参加关于如何改进学校教学的公众讨论。他们是学习者,在各自领域内追求重要的智力和科学艺术发展,对他们所教的学科有重要而独特的见解,经常广泛涉猎其他领域,强烈关注他们学科中更为概括性的问题,进而不停地尝试加大努力来促进学生发展。他们对待教学就像对待自己的学术或艺术创作一样,努力从仔细的观察和周到的分析中受益,从反复的修改和提炼中受益。有的杰出教师深信"如果学生看到你全心全意全力地从事此项事业,他们就会做出响应"。[1]36坚持"作为一名教师,你不应该只从教出发,只想着你自己,只想着你所知道的一切……课堂上的分分秒秒必须属于学生。"[12]94"我意识到了解一个人的智力成长有多么困难,但是我的学生和我必须尽力去做这件事。实际上,那是我教育使命的一部分:帮助学生尽力弄懂他们自己的学习。"[1]154

责任心是成就杰出的教师卓越教学的重要前提,更是一种"高度投入、高度负责的工作状态和心灵状态"。[5]在这样的视角上审视我国现实的大学,一方面教书育人、敬业尽责,一直是基本的价值导向,另一方面,由于十年"文革"对高等教育的惨痛破坏,也由于市场经济发展过程中的负面因素影响,大学教师队伍的价值取向出现了不同程度的扭曲,加之我国由精英教育快速跨入大众化教育,师资严重短缺,大量进入大学教师队伍的年轻教师来不及接受严格的师德师风教育,就开始了教书育人生涯,现实中大学教师缺乏责任心的现象尤其值得重视:或是仅仅把教学当作完成工作量的方式,或是仅仅把教学当作一个谋生的职位,或者是把教学仅仅当成展示自己水平的平台,上课不备课、讲课无作业、教师不认识自己的研究生等都相当普遍。"教育责任是大学教师必须首先承担的第一责任,也是其所承担的社会责任的核心和重点"。[6]大学教师是学生走向社会的引路人,任何一个任课教师都对学生的全面成长具有重要影响。大众化时期的我国高等教育,要有效提升教学质量,为经济社会发展培养出大批高质量人才,根本保证在于能够提供越来越多的卓越教学。实现这样的目标,我们的大学必须将着力营造以责任心为主要内容的大学文化放在重要地位。

(四)大学教师的卓越教育能力需要组织培养和教育及自身勤学养成,绝非无师自通

大学教师承担着为国家和社会培养高水平人才的神圣使命,不仅要有过硬的专业知识和较强的创新意识与能力,而且必须有对国家和社会的高度责任感,健康的身体素质、心理品质和情感,还必须掌握丰富的教育教学知识,努力学习和把

握人的认知及其思维发展规律。"人类是复杂的动物,他们的历史、体质以及所生活的社会对于他们如何学习、能否学习都会产生巨大的影响"[1]2,只有对这些有深刻理解,才可能有深刻反映学习本质的教学。杰出大学教师的卓越教学能力离不开多方面卓有成效的培养和教育,既包括组织的多方面培养和教育,也包括自身的勤学及养成。

组织培养和教育主要包括如安排年青教师进行教育学、心理学、教学方法的学习和培训,提高理论认知能力;在教师集体中安排以老代新,便于新教师在实际的教学观摩和实践中学习、摸索有效的教学方式与技巧,体会教学肩负的重要责任及其所需要的方法与艺术;安排年青教师到企业、政府及有关社会组织挂职,在实践中加深专业教学如何结合实际的感知与领悟,体会社会对大学生的希望与要求等。组织的教育与培养,主要作用在于为教师创造比较理想的环境,提供宽松的条件,同时也对教师提出明确的要求和期望。但这种培养的作用,归根到底取决于教师个人的态度和认知。

自身勤学与养成,除主动学习教育理论外,更重要的包括主动向老教师学习,虚心汲取他们有效创造教学环境、激发学生学习兴趣,将学生的认知能力、思维能力、实践能力、创新能力的培养与平时教学有机融合于一体以及在专业教学中恰切培养学生的科学价值观和责任感的经验与微妙;包括主动向同事学习,在相互讨论、切磋中增进对学习本质的理解,把握创造有效教学环境的方式与技巧;还包括不时的教学自省,从自省中提炼技巧,总结经验与教训。教师的自身勤学与养成,还需要仔细研讨、感悟反映优秀教师教学经验的著述或介绍。在这样的意义上,《卓越》在我国的翻译发行,无疑为我国大学教师提供了高效学习美国杰出大学教师卓越教学的宝贵机会。

我国现实高等教育在取得诸多成就的同时,也存在对大学教师的教学培养严重不够的问题:一方面,随着高等教育大众化的推进,一些学校由于教师紧张,本应安排教师进修教育教学理论的安排不了,安排到企业、政府部门、社会组织实践锻炼的安排不了,有的虽然在学校事业发展规划上作了明确规划,现实的教师紧张总是使安排一再落空;一方面上讲台的条件极为宽松,只要是作为教师引进的人员,便有上讲台的资格,大多数学校根本不存在助教制度,一个刚出校门的硕士、博士,一进入有关院系立即安排教学,甚至是多门课程教学,这些教师对于自己教学情况的了解,大多是学期结束或学年结束后的学校主管部门关于学生评教情况的通知。即使仅此一条渠道,在不少学校,一些对教师成长负有直接责任的院系也通常抱无所谓态度,对学生的反映不关心、不分析、不针对具体教师情况给予提醒与帮助,学生评教年复一年,教学情况得到好转的不多。这正是在近年来不少有关高校学生学习情况调查中,学生大多对大学教学持否定意见的重要原因。

参考文献:

[1][美]肯·贝恩(著),明廷雄,彭汉良(译).如何成为卓越的大学教师[M].北京:北京大学出版社,2007.

[2][美]克拉克.克尔.高等教育不能回避历史[M].王承绪译.杭州:浙江教育出版社,2001.

美国大学的管理精粹及启示

　　美国是当今世界的高等教育强国,它的许多管理理念和经验一直为我国高等教育所借鉴。但是在这一过程中,由于跨文化传播中的各种复杂因素影响,我们在学习、借鉴中也存在不少似是而非的问题,或者是只知道一些一般性的判断,很少知道美国大学对这些判断的深入认识与理解;有的甚至是出现误读,把一些具有根本意义的问题与延伸性意义的问题并列,导致实践中具有根本性意义的问题被冲淡;也有一些只看到问题的一个侧面,忽略问题的另一个侧面,导致在实践中无法有效遏制某些本可避免的负效应。为深入了解美国高等教育的管理和运作,北京信息科技大学近年来连续组织学习、了解美国高等教育运行及管理体制机制的境外培训,具体形式为聘请美国有关高校、教育行业性组织及政府管理者、研究者课堂授课、交流以及实际的参观和访问。笔者有幸参加了 2012 年度我校在美国马里兰大学举办的高等教育管理培训,听取了马里兰大学、马里兰州高等教育委员会、乔治城大学、乔治·梅森大学和美国大学协会有关专家的讲课和介绍,参观、访问了马里兰州清洁能源中心及美国东部的几所著名大学,颇有感受,澄清了一些长期存在的认识误区,矫正了一些似是而非的问题,加深了对一些问题的认识和理解。这里,笔者试图根据这次培训的所学所思所虑,结合我校以往美国培训提供的材料,对美国大学在人才培养、科学研究、技术转移、社会服务等方面富有特色的内容作些简要梳理,并就有关问题略述思考。

一、美国大学的学生培养实在而全面

　　人才培养是大学的中心工作,这一点在我国高等教育实践领域和学术领域均无认识分歧,但在事实上我国高校的人才培养中心地位总会受到各种因素的干扰。其中,既有认识方面的原因,也有其他方面的原因。美国大学对人才培养在学校工作中的重要地位,既有深刻的认识,具体作法也实实在在,自觉地贯彻在教师教学、学生学习、教学组织、研究活动开展等一系列环节之中,特别值得当下的我国大学深入学习和借鉴。学生是大学的主体,没有学生就没有大学。大学最重要的产品不是科技专利,而是它培养出来的高素质毕业生。这是美国大学的核心理念,落实在学生培养的全过程。

一是教授对教学必须倾力而为。教学是教授的主要工作,教学第一,科研第二,是美国大学不可更移的办学思想。在马里兰大学,教授每学期必须上两门课,每周各 1 次,1 次两个学时。每学期 13 ~ 15 周。每学期开始前,教授都要对开设课程写出详尽说明上传校园网,供学生阅知。内容包括课程名称、教学时数、每次授课内容、阅读材料、读书报告的要求等。课堂上教授主要是组织学生讨论,引导学生培养批判性思维。授课是教授的天职,一个学期从开始到结束,教授必须保证给学生授课,不能随便离开教学岗位,研究工作主要是在假期进行,绝不能因为研究工作而影响教学。我们参访的其他大学,教授在教学方面的要求基本上与马里兰大学类似。教学比天大是深深植根于美国大学及其教授心灵深处的认识。教授必须首先做好教学工作。在美国高校,教师职称晋升及终身教职授予的一个决定性条件,就是申请者的教学必须得到同事及其所教学学生的一致认可。一个教师的其他条件再好,只要这一条件达不到,他的职称晋升及终身教授的授予就没有任何希望。

二是学生对学习必须倾力而为。在哈佛大学,以某学院的数学课为例,每上 1 次课,都要组织 3 次讨论,每次 2 ~ 3 小时,学生不仅要完成课后作业,而且 1 个学期还要完成 8 个研究性课题,研究成果需在课堂上演讲、展示。宾夕法尼亚大学的心理学专业,硕士研究生每次课前都要精心阅读教授指定的大量材料,课堂上学生必须凭借对材料的深度阅读积极发言,并且要撰写 20 页纸的学术论文,在课堂上向教授和同学展示。课程结业成绩,包括课堂讨论、研究论文、课堂演讲和展示等,其中课堂演讲和展示成绩占较大比重,大体上一次演讲和展示成绩相当于 3 次左右的课堂讨论成绩。在马里兰大学及其他大学,本科学生每学期可选修 4 到 5 门课。每次课前都要阅读教授指定的大量材料,一般情况是:上一次课,必须阅读 9 个小时以上的材料。课后要撰写大约 5 页纸左右的读书报告,一门课平均撰写读书报告 4 到 5 份,同时要到课堂上演讲和展示。所有学生课前都能认真地读完材料,有的甚至写出读书报告,争取在课堂讨论中有更多的发言机会和更好的发言质量。课程成绩包括课堂讨论、研究论文、课堂演讲和展示、课堂测试等,任何一个环节的成绩薄弱都会影响最终成绩的获得。尽管课程的性质不同,具体教学方式、检测方式会有不同特点,但要获得课程学分,学生都必须付出全部的努力,轻轻松松拿学分的现象绝不存在。

三是注重分层次教学,因材施教。美国大学坚持好的教育是因人而异的教育理念。人的受教育程度并非越高越好,关键是要有针对性,教育要符合每个人的具体情况,对每个人能产生直接的帮助。在马里兰大学,进校分数在前5%的学生,一进校就由专门老师引导,分成相应小组做研究工作,训练研究、发现以及撰写研究报告的能力。前15%的学生,学院采用小班开课,一个班10多个人,学生可以从全校不同学院的课程中选课,培养宽阔的眼界,在广泛选修课程的基础上发现兴趣,确定专业方向。前20%~30%的学生,一进校就分成不同的小组,进行主修专业和辅修专业的学习。俄亥俄州辛辛那提大学的IT专业为学习极其优秀的学生设计专门项目;为学习出色的学生设计激发学习、工作和个人成功的Scholar项目;为已经持有大专或同等学力文凭的学生提供本科补充课程以及满足IT学生需求的其他课程。其他一些类似我国培养应用型人才的大学,更是注重根据学生的综合知识基础、兴趣、特长和能力偏好对教学内容进行分级,学生可选择适合自己实际情况的内容,如有的大学将数学课程分成三个级别,最低的级别仅相当于我国的高中数学水平,中级相当于我国大学专科要求的数学水平,高级的数学要求往往高于我国现行的大学本科数学要求。

　　四是重视学生的创新意识和实践能力培养。不同大学的具体形式不尽一致。在马里兰大学主要表现为两个方面:一方面,积极组织学生参加美国能源部、航天署举办的高水平竞赛,从高质量、高水平实战中提高学生的创新意识和能力。美国能源部每年都举行有关太阳能环保的挑战赛,吸引世界各国的大学组队参加。马里兰大学每年都精心组队,学生来源多学科融合,并且指派教授精心指导;另一方面,特别注重培养商界领袖,将企业家精神融入日常教学。重要措施之一,就是接受校友捐赠建立企业家宿舍,凡是有意创业的学生都可以住进企业家宿舍,里面有许多创业项目,可供实习;经常有企业CEO来宿舍作报告,引导学生创业;有视频会议,供学生学习、模仿。这个做法十分成功,引起全世界许多大学模仿。在辛辛那提大学,带薪实习是特别受重视的教学形式。其设计、建筑、艺术和规划学院、工程学院、商学院、应用科学学院的所有专业和文理学院的国际事务、传媒、经济、英语、政治、信息管理、建筑专业都开设带薪实习课程。在带薪实习过程中,学生将所学理论知识应用于实践,实际工作的挑战和问题又促进学生进一步加深理论知识学习。学生在5年本科学习期间,学习与工作交替进行,总计1年到1年半带薪工作。在巴尔的摩大学,三、四年级的学生,每门课都有两周左右的企业实习。学生根据所学知识及企业实际进行市场调查、分析、发现问题,提出对策,制定方案,企业老板获得了较低费用的劳动力,学生获得了在实际中发现问题、分析问题与解决问题的机会。值得强调的是,在美国的大学,本科生参与科研活动不能影响或顶替课程学习,参加各类大赛,学校也不给予物质奖励,但会记入学分,同时通过公共媒体曝光,提高学生的社会知名度,毕业时易于被企业录用。

五是多方面采取措施提高毕业生就业率。分层次教学,引导具有不同综合知识基础、兴趣、特长的学生成人成才是一个重要途径;其二是为接受申请的社区学院学生开设市场适应性强的课程,培养他们的实际技能和实践能力,与市场需要对接;其三是就业咨询,学校每年都通过各种途径大量进行市场调研,帮助学生发现工作机会,为学生提供就业信息;其四是加强校友会建设,美国大学都建设有强大的校友网络,学生在校期间就可以借助校友会参加大量实践,增强实践能力,毕业找工作的第一思维指向也是通过校友会,寻找合适校友,上门寻求帮助;其五是专业设置避免重复。美国大学的新专业设置,以州立大学为例,具体程序是:系评审委员会评估——学院评审委员会评估——学校评审委员会审定——校董事会审定——上报州教育委员会——州教育委员会发布公告。公告期内,如果没有其他学校提出已经建设有相同专业,并且质量很好,申请专业才能获得州教育委员会批准。专业设置避免重复,有效地规避了就业竞争中的"同类相残",成为提高大学毕业生就业率的重要保证。

二、美国大学的科学研究环境宽松

在我国,大学教授做科学研究通常面临种种烦恼,包括研究经费申请的渠道狭窄,研究课题评审过程中的人际关系影响,研究团队中权力本位渗透,研究绩效频繁考核,研究经费使用中存在不规范现象等,在美国,科学研究同样是大学教授的重要工作,并且研究的水平高、层次高、原创性成果突出,具有较高的科学研究效益,这得益于美国的社会和大学为教授的科学研究提供了一个宽松的环境。

一方面,美国大学教授有多种渠道申请研究经费。理工科教授的经费申请渠道包括联邦政府经费,美国科学基金会经费,美国健康总署经费,州政府的各种研究经费,特别是联邦政府的国防研究采用广泛播种、自由研究、分批选择、重点培育的方式,可以使大面积的大学教师受益。基本作法是:初期研究广泛播种,研究经费10万美元,申请者皆有较大概率获得。研究者根据自己的研究兴趣选题,研究成果上交国防部有关科学研究资助管理单位,未研究出成果的也不会受到任何追究。国防部有关科学研究资助单位从上交研究成果中选择具有前瞻性或发展潜力的成果追加研究经费,一般是50万美元,研究结束上交研究成果,未研究出成果的同样不受追究,国防部有关科学研究资助管理单位再从上交成果中选择极具研究价值的项目加大资助,一般可以达到1000万美元,甚至更多,资助研究者建立公司,进行开发研究,同时要求研究者将资助经费中的一部分,如1000万美元中的50万美元,资助建立另一个与自己竞争的公司,推动研究的竞争性发展。文科教授也有各种基金会基金可以申请,申请者关键是要学会如何撰写符合要求的申请书,研究结束,按经费资助者要求,有的需要提供研究成果,有的则不需要提供,未研究出成果的也不受任何追究。

另一方面,美国教授有较大的学术自由,体现在科学研究方面,就是研究什么,不研究什么,怎样研究,是否与人合作,与什么人合作等,完全基于教授的学术兴趣和工作习惯,极其利于原创性研究成果的诞生。即使在一段时间内,有的教授选择不做或少做科学研究,只做或多做教学工作,学校同样允许。美国大学教授的薪金虽然不是社会最高,但教授本身拥有很高的社会地位,体面的生活,工作环境宽松,自尊心和自身价值能够得到很好的体现,所以美国教授都能够积极地从事科学研究,发表高水平的学术论文,或获得高水平的科学技术专利,研究性大学的教授尤其是如此。同时,由于校院领导的威信在很大程度上依靠教授支持,美国大学的校院领导对教授都非常地尊重和关照,行政人员尽全力为教授的科学研究,包括教学工作提供帮助。所有这些都使教授能够安心、舒心、专心地从事科学研究。

值得强调的是,美国大学教授的科学研究环境宽松,但是对科学研究经费使用的监督却极其严格,学院、学校都有专人监督,财务部门严格把关,同时还要受到政府、经费资助人等方面的严格监督,研究经费报销,每一张发票都必须确保真实,一旦有弄虚作假被发现,当事者的整个学术声誉将全部毁灭,从此在学术界销声匿迹。这种强大的制度震慑力保证了美国大学教授的高度诚信和科学研究的高度纯洁。

三、美国大学注重技术的企业转移和利益共享

推动科学研究成果向现实生产力转化,实现产学研结合,是我国科教兴国战略的重要内容,也是我国大学科学研究发展的战略导向。现阶段,我国大学在这方面正努力探索,但总的看,还有许多问题没有解决,相应的机制建设还比较薄弱。美国大学这方面的探索起步较早,已经形成了比较成熟的做法,可以为我们提供很好的借鉴。

这里仅以马里兰大学为例。20 世纪 80 年代以前,马里兰大学的很多科研专利不能及时走向社会,自生自灭。20 世纪 80 年代,美国联邦政府颁布 The Bayh - Dole Act 法案。这个法案是一个处理专利发明人与专利所有权人关系的法案。适应政府的法律制度创新,马里兰大学及时成立科技园,启动了推动科研成果产业化进程。当今,在全球经济放缓,政府税收减少而对大学拨款减少的背景下,马里兰大学更进一步致力于加强与企业的联系和技术转移,计划在未来 5 年内创立325 个新型企业。为实现这一目标,马里兰大学采取了一个重要举措:重新设计终

身教授合同,在着眼学术水平要求的前提下,增加一项新的要求,即知识产权的开发和拥有,具体就是获得一项世界领先的技术发明专利,等同于发表一篇重要学术论文。过去教授对获得发明专利毫无兴趣,现在获得发明专利变成了推动科学研究的强大动力。

为加强企业联系,马里兰大学将它的科技企业所(Technology Enterprise)建设成了一个国际孵化器,现在已经有 70 多家国内外企业进驻。学校成立有技术产业化办公室(OCT),专门负责企业进驻科技园的工作。进驻科技园的企业分为两个部分:一是校内教师注册企业,一是校外企业。技术产业化办公室接受企业进驻科技园,分三种情况:对明显能赚钱、有实力、有前途的企业,收取少量入园费;对目前尚无实力,但有潜在发展前途的企业,入园运作一段时间后,收取少量入园费;没有前途,根本不可能赚钱的企业,不能入园。目前,马里兰大学进驻科技园的申请者与实际进驻者比例,一般是 3/1。大学的科学研究都是基础性研究,为了帮助企业进驻科技园后与教师专利权人有效合作,降低企业的投资风险,提高企业投资的积极性,马里兰大学每年向马里兰州政府申请一笔研究经费,每个项目投资 10 万美元,由一名教师带领两名学生进行先期研究,经过两年时间,研究专利转化为相应产品后,企业再进行大规模投资,实现专利产品生产的产业化。

入驻科技园企业的赢利分配三方受益。一项科研专利,经过学校前期孵化,企业投资实现产业化,最后到出售产品或整个企业出售,获得赢利后,首先在企业与专利所有权拥有人即大学之间进行分配,企业按契约约定向学校支付专利使用费,余下归自己支配。学校再与专利发明人就获得的专利使用费进行分配,一般情况是:专利发明人获得专利使用费的 50% 左右,余下归学校。这样的赢利分配,不仅保证了企业发展,学校经费筹措,而且保证了教师收入水平的大幅提高,极大地提高了教授的经济地位和社会地位,为进一步激发教授的科学研究热情,加强与企业联系,推动科研成果转化,直接服务社会提供了重要动力。这也从一个侧面印证了马克思"人们奋斗所争取的一切,都同他们的利益有关"[1]82 的名言。

四、美国大学的社会服务立足于大学的本质和特点

社会服务是大学的基本功能,但我国学术界对大学如何有效为社会服务,看法多种多样,不少研究不仅把大学视为一个全能者,社会所需要的一切大学都应当提供服务,而且认为每一个大学教师都应当同时承担人才培养、科学研究、社会服务三项职能,一些大学更是把这样的要求作为教师职称或职务晋升、考核的重要条件。美国大学在这方面的理解和作法为我们提供了一些很好的参照,颇有启发意义。

美国大学的社会服务主要有六方面涵义：一是，大学的根本职能是人才培养，最重要的产品是学生，培养出高水平的人才就是大学对社会的最好服务。美国大学秉持的理念是：无论进入大学校门的学生素质如何，毕业时都应当是高素质产品，绝不应当把不合格的学生推向社会。二是大学依靠自己的特殊优势建立科技产业孵化器，孵化新的科技企业，转化科研专利，支持企业发展、壮大，为州政府上缴税款，最终惠之于民。这是大学社会服务的重要内容。三是引导教师、学生自己开办企业，将自己的科研成果直接转化为生产力，服务经济社会发展，同时为州政府提供税收。四是持续地将科学研究发明及理念创新应用于国家及地区经济社会发展。五是师生直接为当地百姓提供包括生产、生活方面迫切需要的免费服务。六是教授利用专业知识向小企业提供各种咨询，帮助小企业发展、壮大。对州立大学而言，还有一个极为重要的方面：如果某方面的专业确实为当地社会所需要，不管它是否能够赚钱，学校都应当创造条件开办，甚至是赔钱开办。马里兰大学的护理专业就是这种情况，开办之初并不赚钱，还要赔钱，但它确实为本地老百姓所需要，学校就坚持开办并得到了较好发展。

由上可见，美国大学对社会服务的理解，一是以人才培养为基础，人才培养是大学的根本功能，也是大学对社会做出的最具有根本意义的服务。正因为如此，美国大学无论州立还是私立，都始终把人才培养放在极其重要的地位。二是把社会服务建立在大学整体概念理解的基础上，通过大学整体机能的运转来实现，而不是一定要求把大学教师、教授的工作必须划分成泾渭分明的三个部分，刻意地为服务而服务，额外增加教师、教授负担。三是将社会服务建立于科学研究的基础上，通过科学研究成果的转化、转让，加强与企业的联系，实现相应的社会服务。四是将社会服务与培养学生的社会责任感有机联系，同时也有效地培养了学生的社会实践和活动能力。这样的社会服务是人才培养、科学研究功能的有机延伸，也是大学整体功能的合理发挥，既没有额外增加大学教师和学生的负担，又实实在在地实现了对社会的服务，自然通畅，科学合理。

五、美国大学筹款以捐赠者对大学的感情和信任为基石

我国大学体系中占主导地位的是公立大学，政府拨款是大学获得办学经费的主要渠道，虽然教师的科研经费也是学校办学经费来源的重要组成部分，但由于大多数学校的科学研究实力不强，每年所获科学研究经费甚少。由于筹款渠道狭窄，我国大多数大学的办学经费普遍紧张，严重制约了学校发展。在美国，无论是公立大学，还是私立大学，筹款都是学校的重要工作，成功的大学都是具有强大筹款能力的大学。它们的筹款作法和经验富有启发性。美国大学的筹款渠道主要

包括：①学生学费；②科研项目经费；③企业捐赠；④校友捐赠。美国大学的筹款体制包括：大学校长负责学校的筹款工作，1 名副校长主管筹款工作，学校设立负责处理外部关系办公室或校友会负责筹款，各学院设专人负责筹款或者设立筹款办公室。当然，不同学校的筹款体制会有少许差异。筹款人做出显著业绩的，学校不直接给予物质奖励，但是会提升其工作职位，增加工资薪金。

校友捐赠、企业捐赠在美国大学筹款体制中占有特殊重要的地位，美国大学高度重视，并且有非常成功的经验，值得认真学习和借鉴。

先看校友捐赠。美国大学对校友有广泛的理解。校友，不是特指学校的历届毕业生，而是泛指学校的历届毕业生以及在该校接受过各种非学历教育的学习者。美国校友的个人捐赠动机包括感恩、解决疑难问题、回馈母校、获得自豪感及自我价值的实现，以及期望在学校、社会获得影响等。对外关系办公室以或校友办公室获得校友捐赠，不是靠说服校友，而是靠聆听校友的心声，更多的是从校友的需要和兴趣出发，让他们知道对学校某项活动、某种需要的捐赠也是他们自身的需要，或是他们的兴趣所在。关键是学校一定要让校友知道学校一直在关心他们，注视他们，帮助他们。同时，校友办公室或对外关系办公室要获得校友捐赠，首先必须请校友捐赠，不能坐等校友上门。校友捐赠学校，非常重要的原因是对学校有感情。为培养这种感情，美国大学从录取新生开始就对学生予以充分的关怀和爱护。如哈佛大学作为世界顶尖大学，特别注意向经济弱势家庭倾斜，录取的学生中，家庭年收入在 6.5 万美元以下者，一律免交学费，同时享受奖学金。学生入校后，对外关系办公室或校友办公室会主动关心学生的一切，帮助新生尽快适应大学生活，解决学习、生活中遇到的各种问题，通过各种渠道向困难学生提供解决经济负担的支持。教学以学生为中心，课程由学生选择，教师对教学高度负责，使学生付出的学费物有所值。学校为学生参与各种科研活动及创业提供条件，促进学生各方面能力发展。学校建立强大的校友关系网，为毕业生找工作、就业提供强有力的支持。学生毕业后，学校一直与他们保持密切联系，关心其创业和发展。此外，为培养学生对学校的感恩之情，在校期间学校就引导他们对学校进行 5 美元的小额捐赠。美国大学的校友捐赠中，校内的教授、董事会成员、对外关系办公室或校友会成员都是重要力量。

再看企业捐赠。企业对大学的捐赠是一种投资行为，捐赠往往同利益要求联系在一起，这种利益要求常常涉及学校的许多方面，如建筑冠名、招生工作中的校企合作、科学研究中的校企合作、知识财产及知识资本的使用、专业技术及特殊设备的使用、企业管理人员的培训、企业管理者在学校董事会里发挥咨询作用等。面对企业多种多样的利益需求，学校需要把企业发展战略与学校发展战略相联系,找到合理的合作渠道,通过对企业提供各种可能的服务,如为企业提供各种文化之间沟通的桥梁,与企业联合成立各种体育运动队,开展各种体育活动等,以获得企业的慷慨捐赠。

美国是当今世界的高等教育强国,学习、借鉴美国大学的管理经验对提高我国大学办学水平,建设高水平的大学无疑具有重要的意义。但是,学习首先有一个学什么,怎样学的问题,这一问题不解决,学习、借鉴就无从谈起。大学管理的基本要件有二:一是理念,一是实践。从上面梳理的美国大学管理经验看,美国大学的管理理念并不神秘,现阶段的我国政府管理者、大学管理者及其教师都十分熟悉,在我国高等教育研究的报纸、杂志,政府及学校的有关管理文件、有关管理者的讲话中都大量出现,但就是一直未能将理念有效地转化为实践(当然也有一些理念在传播中被误读,不仅不能发挥积极作用,反而产生了消极作用),这应当是当下我国大学管理中许多问题不能得到有效解决的根本原因。因此,学习借鉴美国大学的管理经验,首先就是要认真学习、研究美国大学管理的实实在在的作法,"真理在细节之中",[2]7注重细节、注重实在作法,才可能学到实处,学出成效。根据我国大学的发展实际,创造性地汲取其中的务实经验。从当下来看,如下四个方面值得高度重视:

第一,必须切实落实人才培养在学校工作中的中心地位。现代大学组织结构及其功能复杂,但千头万绪,根本的问题仍然是人才培养。育人工作必须在学校工作中居于中心地位,学校的所有工作都必须围绕人才培养增强合力,而不是各项工作都追求自己的政绩,严重影响人才培养合力的形成。课程设置应当考虑学生的就业和发展,保证学生毕业能顺利找到一份理想的工作,应当成为我国高校人才培养工作的重要指导思想。契合大众化背景下学生的突出特点,教学应当契合学生实际,因材施教。教学过程必须严格,学生必须有较大的课业阅读和练习任务,以充分培养学生开阔的视野,奠定良好的知识基础,形成较好的基本技能,从而将学生每学期的选课门数控制在适当的范围,从根本上解决学分"放水"问题,保证学生的大学基本学习时间,严格毕业文凭及学位授予。教师的职称、职务晋升等必须把教学效果、教学态度等放在突出的地位。坚持教学第一,科研第二,人才培养第一,其他工作第二,从根本上解决教师教学动力疲乏,学生学习动力疲乏的问题,切实保证人才培养质量。毕竟"大学的荣誉,不在它的校舍和人数,而在于它的一代一代人的质量。"[3]162同时,要通过切实加强校友会、招生就业等多工作,向学生倾注更多的关心、帮助和爱护,既推动学生顺利地成人成才,也培养他们对学校的深厚感情。

第二,教师培养应当从前期抓起而不是从后期抓起。美国大学管理中的一项重要经验,就是特别注重教师晋升副教授和教授之前的教学业务和学术努力,这是符合教师成长规律的。当下,我国不少高校对教师的要求往往集中在教授层次,动辄就是教授要承担什么级别的项目,年挣多少万元科研经费,获得什么级别的科研奖项之类的要求,但是对于刚刚入职的教师怎样培养,助教晋升讲师究竟该在教学、科研方面具备什么条件等要求不明,在一些学校教授以下的职务分级甚至搞片面地按"老"分配,这是一种典型的追求短期政绩的管理行为,势必导致教师队伍发展缺乏后劲,始终处于无序的发展状态,难以形成良性发展机制。从根本上解决这一问题,学校在教师发展战略上必须将重心下移,特别要把好从助教到讲师、从讲师到副教授、从副教授到教授的各个环节,奠定扎实的发展基础。"教育大计,教师为本"[4],而打牢这个"本"的基础,就是在于教师成长发展的前期。

第三,教师的科学研究应当服务学科发展和国家或地方发展的战略需要。科学研究是大学教师的重要任务。但是,大学教师的科学研究,必须服从学科发展和人才培养需要,服从国家或地区发展的战略需要。为此,大学的科学研究,一是不能简单地重复社会上其他机构可以做好的工作,二是不能一味地"追风",完全地随着市场转,更多的应是带有基础研究的性质,更注重自然规律和社会规律的揭示,即使应用性研究,也应当具有明显的前沿性质,而不是简单地重复别人。诚如亚伯拉罕·弗莱克斯纳所言:大学的社会服务要既防止"社会滞后",又不能简单地迎合时尚;大学不应脱离社会,孤芳自赏,应当以自己的实力和声望对科学和重大而紧迫的问题进行研究,对相应的社会政策产生影响,又必须摆脱商业行为及其有损大学本质的行为影响;大学要严格区分自己能够做好的事和"不应涉足的事"。[5]3立足于这样的思考,大学的科学研究应当更多地激发教授的研究兴趣,而不是强制性地规定经费数额,成果数量。在这方面,我国的高校有许多工作要做。

第四,进一步加强大学同企业的联系,推动科研成果向企业转移。企业是推动科学技术转变为生产力的实际主体,加强大学同企业的联系,既解决了科学研究成果向生产力转化的途径,又为企业的不断升级发展提供了强大支撑。加强大学向企业的技术转移,大学建设高新科技孵化器是一个重要途径,美国一些大学在这方面做得非常成功。当下,我国不少大学也在实验这一方式,但是要注意的是,一定不能建成变相的租房公司,靠租房赚钱。因为,"校园并不是反映商业价值的房地产开发",大学加强与企业的联系,推动科研成果向企业转移,"唯一切实可靠的政策是一贯地和一致地坚持学术标准"。[6]211据我们对美国一些孵化器的实际观察,变相租房的情况确实在一定程度上存在。我们学习、借鉴美国大学孵化器实践,应当自觉地将这种"水分"挤去,既确保我国高校有限的硬件资源在人才培养和科学研究及其成果转化方面得到合理的使用,也确保我们的科技孵化器建设得到健康发展,进而在推动大学的产学研结合方面发挥更大的作用。

参考文献:

[1]马克思恩格斯全集[M].第一卷.北京:人民出版社,1956.

[2][美]伯顿·克拉克.大学的持续变革:创业型大学新案例和新概念[M].北京:人民教育出版社,2008.

[3]眭依凡.大学校长的教育理念与治校[M].北京:人民教育出版社,2001.

[4]温家宝.教育大计,教师为本[OB/OL].http://cpc.people.com.cn/GB/64093/64094/10173584.html

[5][美]弗莱克斯纳.现代大学论——美英大学研究[M].徐辉,陈晓菲译.杭州:浙江教育出版社,2001.3.

[6][美]伯顿·克拉克.大学的持续变革—创业型大学新案例和新概念[M].北京:人民教育出版社,2008.

关于创业型大学的基本问题思考

　　国际上,创业型大学的实践初始最早可以追溯到 20 世纪中期,但欧洲部分大学在 20 世纪最后 20～25 年间发生了重大转型。美国著名高等教育专家伯顿·克拉克教授 1998 年出版的《建立创业型大学:组织上转型的途径》(下简称《创业型大学》),对欧洲 5 所大学进行了系统考察和总结,正式提出了创业型大学概念。2003 年伯顿·克拉克又出版了《大学的持续变革:创业型大学新案例和新概念》(下简称《新概念》),不仅对欧洲 5 所创业型大学的持续变革作了进一步考察和总结,而且对非洲、拉丁美洲、北美洲和澳大利亚的部分创业型大学进行了考察和总结。《创业型大学》和《新概念》翻译本在我国公开出版以来,创业型大学逐步引起国内学者关注,发表了一定数量的博士学术论文、硕士学位论文。这些研究中,有介绍引进性质的,有比较研究性质的,有简单比照创业型大学的做法和特点,设想我国大学如何建设创业型大学的。总的看,国内关于创业型大学的研究尚处于初始阶段,"学以致用"心情比较迫切,但学以致用必须建立在抓住精髓和关键的基础上,否则创业型大学这一舶来品势必很难真正中国化。基于此,笔者拟在忠实伯顿·克拉克《创业型大学》和《新概念》的介绍与分析基础上,结合我国国情,就有关创业型大学的四个方面基本问题略述思考。本文的高校限定在公立范围。

一、创业型大学的科学意蕴

　　创业,《现代汉语词典》的解释比较简单,就是创办事业。《百度》的解释比较详尽。主要是指富有创业精神的创业者与机会结合并创造价值的活动。[1] 在目的性上,创业是指创立基业或事业。狭义的是指创业者的生产经营活动,广义的是指创业者的各项创业活动。在行为方式上,创业是创业者利用相应平台或载体,将发现的信息、资源、机会或掌握的技术,以一定的方式转化并创造更多的财富,实现某种价值追求的过程。因此,无论在哪个侧面,创业都体现为一种开拓、进取的精神和气质。

　　具体到创业型大学,伯顿·克拉克指出:它是凭借"自己的力量,积极地探索在如何干好它的事业中创新。它寻求在组织的特性上作出实质性的改变,以便为将来取得更有前途的态势"。它是能按"自己的主张行事的重要行动者"。[2]2一所传统的大学要转型为创业型大学,必须有一个强有力的驾驭核心,以使新的管理价值观与传统的学术价值观相协调;必须有一个拓宽的发展外围即在大学及其内部系科、科研中心、学部与社会上的企业及其他组织之间建立起专业的中介组织或办事机构,直接促进大学科研成果及其服务与社会相结合;必须降低对政府经费资助的依赖,建立多元化资助基地,不断拓宽学校的经费来源;必须激活学院、学系等学术心脏地带,使其成为重要的创业源泉;必须整合创业文化,使创业的价值观和信念不断引导其他要素的发展。《创业型大学》研究的沃里克、特文特、斯特拉斯克莱德、恰尔默斯、约恩苏5所大学以及《新概念》扩展考察的非洲、拉丁美洲、澳大利亚、北美洲的一系列创业型大学,虽然各自校情及创业道路不同,但大都遵循这一转型路径。

　　国内关于创业型大学的研究,多数几乎是将创业型大学当作公理来使用,也有部分研究对创业型大学的科学意蕴进行了探讨。如:创业型大学的整个组织形成了一个有效整体,凭借知识的力量回应社会需要,在互利共赢中积极谋求大学事业的创新和发展。[3]

　　创业型大学以创新创业为主要职能,利用企业运营方式进行内部管理,通过与政府和企业建立新型关系,积极竞争外部资金支持内部科学研究,带动所在地区经济社会发展。[4]

　　创业型大学是具有企业家精神的研究型大学。它与政府建立新型关系;与企业和科研院所紧密合作;以开发新科技、创造新产品、催生新产业为中心任务;直接参与研究成果商业化活动,争取更多资金来源;以提高大学自身、地区、国家自主创新能力为终极目标。[5]

　　创业型大学是在与政府、企业及公众协同互动过程中,利用自身人才、科研优势,借助技术转移、成果转化,传承文化、创造知识、实现价值、服务社会的新型大学。[6]

　　创业型大学,是指通过拓展传统的教学、科研职能,承担促进国家和区域经济社会发展使命,积极开展创新、创业活动,融创业文化与学术文化为一体的新型大学。[7]

　　创业型大学是以"创业遗传代码"铺设"学术资本主义"的一类大学。它以学术为核心,强调学术成果的实用价值与经济效益,引领市场形成学术源与市场流的良性互动。[8]

如上有关创业型大学意蕴的探讨各有侧重，不乏启迪意义，也存在两个方面的重大缺陷：

一方面，上面所引只有 1 条提到了"教学"，其他都是在强调大学如何通过组织创新，整合力量，建立各种社会关系，直接以科学技术推广及其他方式为社会服务，实现知识的资本化和商业化，但对创业型的人才培养职能只字不提，这无论如何都不符合大学的本质要求。确实，"大学是花钱的，好大学是很花钱的"，[2]29满足大学经费支出需要，大学可以充分利用在知识创造和占有方面的巨大优势，通过知识传播和应用为自己创造经济利益，但是大学的这种举动必须在有效服务其人才培养的前提下才是适宜的。否则，大学就失去了它的本质，可以是公司、研究机构、服务站，或者任何其他社会组织，但唯独不再是大学。

另一方面，大学毕竟是研究、传播高深学问的地方，新知识的生产虽然整体上受经济社会发展水平制约，同时又具有相对独立性以及在此基础上的相对超前性。这种相对独立性和超前性相应地决定了大学生产的高深学问或知识，有些直接与当时经济社会发展趋势相契合，易于立即投入应用，造福社会；有些虽有重大学术意义，但却需要相当长时间之后才能投入应用。即便如此，有些学术成果投入应用也并非能直接为其发现者带来经济效益。这种情况在基础科学领域大量存在。如果这些方面的专家学者放弃基础学科探究，转向应用学科，一些人固然可以成功，但如果没有基础科学发展，应用科学势必逐渐萎缩，最终危害人类社会发展和进步，这既与大学本质相背，也直接影响大学自身的生存和发展。

综合创业的一般字面涵义及伯顿·克拉克在《创业型大学》及《新概念》中关于创业型大学的阐释，汲取国内学者的探讨，笔者认为，创业型大学是旨在以大胆的创新、创造为自身争取更好发展前途，为社会作出更大贡献为价值追求的一类大学。它在办学取向上将人才培养与科学研究成果的转化和应用密切结合，学术文化与商业文化深度融合，显著地提升自身综合实力，持续地为经济社会发展作出突出贡献。创业型大学的起点是回应社会大量增多的高等教育需求，转型成功的宗旨是不断提高自身综合实力，更好地服务学生和社会。我国高等教育自进入新世纪以来，已经快速地实现了大众化，多数高校尤其是地方高校面临的大量问题，不少与《创业型大学》和《新概念》介绍的创业型大学案例有相当程度的相似性。这正是创业型大学观念引入我国后，立即激发起学术界大量关注的现实生态。

二、创业型大学的精神特质

20 世纪中期以后，欧洲、北美等地逐步孕育并最后出现创业型大学，原因首先在于"现代大学发生了一个扰乱人心的和它们的环境之间的不平衡问题"。"迅速变化中的大学世界的普遍特征,迫使很多国家的个别大学变得更有魄力"[2]157《创业型大学》和《新概念》,不仅以丰富的材料介绍了有关创业型大学的发展历程、创业艰辛及其辉煌成就,而且透过这些介绍,集中向世人展示了创业型大学的宝贵精神特质及组织特性。在我国高等教育大众化阶段,借鉴、引进创业型大学观念,探索、建设创业型大学,尤其需要重视对这些精神特质及组织特性的了解与学习。其中,最为重要的有两个方面:

一是自力更生、自我发展。

伯顿·克拉克指出:"'创业型'是一个含义丰富但是具有针对性的词语,指最可靠地导致现代自力更生和自我驾驭的大学的态度和程序。"[9]9《创业型大学》及《新概念》集中介绍了欧洲5所大学的持续创业精神,这些大学虽然所处位置相异,条件不同,但是都凭着自力更生、自我发展的创业精神和组织特性实现了重要转型,成就了创业型大学。

英国的沃里克大学位于英格兰中部,20世纪60年代建校,至80年代时生存环境十分艰难,但在此后15年间,它通过建立强有力的驾驭中心,发展学术外围组织,拓展资金来源,减少对政府资金的依赖,激活学术心脏地带,加强外围与学术心脏地带联系,成功地发展成为综合性研究型大学,并且非同寻常地向工业领域拓展,取得了显著成效。被英国前首相布莱尔赞誉为"'它的动力、质量和创业热情'不亚于英国大学的一座灯塔"。前首相撒切尔夫人称赞"沃里克是一所极端进步的英国大学,是国家非常需要的那种大学"。美国前总统克林顿称赞它"在一所年轻的大学历史中确实是划时代的里程碑。"[9]16~17

荷兰的特文特大学,1961年建立于荷兰和德国边境的偏僻乡村,规模小,位置萧条,遭到学生回避而不是追求,声誉和权力处于荷兰大学图腾柱等级末梢,易受政府财政危机伤害及可能停办的谣言困扰。面对不利环境,它的反应是:从80年代早期开始,在骚动的预算削减环境和不可依靠的学生需求中,不管发生什么事,都要依靠自己的力量发展成为一所规模更大、力量更强的自力更生的大学,在15年间通过建立坚强的行政核心和新的预算制度,塑造创业精神,最终发展成为一所欧洲创业型大学联合体。

苏格兰的斯特拉斯克莱德大学20世纪60年代始获大学地位,从1980年开始坚定地走自我发展之路:改革预算管理方式,将规划、资源分配和责任有机联系;建立大学管理小组沟通学校和院系联系,消除新的价值观与传统学术价值观冲突;大力塑造发展外围:扩大学校与校外群体关系;建立专利部谋划学校长远收入,大量建设跨学科研究中心与工业合作及企业联合;大力发展教学外扩单位,其中自筹资金的商学研究生院,"来自工商管理远程教育课程的收入,导致大学于1993 年获得女王突出成就奖"。[2]91

瑞典的恰尔默斯大学建立于 19 世纪 30 年代,至 20 世纪 70 年代末,还是一个"私立"的,自治的、小规模的比较集中的大学,但从 70 年代开始,学校开始自下而上的创新,至 80 年代学校更是"给创新行为众多的特殊场所",[2]108 这些场所很快地由一个复杂的发展外围组成,其中很多新单位主要进行定向和跨学科项目,又架桥到工业企业和其他外部集团,把外部对问题的解释带进大学。它还跨越传统大学边界,建立子公司和科学园区分支机构,不断激活创业动力,以创业型的制度观念加强大学的同一性,塑造大学精神共同体。

芬兰的约恩苏大学位于芬兰农村,从 1969 年到 80 年代早期,它不囿于地方教师教育的学科限制,积极发展理学、林学等学科,最终过渡到半综合大学系列。1985~1995 年,进一步开始重大的预算改革以及"灵活的工作负担"改革,[2]138 基层自由决定其经费,各系和校部领导比较敏锐地思考如何把系建设成为公认的"卓越中心",把许多单位提高为大学的"尖顶",学术心脏地带被充分激活。它还适时引进新学科,提升学位授予层次,培养更多的研究生。10 年艰苦创业,使其在芬兰高等教育系统占据了一个合适的位置。到 2000 年,它把自己定位于尽力强调国家目标,依靠在芬兰科学院和敢作敢为的国家发展机构所设置的竞争中,一个项目接一个项目,一个计划接一个计划地取得学术卓越的声誉。[9]66

此外,《新概念》介绍的乌干达、南美洲、澳大利亚的创业型大学以及美国的斯坦福大学、麻省理工学院,无不强烈地凸显出自力更生、自我发展的创业精神及组织特性。

二是甘冒风险、追求卓越。

创业型大学又一精神特质和组织特性是甘冒风险、追求卓越。它明白"在飞速发展的时代,精明的行动方针是走在前面,对它们所面临的需求的冲击,策划驾驭它们而不是随波逐流。"[2]3 在欧洲,最早成长起来的创业型大学,并不是各自国家高等教育系统中的旗舰大学或精英大学。这些旗舰或精英大学,即使在外界环境对大学的需求与大学对外界环境需求的反应严重不对称的情况下,也可以继续熟视无睹,不愿冒改革风险。但是,那些具有雄心壮志,并且时常担心自己会在国家高等教育系统中沦为边缘地位的大学,却不能不对经济社会与大学之间关系的急剧变化主动应对,它们必须为改革大学的管理体制和方式,拓宽大学的经费渠道,冒险地创办起一个全新的由非传统的单位组成的外围结构,激活大学的学术中心,确立甘冒风险进行改革的组织文化和特性。《创业型大学》考察的 5 所大学,在 20 世纪 80 年代和 90 年代早期都作出了勇敢尝试。它们积极搜寻组织的特殊个性,冒险进行标新立异,到市场中去冒险。它们服膺这样的信念:应该选择在大学的特性上进行实验变革的风险,而不要选择单纯维持传统的形式和实践的风险。

沃里克大学认识到英国中央政府在财政上通常是一个不可依赖的、不好的赞助者,毅然决然地在制度上确立了"我们愿意走出去嫌钱,而不愿乞求钱"的理念[9]29,坚信"攻击是最好的防卫形式",[2]43把学校置于一种独立的姿态,通过挣钱走自己的路。"在沃里克,等待政府拿出更多的钱,被看作只是那些并不面对现实的人们所采取的选择"。[3]42特文特大学面对不利环境,冒险确立起"创业型大学"理念。它"希望采取一种创业方法","敢于和不怕承担困难的、危险的,或者大胆的事情",并且将这种态度贯彻到教学、科研、决策和管理的各个方面。[3]65经过卓越的努力,特文特最终建成了集"两中心大学""校区大学""负责的大学""没有边界的大学""有中心的大学""灵活的大学"于一身的创业型大学。斯特拉斯克莱德大学为了从国家高等教育系统的边缘地位发展成为一所全国大学,强调把大学创造的知识更加广泛地利用到"创造财富的事上",锻造"大学的科研力量和特定的公司或商业之间明显集中的联系",[2]98改革传统办学方式,进行全新创业。恰尔默斯大学在瑞典宣布高等教育完全是中央政府责任的背景下,毅然改制为一所基金制大学,坚持"我们要'自己'动手干事情,我们要'坚持我们自己的权利'"。[2]121约恩苏作为一所地方大学进入多学院的芬兰大学大家庭之后,20世纪90年代,又利用芬兰政府有意愿把权力从国家下放给大学的机会,主动建议并得到教育部长同意,成为"一所试点大学",为整个大学系统实验"一次总付的预算方法",[2]133迫使各学系积极创业,推动了整个大学转型。美国的斯坦福大学从昔日的"土地富裕,金钱贫困",身患"顽固的营养不良",到20世纪后半期,创造"硅谷"奇迹,"有资格担当全世界首要的创业型大学"。[9]176《新概念》具体介绍的其他创业型大学,创业道路同样充满了甘冒风险、追求卓越的精神与组织特性。

一所大学是否会成为创业型大学,时代的需求是一个方面,另一方面则取决大学的意志。伯顿·克拉克指出:一所大学的深思熟虑的转型要求两个奇迹。一个奇迹是启动开始以前压倒失败的恐惧。很多大学简直不愿尝试走新路。这是危险的:一所口头喊喊的大学可能被打败。另一个奇迹是持续一个十年或更长时间的成就的良性循环,打败使变革中止的组织(特别是大学)和有组织的赞助者(特别是政府部门)的大量的保守倾向。[9]120"压倒失败的恐惧","打败保守的倾向",都需要大胆冒险,没有冒险就没有创业型大学。"一个杰出的典型可能抵得上一千种遥远的理论",[9]90伯顿·克拉克阐述的欧美创业型大学,生动地诠释了甘冒风险、追求卓越是创业型大学的重要精神特质和组织特性。

三、创业型大学的理论边界

1. 创业型大学与现代大学基本社会职能的关系

关于现代大学的基本社会职能，基本共识是培育人才、科学研究、社会服务。胡锦涛在庆祝清华大学成立 100 周年大会上的讲话提出文化传承之后，[10]有学者认为，现代大学有四个方面的基本职能：培育人才、科学研究、社会服务和文化传承。但是，从本质上讲文化传承交融在人才培养、科学研究和社会服务之中，很难独立。因此，学术界基本共识还是倾向于三大基本社会职能。

培育人才是现代大学最为基础的社会职能，与大学共诞生、共发展。曾有人作过统计，在 1520 年以前建立的大约 75 个公共机构仍旧以可辨认的形式存在，有着类似功能和未中断历史的，其中 61 个是大学。[11]大学这种强有力的延续性，本质上源于对人类文明的传承以及为经济社会发展需要培育大批合格的人才。创业型大学，从伯顿·克拉克总结的案例看，虽然启动转型的原因、条件不尽相同，但有一点却是共同的即经济社会快速发展对大学提出的要求越来越多，接受高等教育的学生越来越多，政府对大学的投资却捉襟见肘，成了靠不住的资助者，严重影响了大学面向更多的有高等教育需求的学生开放。转型过程中，这些大学虽然通过建立专业化的校外办事机构从事知识转让、工业联系、知识产权开发，或直接创建公司等，赚取大量收入，一改大学往日面貌，似乎具有了浓郁的商业气息，但这些无不是为了更好地解决"办大学需要钱，办好大学要花很多的钱"的现实问题，同时，它们通过不断更新大学课程，改进教学方式，使课程设置更好地适应社会需要，教学过程更多地与实践结合，将大学建设成"一个有用学习的场所"[2]97等，无不表明创业型大学首先仍然是以育人为本的大学，如果说与转型前相比有什么区别，就在于现在育人有了充裕的资金保证，育人取向更强调与经济社会发展要求相契合，为学生的实习、实践提供了更为宽广的舞台。

科学研究是现代大学的第二大社会职能。这一职能由柏林大学的洪堡引入大学。洪堡认为，大学不是高级中学，也不是专科学校，而是带有研究性质的学校，是高等学术机构，是学术机构的顶峰，它总是把科学当作一个没有完全解决的难题来看待，因此也总是处于研究探索之中。所以，"大学教授的任务并不是'教'，大学学生的任务也不是'学'；大学学生必须独立地自己去从事'研究'，至于大学教授的工作，则在于引导学生'研究'的兴趣，再进一步去指导并帮助学生去做研究工作"。[12]科学研究职能的引入，使大学适应了工业革命以来经济社会发展对科学技术的巨大需要，为大学步入经济社会发展中心提供了根本前提。今天，完全可以说，没有科学研究就没有大学，没有高水平的科学研究就没有高水平的大学。伯顿·克拉克提供的创业型大学中,不同大学的创业路径确实各有特点,但是重视科学研究却为其所共有。如组建以跨学科研究项目为重点的研究中心,以科研为中心发展学科;走出校门兴办研究中心,把校外研究者试图解决经济社会发展重大实际问题的研究方向带进大学;构建以项目为中心的课程,教学、科研紧密结合,提高学生对知识的实践应用能力;不断增加科研项目,扩大研究生招生规模,既培养高层次人才,又为学校科研提供大量生力军;建立科技园区,集研究、孵化、开发为一体;鼓励教师、学生开办科技公司,学以致用。所有这些都表明:创业型大学不仅同样遵循和履行大学的科学研究职能,并且由于它的创业型要求,其履行和遵循比其他大学更自觉,更能主动地与社会需要相对接。

社会服务是现代大学的第三项基本职能。这项职能最早由美国的威斯康星大学引入。关于这一职能,长期以来学术界形成的基本看法是:大学作为一个重要的社会文化组织,不仅要传播、研究高深学问,还应该主动走向社会,直接为社会服务。具体包括科学研究面向经济社会实际,与企业、政府或其他社会组织合作解决工程实践及社会问题;不断改进办学形式,满足公众日益增多的高等教育需求;传播先进文化、价值信念,引领社会发展。伯顿·克拉克介绍的创业型大学,不仅完全传承了这样的社会服务理念,而且主动创建工业集团,与工业企业密切合作展开研究与开发;拓展办学资源,开办"管理培训中心",培训企业高管人才;创建科技园区,鼓励教师和毕业生开办知识密集性公司;在高精尖科技领域,积极争取政府和国防的大量订单,为国家提供高水平服务;建立沟通校内外联系的各种中介,推动知识在大学和社会之间双向转让。所有这些都将大学的社会服务提升到了一个新的水平。所以,创业型大学不仅是以大学的精神办大学,也是以企业的精神办大学,它们的实际发展及其业绩表明:"一所创业型大学也许真的变成一所企业家的大学"。[9]44这也许就是创业型大学在提升大学社会服务职能方面的宝贵经验。

总之,"面对环境的复杂性和不确定性",创业型大学"必须在环境和大学界面以新的方式表现它们自己,但是仍旧必须是大学,永远为根植于科研、教学和学习的教育价值所主宰"。[2]157~158

2、创业型大学与现行大学分类的关系

伯顿·克拉克的《创业型大学》问世,使创业型大学正式成为高等教育的一个崭新概念。创业型大学究竟属于一种新的大学分类,还是与现行大学分类并行不悖?在我国学术界积极倡导建设创业型大学的今天,也是很有必要弄清楚的问题。

国外有关大学的分类甚多,但比较权威者有二:一是联合国教科文组织的分类。20 世纪 70 年代,联合国教科文组织为了提供一套便于各国国内和国际上通行的教育数据和教育指标统计工具,制定了《国际教育标准分类法》(ISCED),1975 年在日内瓦召开的第 35 届国际教育会议上获得批准。1978 年,在巴黎召开的联合国教科文组织第 20 届大会上通过了修订的《关于国际教育统计数据标准化的建议》,经过反复征求意见与论证,1997 年 1 月 25 日正式发布了《〈国际教育标准分类〉第二次修订稿》,8 月在巴黎召开的联合国教科文组织第 29 届大会正式批准实施。这个分类把高等教育分在第 5 层次。进而又分为 5A 和 5B。5A 是理论型,5B 是职业型、技能型。5A 又细分为两小类,第一类专为准备作研究工作的人而设,如 4 年后攻读博士学位;第二类是培养应用型人才,如高级工程师、律师、医师、教师等。5B 相当于职业技术型的高职高专。

二是卡内基基金会的分类。2000 年版卡内基《高等学校分类》依据两个标准,将美国高等院校分为 6 大类 7 小类。根据所授学位层次分为:博士/研究型大学、硕士学位授予院校、学士学位授予院校、副学士学位授予院校、专门院校和部落院校。根据所授学位数量及其他因素,将美国高等学校分为博士/研究型大学－E 类和 I 类,硕士学位授予院校 I 类和 II 类,学士学位授予院校文科类、普通学科类,学士/副学士院校类。

国内关于高校分类也有多种观点,其中对政府决策和高校影响比较突出的是广东管理科学研究院的武书连分类。他按教育部对学科门类的划分和大学各学科门类的比例,将大学分为综合类、文理类、理科类、文科类、理学类、工学类、农学类、医学类、法学类、文学类、管理类、体育类、艺术类 13 个类,又按学校科研规模大小,将大学划分为研究型、研究教学型、教学研究型、教学型 4 种型。每所大学都由这样的类和型构成,类在前,型在后。[13]

审视上述国内外三种分类,看似差距较大,但细究其划分却无不在于以这样一些基本要素中的一个或两个为主要依据:或是人才培养目标,或是学位授予层次,或是学科及科学研究在学校工作中的地位。虽然在这里没有必要按照上述不同分类标准,对伯顿·克拉克《创业型大学》及《新概念》中阐述的创业型大学一一分类,但肯定无疑的是,根据它们各自学科特点、学位授予层次、人才培养目标及科学研究情况,无论是沃里克、特文特、斯特拉斯克莱德大学,还是斯坦福大学、麻省理工等无不可以在其中任何一种分类中找到合适的位置。在这样的意义上,创业型大学与现行大学分类无疑并行不悖,它的出现之所以引起了国内外学者高度关注,关键原因如上所述,它是在"现代大学发生了一个扰乱人心的和它们的环境之间的不平衡问题"的背景下,信奉"在飞速发展的时代,精明的行动方针是走在前面,对它们所面临的需求的冲击,策划驾驭它们而不是随波逐流"的理念,以奋力拼搏、自力更生、敢于冒险、追求卓越的精神回应了时代发展的迫切需求和挑战,推动自身的组织特点转型,不仅实现了综合实力的跳跃式发展,而且为快速发展的时代作出了和正在继续作出更大的贡献,生动地凸显了有别于其他大学的独特精神气质和组织特性。这一点,对于其他大学更深刻地认识自身性质与使命,在当代世界对大学需求空前增加的背景下,以敢于创业、善于创业的精神实现自身更大发展,无疑具有极为重要的意义。

四、创业型大学的中国关切

关于创业型大学,中国学者似乎有一个重要共识,这就是:创业型大学是20世纪中期以来,特别是80年代以来国外高等教育发展的重要趋势,我国正在建设创新型国家,高等教育要在这一过程中发挥更大的作用,必须跟上国外高等教育发展步伐,积极建设创业型大学。一些学者基于斯坦福和麻省理工等研究型大学建设创业型大学经验,提出我国的研究型大学应当率先建设创业型大学。南京大学的龚放教授在2010年就向江苏省提出办好10所左右的创业型大学,打造"扬子江知识走廊"的建议。[14]其他学者也从创业型大学的特征、要求出发,提出了有关我国建设创业型大学建议。但是,认真研读这些研究,笔者感觉在我国建设创业型大学不能简单地比对国外大学做法照猫画虎,而是应当建立在对创业型大学的基本要求以及我国国情深入思考的基础上。基于此,笔者简略探讨四个重要问题。

一是创业型大学的适应范围。

创业型大学是仅适应一部分大学,还是所有类型的大学? 这个问题是我国建设创业型大学必须首先回答的问题。立足对伯顿·克拉克《创业型大学》和《新概念》有关创业型大学案例的研读,笔者认为,从理论上讲,创业型大学在我国各类大学都可以建设。其道理在于:创业型大学并不像其他分类的大学,或者是有科学研究规模的硬约束,或是有授予学位层次的硬约束,或是有服务区域的硬约束,或是有其他条件的硬约束,它突出和强调的主要是建设发展大学的精神气质和组织特性。那些被称为创业型大学者都具有这样一种精神气质和组织特性:在外部世界快速变化对大学提出的要求不断增多,但大学自身所处环境却极为不利,以至于对外界要求反应严重不对称,有可能在本国高等教育系统中沦于边缘地位的情况下,甘冒风险,勇于进行体制创新,自力更生,自我发展,多渠道拓宽办学经费来源,多方式激活教学科研中心地带,多方面加强与工业、企业联合,多方位培育创业文化,推动学校从"山重水复疑无路"的困境走向了"柳暗花明又一村"的境界。这种精神气质和组织特性,实际都应当也必然能够为我国所有大学学习和借鉴,与此相应的创业型大学建设自然不言自明。

尤其应当看到的是,现实的我国正在大力实施创新型国家战略和科教兴国战略,大力提升对包括高等教育在内的教育支持力度;当下教育部又适应经济社会发展需要,着力贯彻实施协同创新战略,推进大学与大学之间、大学与企业之间,大学与科研院所之间的联合,面向经济社会主战场和国家发展战略,深入开展科技创新,推进应用性科研成果直接付诸应用,推进基础科学原始创新,不断增强我国科学研究发展的活力和动力。大学的院、系、科研中心和科学研究人员面向经济社会重大发展需要和国家战略开展科学研究的积极性不断增强,大学必须坚持人才培养、科学研究和社会服务的基本社会职能意识也越来越自觉。所有这些都为我国各类大学走创业型之路,建设创业型大学提供了难得的历史机遇。应当说,这些条件与伯顿·克拉克《创业型大学》和《新概念》中介绍的创业型大学起步之初的条件相比尤其优越。正因为如此,我们的所有大学更应当以高度的自觉性和主动精神,学习借鉴欧美等地创业型大学经验,积极建设创业型大学,更好地履行新时代的大学使命。

二是以培养应用型人才为主的地方高校应当首先进行创业型大学建设尝试。

我国仍然是一个发展中大国,国家对高等教育投入相对不足,地方高校办学经费紧张的问题更为突出。与此同时,地方经济社会发展对地方高校的期望与要求却在不断增加。积极回应这样的期望与要求,有效改善自身经费紧张及由此产生的一系列办学条件滞后问题,地方高校眼睛紧盯政府,寄希望于年度财政预算较大幅度地提高划拨份额是不现实的。借鉴国外创业型大学经验,在现行体制容许的条件下,以自力更生、自我发展、甘冒风险、追求卓越的精神,创新办学体制,疏通社会渠道,依靠自身力量增强办学实力,推动学校发展,无疑是一条重要途径。从现实看,我国地方高校建设创业型大学,特别需要在这样一些问题上下功夫,如大力塑造自力更生、自我发展的价值观,并且通过相应的制度安排和行为互动使其成为人们思想和行为的一致性追求;又如立足地方经济社会发展要求设置专业和课程,加强学生学习认知及多方面能力培养,使大学真正成为"有用学习的场所",易于为高素质生源及社会招聘人才所首选;再如大力发展专业研究生教育、中外合作办学以及特色鲜明的继续教育等,既有效增强办学实力,又有效拓展办学经费的来源;最后,大力发展地方特色的科学技术研究,与企业及科研院所联合,积极推动产学研协同发展,条件成熟的,可以以自主知识产权的重大应用性成果为基础创办科技公司,入驻地方科技园区。所有这些在不少地方高校事实上已经起步,但总的水平还明显偏低,发展很不平衡,更为重要的是创业型大学理念尚未确立,创业型势头还远未出现。这是应着力解决的。

三是研究型大学建设创业型大学需要处理好坚守"象牙塔"与深度融入社会的关系。

现阶段,我国已经是高等教育大国,但远不是高等教育强国。在实现由高等教育大国向强国的转变过程中,研究型大学自觉地以创业型大学精神将自身建设成为在当今世界举足轻重的创业型大学尤其重要,但是需要处理好坚守"象牙塔"与深度融入社会之间的关系。我国的研究型大学多属综合型大学,不少学科或承担着人类文明传承的历史重任,或是应用学科发展的基础,虽不能直接为学校和社会带来"吹糠见米"的经济效益,却是社会和人类的良心所在,或应用性学科发展的原动力所在。这些学科的发展特别需要坚守"象牙塔",远离市场和商业闹市的影响。在这一意义上,研究型大学建设创业型大学必须因学科而异,既要推进应用性学科深度融入社会,以创新型研究成果实现育人和服务社会的有机统一,又要为"形而上"学科发展提供广阔天地,协调发展。当然,我国不少研究型大学,本身就主要由很强实力的应用学科构成。这类大学自然应当更多地借鉴国外创业型大学经验,以大胆建设科技公司、创建大学科技园等形式深度融入社会,使科学研究、人才培养、社会服务及经费渠道拓宽更加紧密地融为一体。随着科教兴国战略实施,我国许多研究型大学已经开始了创业型大学建设历程,现在的问题是建设创业型大学的意识还不自觉,在更紧密地将科学研究与国家发展战略及经济社会发展结合方面也存在重科研轻教学,甚至是重经济效益轻社会效益,重应用学科轻基础学科的严重偏向。建设创业型大学,这类问题尤其需要认真解决。

四是创业型大学的重要活力在基层,重要保障在信念。

《创业型大学》与《新概念》阐述的创业型大学的一条极为重要的经验,就是创业型大学的重要活力在基层,重要保障在信念。

关于基层活力,伯顿·克拉克指出:"在一所大学,要办成一些事情,很多人必须愿意使这件事发生"。[2]86 "大学的转型,总是先从大学基层单位和整个大学的若干人开始,他们志同道合集合在一起,通过有组织的创新,改革大学的结构和方向,经过若干年的努力才能发生。在这些层次的集体的创业行动,才是转型现象的中心"。"全国的高等教育系统,从高处行动,对重大改革并不是锋利的工具"。"有效的集体创新不会使一所大学越出学术合法性,引起声誉、资源和发展的下品市场循环。相反地,它能提供资源和基础结构,构筑出一所大学原来具有的能力。"[2]3 我国大学特别是公立大学,政府干预过多是一个突出问题。高等教育改革"无一不是自上而下的行政权力推动,[15] 通常由于基层对改革不理解,导致雷声大、雨点小、走过场。这种情况在推进建设创业型大学过程中应当注意避免。

关于信念,伯顿·克拉克在《新概念》中提供有极其精彩的描述:"持续的具有适应性的大学并不依靠短暂的个人领导能力。有超凡魅力的领袖能服务一时,但是在大学的生命线中,他们是今天,在明天就走了。持久的转型也并不依靠不幸的环境威胁所引起的一时迸发;它并不等待旧时争论利益的偶然趋同,更确切地说,不管什么样的最初的刺激,转型有赖于构筑新的成套结构和进程的集体反应伴随着稳定地表达坚决的院校意志的有关信念,一种起着稳定作用的创业素质被编织进大学的结构之中"。[11]7这是伯顿·克拉克在详细描述了欧洲大学的持续创业精神以及非洲、拉丁美洲、澳大利亚和北美创业型大学的各种模式后做出的深刻总结,它鲜明地道出了创业信念和文化在建设创业型大学过程中是何等的重要!这个描述是如此的清楚、明白,以至于再用什么话来补充或阐述都成为了明显多余!

参考文献:

[1]百度.创业的含义[OB/OL]http://baike.baidu.com/view/2309.htm

[2][美]伯顿·克拉克.建立创业型大学:组织上转型的途径[M].人民教育出版社,2003.

[3]黄英杰.走向创业型大学:中国的应对与挑战[J].清华大学教育研究,2012,(2).37~54.

[4]高明.斯坦福大学——美国研究型大学向创业型大学转型的典范[J].当代教育科学,2011,(19).38~40.

[5]叶通贤,周鸿.欧美创业型大学的辉煌成就及其对我国的启示[J].现代教育科学,2009,(6).43~45,58.

[6]张锐.石火学.关于构建创业型大学的思考[J].科技管理研究,2010,(21).249~252.

[7]赵文华,易高峰.创业型大学发展模式研究——基于研究型大学模式创新的视角[J].高教探索,2011,(2).19~22,40.

[8]钱佩忠,翁默斯.创业型大学的内蕴与组织特色分析[J教育理论与实践,2012,(9).6~8.

[9]伯顿·克拉克.大学的持续变革——创业型大学新案例和新概念[M].北京:人民教育出版社,2008.

[10]胡锦涛.在庆祝清华大学建校100周年大会上的讲话[OB/OL].www.jyb.cn2011－04－24.

[11]王冀生,王霁.大学文化是大学核心竞争力之所在[J].高教发展与评估,2007(1).1~9.

[12]别敦荣,李连梅.柏林大学的发展历程、教育理念及其启[J].复旦教育论坛,2010(6).8~14,15.

［13］陈厚丰. 中国高等学校分类与定位问题研究［M］. 长沙：湖南大学出版社，2004. 142~143，147，115.

［14］李冀，韦铭. 从"象牙塔"走向"社会轴心"——南大教授龚放谈斯坦福大学的崛起之路［N］. 南京日报，2012-02-27（3）.

［15］杨兴林. 我国高等教育改革的误区及其矫正［J］. 现代教育科学，2012，（3）. 40~44.

07

｜大学文化问题｜

　　大学精神蕴涵最高、基本和具体三个层次。它的深层意蕴是对真善美的不懈追求。培育大学精神,必须恪守对知识的敬畏之心,注重对自然、社会及人自身真谛的不懈探求;必须坚守大学根本使命,着力培育全面发展的社会新人;必须坚持特色办学,培育、积淀充满个性的大学文化;必须创新制度管理,为大学运行发展提供宽松的环境氛围。

　　大学文化是大学教师与学生的文化,是在大学教师与学生共同学习、生活、探索、创新过程中逐步生成和养育的文化。大学文化的源头在于对知识的敬畏与追求及其对自身根本使命的坚持与守望。有效建设我国大学文化,关键在于注重大学形象的塑造,按照大学的本质要求办大学;注重校长形象的塑造,按照大学校长的本质要求当校长;注重教授形象的塑造,按照大学教授的本质要求当教授。

　　大学教学文化是关于大学教学"为何教、为何学","教什么、怎么教","学什么、怎么学"的思想观念及其行为方式的文化凝结,它与大学文化、大学教育文化联系密切,但有重要区别。大学教学文化是观念、行为、方法、制度四种形态文化的有机统一。现实的我国要建设富有特色的大学教学文化,必须解决三个极为重要的问题:牢固确立人才培养在大学的中心地位是其根本前提;切实破除政绩思维的影响,尊重大学规律办大学是其重要要求;着力提升大学教师的事业心、责任感是其内在动力和保证,在此基础上尤其需要每所大学都牢牢立足自身办学定位,坚持以人才培养为中心,着力营造重视和研究教学的环境与氛围,引导广大教师在教学活动中深入进行多方面的探索、积淀、凝聚与升华。

校友文化本质上是一种"给予——感恩"文化。美国高校特别注意在校生的感情认同培植,确保教育高质量,促进学生多方面发展。美国高校校友意识培养从在校生做起,贯穿于在校生教育及校友沟通的全过程、多方面。美国高校视毕业校友为内部治理及建设的重要主体,依靠校友推动学校发展,又十分关心校友发展。现阶段我国高校校友文化培育已逐步受重视,但在一些高校,在校生的中心地位尚未牢固确立,严重影响未来校友的感情培育;与毕业校友的沟通,已探索出不少渠道和形式,但水平参差不齐,一些高校甚至将"官本位"渗入校友工作,严重影响校友感情;同时,我国高校视毕业校友为重要的可开发资源,而非学校的重要主体,学校与校友发展共赢的意识尚未明确确立。

大学精神研究的重新审视与思考

任何社会组织,要持续生存与发展,不断展现自己的本质与使命,都需要有内在精神的强大支撑。大学,作为一个以培育、塑造高级人才为己任的特殊社会文化组织,一个"由相同的理念或理想,而非行政力量,所形成的富有生命力的有机体",[1]179尤其需要有强大精神力量的支撑。然而,大学精神的意蕴究竟何在? 界定大学精神究竟应当遵循哪些应然方面的要求? 大学精神到底有怎样的内涵? 塑造大学精神的核心路径究竟该怎样抉择等,都还需要深入地探讨。

一、大学精神研究的重新审视

1979 年底召开的党的十一届三中全会将全党工作重点转移到了经济建设,我国搁浅的现代化大船重新启航,高等教育也迎来了发展的春天。但随着改革开放的逐步推进,高等教育蓬勃发展的同时,市场经济等复杂因素也不同程度地侵蚀大学本质,扭曲大学功能。面对这种情况,20 世纪 90 年代中期以来,高等教育界对大学精神进行了较多的研究和探索。综观近几年我国大学精神研究,观点、视角多种多样,但各种观点、视角之间又有很大程度的重合。为清晰把握我国学术界有关大学精神研究的现状,笔者登陆知识资源网,以"大学精神"为关键词,筛选、搜集了部分比较有代表性的文章和学位论文,集中了界定大学精神的部分代表性看法,经比较、分析,依据每种看法的主要特点,具体有五个类型:

1. 价值导向论。主要有两个方面看法:①大学精神是大学师生共同体认同和追求的,并且努力传播的价值观及其体系,是一所大学的面貌、特色、生命力、凝聚力和感召力的体现。[2]②大学精神是关于大学发展的价值取向及其在大学设置与运行中的体现。[3]

2. 历史积淀论。①大学精神就是指整个大学校园共同体在一定的历史发展过程中逐步形成和培育起来的群体意识,是一所大学体现出来的生命力、创造力、凝聚力等整体精神面貌,是一所大学共同的思想品格、价值取向和道德规范的综合体现。[4]②大学精神是在大学发展过程中,长期积淀而形成的共同追求、理想和信念。③大学精神是大学在自身发展过程中经过长期积淀、凝练而形成的为师生所认同,对师生行为起引导、熏陶、激励和规范作用的以求真创新精神为核心范式的价值观念体系。[5]

3. 要素构成论。①大学精神就是质疑、探索、求真、创新。[6]②大学精神的核心诉求就是求真、包容、自由与使命感。[7]③大学恒固不变的精神就是自由自治、学术研究、追求真理。[8]④大学精神就是独立、自由、批判、创造和社会关怀。[9]⑤大学精神的灵魂:人文理念;大学精神的生命:自由创新;大学精神的旗帜:个性、风格。[10]

4. 独特气质论。大学精神是大学自身存在和发展中形成的具有独特气质的精神形式和文明成果;它是科学精神的时代凝聚,是整个人类社会文明的高级形式。[11]

5. "广义—狭义"论。广义大学精神是普遍的、适用于所有大学的精神,狭义大学精神是某一所大学的独特文化。广义大学精神是所有大学都应该具备的理念,狭义大学精神是建立在独特的学校历史和政治文化环境基础之上的长期积淀。[12]

上述看法,整体上都简洁地揭示了大学精神某些方面的重要意蕴,比较一致地认为大学精神是大学在历史发展中积淀的特殊文化、价值观或理想、信念;扼要阐明了大学精神在大学运行发展过程中所发挥的重要定向与牵引功能,大学精神发展的高度从根本上决定着大学发展的水平。这样的看法与美国学者弗莱克斯纳所言极其契合:"在保障大学的高水准方面,大学精神比任何设施,任何组织都更有效";[13]但是,如上研究也存在严重不足或局限:

价值导向论的两种看法把大学精神视为大学师生的价值导向,符合精神的特点和本质,但对大学精神到底是一种什么样的价值导向却没有给予明确回答。事实上,价值观虽然属于抽象的文化范畴,但它必有具体内涵,否则人们势必无从把握,以其为指导更无从谈起。

就历史积淀论来看,前两种看法认为大学精神是大学自身发展过程中长期积淀的群体意识及共同的追求、理想和信念,是符合精神形成和发展规律的,但是这样的群体意识、共同追求、理想及信念究竟是什么,同样未予明确回答。第三种看法指出大学精神是以求真创新为核心范式的价值观念体系,相对具体、明确,但是大学精神的求真创新建立在什么基础上? 大学的根本价值追求仅仅就在于求真与创新? 似乎有限定过窄之嫌。

要素构成论实在、具体、简明,但是认真审视要素构成论的论述,各个要素构成论者大多是从概念本身论述哪些要素应当是大学精神,至于如何从大学本质视角探讨大学精神的要素则付之阙如,这样就导致了在不同的要素构成论者那里,涉及大学精神的具体要素在数量和名称上呈现较大差异,更为重要的是有些要素如果去掉"大学"二字,同样适用于其他社会组织,不仅仅为大学所独有。

独特气质论认为大学精神是具有独特气质的精神形式和文明成果,突出了大学精神的独特性,但如前述研究一样,仍然未能进一步回答这种精神形式和文明成果的内涵究竟是什么,这种独特又是相对于什么而言?再者,把大学精神说成是整个人类文明的高级形式,恐有过于夸大之嫌。按人类文明演进的历史分,有原始文明、农业文明、工业文明、后工业文明,按内容分有物质文明、精神文明、政治文明、社会文明、生态文明,无论何种文明,都是人类智力的凝结。大学精神确实是人类文明最为重要、最有特色的内容之一,但将它视为整个人类文明的高级形式,似乎缺乏足够的逻辑依据和实证依据。

"广义—狭义"论将大学精神分成两个层次,一是所有大学的共有精神,一是某一所大学的独有精神。这一研究从共性与个性、一般与个别的视角对大学精神作了区分,并且指出狭义大学精神是建立在独特的学校历史和政治文化环境基础之上的长期积淀,这样的研究有积极意义,有利于大学精神研究的具体和深入。但是,广义的大学精神究竟是什么,研究者仍然未做进一步回答,这不能不是一个很大的缺憾。

总的看,我国现阶段的大学精神研究,在着眼大学本质问题上审视问题明显薄弱,有关大学精神的深层意蕴探究不够,对大学精神一般与大学精神要素之间的关系尚不清晰。为引导我国大学健康协调可持续发展,使所有大学都成为社会的良心、"时代之表征"[14]22和经济社会的发动机,确有必要进一步深化大学精神研究,在一些基本问题上取得突破。

二、大学精神的三重透视

立足思维逻辑的基本要求,大学精神研究至少应建立在三个基本判断之上。一是,大学精神就是大学这一特殊社会文化组织的精神,而不是其他任何社会组织的精神。这一层面的大学精神是类本质意义的大学精神,位于最高层次。二是,大学是运行发展的,不是机械静止的,大学的本质贯彻在大学运行发展的各个层面,相应地体现大学类本质的大学精神,自然展示在大学不同层面的运行和发展之中,这一层面的大学精神,可视为基本层次的大学精神。三是,大学是类的统一,又是一所又一所具体大学的生动展现,大学精神不仅表现为类本质的抽象,而且始终存在于具体大学的运行发展之中,体现为一所又一所具体大学的精神,这一层面的大学精神,可视为具体层次的大学精神。最高层次的大学精神、基本层次的大学精神、具体层次的大学精神,相互包含,相互作用。

1. 最高层次的大学精神

大学精神,无论人们对其如何认识,如何界定,都必定是大学本质的内在体现。大学本质使大学自身与其他社会组织区别开来,相应地决定了大学精神也从根本上与其他任何社会组织的精神区别开来。大学是一个专门从事以育人为核心,并且围绕育人展开科学研究、社会服务和文化传承为基本功能的特殊社会文化组织,它不以纯粹功利为目的,根本目的在于以文化育人、发展人、丰富人,升华人的文明精神。欧洲中世纪的大学,是教师和过着共同求学生活的学生联系起来的社会组织,一切活动都是围绕人获得知识而展开。19 世纪初的纽曼强调大学的职责就是传播知识、为社会培养有教养、有趣味、有良好修养的公民或绅士。洪堡主持的柏林大学将传授知识和创新知识有机统一为一体,20 世纪初,美国的康乃尔大学、斯坦福大学和威斯康星大学,在传播和创新知识的基础上进一步强调大学走出校门,直接服务社会。初看起来,大学越发展,育人的中心地位越受到挑战,其实,这正是大学在适应社会发展过程中,为有效育人而作出的重大管理创新。

大学作为一个在本质上以文化育人为己任的特殊社会组织,它的发展过程必然是追求真善美的过程。具体而言,对于真善美,大学不仅仅停留在一般向往、信奉的层面,更重要的是不懈地追求,没有真善美,就没有大学精神,但若对真善美仅仅停留于一般意义的向往或信奉,没有通过具体实践从纷繁复杂的世事和现象中探究如何发现真善美、爱护真善美、凸显真善美的不懈追求,仍然难以持续获得永恒发展世界的真善美真谛,同样没有大学精神。大学之所以与其他社会组织不同,就在于它以锲而不舍的精神探求自然,探求社会,探求人伦,不断发现真善美的新意境,展示真善美的新天地,提供真善美的新导向。在这样的意义上,尽管向往真善美,秉持真善美,除去那些本质为假丑恶者之外,其他社会组织或个人一般都不难做到或有可能做到,但若矢志不渝地以追求真善美为旨趣,为道义,为信守,却是大学及大学人的特殊担当,也是其持续发展的深层动力。

真,是与假相对的范畴,内涵在于我就是我,不是虚假的我,掩饰的我。在科学视域,真是事物的本质规定,也是事物的内在规律和根本特性,是事物本身为什么是这样而不是那样,为什么这样运行,而不那样运行,为什么这样发展,而不那样发展的内在原因。在人伦领域,真,是真心诚意,人与人交往中以真诚地态度待人、处事,不阳奉阴违、口蜜腹剑。在古希腊哲学家那里,真存在于"只有精神才能感知到的彼界"。[15]50求真,是一项崇高、圣洁的使命,大学,无论是学者的行会、僧侣的村庄,还是今天的"巨型城市",从现象到本质地探求客观世界、人类社会以及人伦发展规律都是其重要使命和追求,大学之所以能有力推进人类社会发展和进步,深层原因也在于此。任何一所大学,无论它有怎样的特点和个性,但在对待真的追求上都必须有清醒的认识和文化自觉,绝不容许有丝毫的含糊和动摇。这一点,在当下大学越来越走进社会发展中心,越来越受到各种利益影响甚至于诱惑的情况下,尤其显得重要而突出。

善,是与恶相对的范畴,是关于事物的最高规定,在理念世界里,善位于最高等级,如同感性世界的太阳光照其他理念。在科学视域,事物的本质及其规律是客观的,不以人的意志为转移,无所谓善,也无所谓恶。但是,事物本质及其规律被人把握之后的运用却有明显的善恶之分。善的运用,为社会造福,为人类造福;恶的运用,祸害社会,祸害人类。在科学视域,追求善,不仅要努力探索事物的本质和规律,而且要努力排除各种功名利禄的影响,探索如何将对事物本质和规律的把握有效运用于造福社会和人类,实现科学理性与价值理性的有机统一。在人伦视域,善与恶相比较而存在,人类社会发展过程,本质上是一个扬善抑恶的过程。善,使人与人之间、人与社会之间、人与生态万物之间和睦相处,和谐发展;恶,使人与人之间离心离德,人与社会之间矛盾重重,人与生态万物之间互不相容。大学传播高深知识,追求高深知识,价值追求在于丰富人的精神境界,造福人类社会,"烛照社会之方向"。[14]22 因此,大学不仅是一个求真的文化场所,更是一个求善的文化场所。这不仅仅体现在西方大学从古至今对宗教、神学的学习、研究和崇敬,也不仅仅体现在如我国大学的马克思主义、社会主义伦理道德的学习、研究与崇敬,而且体现在高度注重自然科学研究、探索的价值理性、人文精神,使自然科学工具理性的发挥深刻地展现出善的圣洁之光,进而赋予大学以薪火相传的重要机因。

美,是与丑相对应的概念。在古希腊哲学家那里,世界的本质就是规则和秩序。美,就是人们关于规则和秩序的愉悦的知觉方式。毕达哥拉斯认为,世界的本原是数,数的有规则排列或比例关系生成美,秩序和匀称是美,无序和不匀称是丑。音乐美,就因为它的音符之间呈现一定的比例关系。柏拉图学院的教育方案特别注重数学教学,强调只有学好数学才能通达理性世界,真正触及和领悟彼岸理性世界的美。大学的重要使命不仅仅求真、求善,而且在于求美。美是人的内在追求,美的意识、美的情感、美的认知、美的追求,是人类社会不断发展、进步的内在动力。大学作为人类社会的特殊文化组织,是引导人求真、求善的特殊场所,也是引导人求美的特殊场所,不仅要为各种艺术之美的挖掘、发展留下广阔空间,而且要为美的理论传播、发展提供广阔空间,更要在所有学人处事为人的点点滴滴、方方面面追求美的意境,表达美的心声,深化美的意识。大学的美不仅外表现在外,尤其应当内化于精神。大学之所以品位高雅,格调不凡,令人向往,受人尊敬,追求美、爱护美,实为又一深层的内在原因。由此也不难看出,今天身处市场经济之中的大学,如何坚持和守望这份高雅和不凡,实在需要认真地思考和实践。

2. 基本层次的大学精神

基本层次的大学精神,就是大学在不懈追求真善美过程中展示在各个基本层面的大学精神,这些精神是科学的,又是人文的,是二者的有机统一。具体有如下方面:

(1)创新精神。客观事物、社会现象的结构、属性往往是多层次的,大学要不断地从客观事物与社会现象中获得真善美的新认识,就必须不断地突破现有认识边界,开创新的认识路径,钻研新的认识手段,实现新的认识进步。这样的精神是大学推动自然、社会、人文科学兴旺发达的不竭动力。蔡元培曾言:"大学不是贩卖知识的地方,不是养成资格的地方;大学是追求精神的地方,是研究学问的地方"[16]382所谓"追求精神"、"研究学问",强调的就是在现有认识基础上不断创新。德国哲人卡尔·耶士培(KarlJaspers)认为"真正的大学必须有三个组成,一是学术性之教学,二是科学与学术性的研究,三是创造性文化生活"。[14]5其涵义所指仍然在于研究和创新实为大学之精神。

(2)批判精神。创新,意味着突破前人认识,通常需要强烈的理性批判精神,以追求真善美为崇高使命的大学,要不断获得关于自然、社会和人伦领域的新认识,引导人类社会不断前进,必须具有批判的眼光、锐气和智慧,能够对已有认识进行批判性审视,敢于质疑权威,突破权威。批判精神是大学真善美追求的本质要求。没有理性的批判,就没有真善美认识的深化。一所大学如果对任何科学问题、社会问题、人文问题,都没有不同的意见,默默无闻,那就是不称职的,就是缺失大学精神的。

(3)自由精神。这是大学追求真善美的前提。自由,首先是一种文化气氛,在这种气氛里,人们无拘无束地思考,无拘无束地讨论,无拘无束地批判,无拘无束地前行,各种各样的联想才可能展开,各种各样的疑问才可能呈现,各种各样的解释才可能产生,各种各样的交锋才可能进行,各种各样的智慧才可能不断地激发。斯坦福大学的校训为"劲吹自由之风"(The wind of freedom blows),强调的就是这样一种文化氛围。自由,又是一种心灵境界,在践行真善美过程中,无私心杂念束缚,无功利欲求折磨,敞开心灵窗户,为批判、创新留下最大可能的空间。这是大学作为一个追求真善美的特殊文化场所的特殊精神气质。

(4)包容精神。大学是追求真善美的文化组织,但在追求过程中,认识不一、观点冲突是普遍现象,相对正确的认识往往是在不同观点和认识的交锋中产生。

大学人需要有吾爱吾师,吾更爱真理的执着,但是持不同观点者之间必须彼此包容,唯有包容,才不会有思想包袱,更不会有对立情绪,才会有宽松的文化氛围,也唯有包容,持不同意见者之间才能认真汲取对方的合理成分,丰富各自思想,认识才能不断深化。

(5)守成精神。大学是人类社会有机体上的特殊社会组织,承载社会的特殊机能,必须随社会发展而发展,我行我素,置社会发展于不顾的大学是无法存在的,但是大学毕竟是以求真、求善、求美为本质追求的文化组织,无论何种情况下,它都以这样的标准去衡量自己的行为,坚守求真、求善、求美的传统和自觉,坚守自身的使命和信仰,绝不人云亦云,或跟着感觉走,失却自己的本真。守成精神与创新精神、批判精神、自由精神、包容精神等同样重要。大学不能守成,对传统不珍惜,真善美追求就无从谈起,就会失去最为本质的性格,更不要说为社会提供稳定的价值导向了。

3. 具体层次的大学精神

对一所具有相当历史的大学而言,其精神是在长期发展过程中逐渐积淀的结果。从本质上说,任何一所具体大学的精神都必然建立在类本质的大学精神基础之上。但是,不同的大学由于存在的时间长短、走过的风雨历程、学科的优势选择、治学风格及人才培养特色不同,具体体现在追求真善美的途径、风格,形成的具体价值追求,自然各有特色,这样的特色越丰富多样,现实的大学精神也就越多姿多彩。

具体层次的大学精神为具体的大学所独有,他校很难模仿。北京大学与清华大学是我国两所顶尖大学,但北大更多的是体现为对民主和自由追求的潇洒,清华更多的却是"行胜于言"、"厚德载物"的厚重;剑桥大学与牛津大学,哈佛大学与斯坦福大学也各异其趣。正是这样的"异趣",使它们不仅各自成就了自身,而且在世人心目中形成了鲜明的不同形象。在这样的意义上,一国高等学府中,如果每所大学都积淀出特殊的大学精神,在公众心目中树立起自己的特殊形象,这个国家的大学发展才可能生机勃勃,互相学习、借鉴的空间才越广阔,科学文化、人文文化发展的源泉才会越充盈,培养出的各类人才,个性才会越鲜明,进而创新才会越成为民族兴旺发达的不竭动力。

具体层次的大学精神是类本质的大学价值追求与具体大学特殊价值追求的统一,本质上属于文化范畴。但是,它与具体的大学校训并不等同。一般而言,一所新大学刚刚建立,管理者即可根据自己的办学理念和社会需求凝练出具体校训,从总体上指导大学的办学实践;大学精神却一定是大学在长期发展中积淀而成,融入相应大学"学人"的精神品质、行为追求和办事风格,是相应大学的精神血液。校训与大学精神也有联系,历史久远且得到一代又一代学人遵循的校训势必内化为大学精神的重要内容。但是,这有两个方面的必要条件:一是,校训本身确实意蕴深刻,能够反映大学的本质,具有鲜明的价值导向;一是,一代又一代的学校管理者能够持之以恒地引导师生践行校训,逐渐使校训融入一代又一代大学人的精神和血液。大学精神是大学历史积淀的结晶,办学历史不长的大学要逐步形成自己的精神特质,关键取决于一代又一代管理层的治校理念和风格。在这里,实现教育家治校尤显重要。

三、培育大学精神的路径选择

大学精神是大学历史积淀的结晶,也需要人们遵循大学的本质及其规律有意识地培育。我国大学历史较短,发展曲折,加之现实复杂因素的影响,确实存在不少问题,有意识地培育大学精神,实为我国大学健康协调可持续发展的迫切需要。立足大学精神的内涵、生长及其特点,基本路径可以重点考虑四个方面:

1. 恪守对知识的敬畏之心,注重对自然、社会及人自身真谛的不懈探求

知识是人类进步的阶梯,是人类实现自身解放的利器。人类社会初期,人们无法了解自然界运行变化的特点和规律,极端的自然现象常使人极度恐惧,逆来顺受。人类历史上,宗教曾经至高无上,人们饱受其迫害与窒息,引导人类突破自然恐惧及宗教窒息的正是知识。大学是人类社会追求和敬畏知识的结果,又因应人类社会对知识的进一步追求而发展,无论是意大利的早期大学,还是后来的剑桥大学、牛津大学、柏林大学、哈佛大学,直到今日世界大学群星灿烂,也无论大学的基本功能如何从单一的育人发展到科学研究、社会服务、文化传承,万变不离其宗,大学一直都恪守对知识的敬畏。所谓对知识敬畏,就是对知识由衷地崇敬、景仰而又畏惧,崇敬、景仰激励人们为获得自然、社会及自身的科学认识,不惜一切代价地去学习、去探索。畏惧警醒人们:知识浩瀚似海,对任何人而言只存在大量没有掌握的知识,绝不可能穷尽所有知识;尊重知识,人们将会从知识中获得福祉,虚假对待或狂妄无视知识,势必遭受惩罚。正因如此,警醒同时促使人们对科学崇敬,对知识谦逊。

大学不是一般的社会组织,大学是以传承和探索高深知识为特点的社会组织,是社会的知识高地与文化航标。在这里,德高望重的学者和大师是灯塔,引领年轻学者和学子在科学的大海中遨游,在知识的峻岭上攀登,"衣带渐宽终不悔,为伊消得人憔悴";在这里,长江后浪推前浪,芳林新叶换旧叶,一届又一届学子离去,一代又一代学者更替,不变的是知识、真理和科学的地位高于一切,是人们为了真善美不计名利得失的崇高与潇洒,是人们站在不亚于地狱入口处的科学入口

处所表现的刚毅与自信,所有这些都构成了大学区别于任何其他社会组织的特殊气质与风貌,也正因为这一切,才使"大学不仅是关于思想的人的聚集地,而且是善于培养善于思想的人的殿堂;大学不仅是思想家的汇聚地,而且是生产思想家的圣地。"[17]正因为如此,"把大学当作一种精神比把它当作一个机体更为合适",[18]96现实的我国大学深受市场经济、功利文化和官位文化的负面影响,着力培育大学精神尤其需要在恪守知识的敬畏之心上下功夫,唯此才可能有浓郁的学术氛围,大学精神培育才会水到渠成。

2. 坚守大学根本使命,着力培育全面发展的社会新人

大学使命是大学作为社会有机体的特殊组成部分所承担的重大历史责任。大学使命与大学功能关系极其密切。大学功能是大学在人类社会发展过程中的特殊作用,大学使命从根本上规定着大学功能。大学作为社会有机体的特殊组成部分,其使命的内容及功能都必定随社会发展而发展,否则大学无论如何都难以持久发展和繁荣,另一方面,大学不管怎样发展和变化,本质上永远都是学校,育人永远是其根本使命。从大学发展的历史看,育人使命不仅与大学与生俱来,而且其他使命也无不以其为基础,并且不断赋予育人以新的内涵和要求。大学育人又有其特殊性,它是在中小学育人的基础上,以培养社会领袖、行业精英为己任,这样的人必须有高尚的道德境界、强烈的社会责任意识及其洞察与引领时代的视野与本领。这样的育人,本质上蕴涵了知识的传承、探求及其他相应能力、品质培养培养于一身,是适应社会发展要求的育人。

难能可贵的是,随着工业革命以来人类社会的快速发展,大学由过去远离社会的"象牙塔"逐渐走向社会中心,在主动回应社会多方面要求,又面临不断增多的各种诱惑的背景下,育人作为大学的根本使命在那些高瞻远瞩的大学一直得到了持之以恒地坚守。哈佛大学为确保育人质量、培养世界领袖,面对近年来教师群体中逐渐出现的重科研、轻教学偏向,及时作出适当降低教师评价中科学研究比重的决定,以矫正教师过分偏重科研,影响育人质量的行为。道理很明显,以牺牲育人质量为代价的科研只会使大学的本质扭曲,并严重影响大学的可持续发展。[19]耶鲁大学长期坚持小班化、个性化教学,75%以上的本科教学班少于20人。[20]牛津大学坚持导师制始终不渝,"喷烟文化"成为它独特的育人文化。剑桥大学某学院有100多年的历史、雄厚的资金,但为了保证育人质量,曾就3年后究竟应当招生138人还是139人多次开会,反复讨论。当然,现实中如此坚守大学根本使命的远非只有它们,世界名校莫不如此。事实上,正是这样的一所又一大学、一代又一代大学人对大学根本使命的坚守与秉持,才培育出了一批又一批引领未来的领袖、行业精英,而且为人类社会不懈追求真善美培养了领袖与精英。牢固

坚守这样的使命意识,今天对育人中心地位一直处于漂移不定状态之中的我国大学而言,实在具有根本意义。

3. 坚持特色办学,培育、积淀充满个性的大学文化

没有对真善美的不懈追求,就没有类本质视角的大学精神,没有具体大学个性、风格的积淀,就没有各具特色的大学精神。这样的大学精神,说到底是特色办学的结果。所谓特色办学,就是一所大学在发展过程中,主动追求特色,发展特色,强化特色,以特色促进办学质量,提升办学竞争力,使本校学人在不懈追求真善美的过程中,赢得特色发展的广阔天地,逐步形成富有个性色彩的大学文化,不断推进大学发展。20 世纪 50~60 年代以后,欧洲、北美发达国家进入高等教育大众化时期,公众接受高等教育的需求大规模扩张,政府资助经费却大规模减少,单纯依靠政府办学,大学发展将无以为继,在严峻的形势面前,一些大学毅然决然地推动组织转型,通过建立坚强的组织核心,塑造创业文化,激发创业精神,多元拓展经费渠道,人才培养与科学研究成果转化和应用密切结合,学术文化与商业文化深度融合等一系列深刻改革,终于发展成为与传统大学鲜明区别开来的充满生机和强大竞争力的创业型大学,自力更生、自我发展,甘冒风险、追求卓越成为其鲜明的特色和个性。[21]

我国现实条件下,大学追求特色办学,逐渐积淀各具个性、特色的大学精神,尤其具有迫切性。一是,当下,由于极其复杂的原因,我国大学学科发展、专业建设、人才培养千孔一面、同质化现象极其突出,严重妨碍了个性发展;二是,当今时代大学已经告别纯粹"象牙塔",经济社会对大学提出的要求越来越多元,对大学的个性及特色发展提出的要求越来越高,迫切需要大学以特色办学来适应;三是,我国高等教育已经进入后大众化阶段,生源特点极其复杂,不同类型的大学要办出成效,必须在特色发展上下功夫;四是,我国仍处于并将长期处于社会主义初级阶段,在强大的教育需求面前,每所大学都面临严峻的资源竞争,要想在竞争中占得先机,特色办学无疑是极其重要的途径。同时,从社会文化发展全局来审视,大学精神作为大学文化的精髓,越是富有特色和个性,越会有力地推进整个社会文化多元发展,为广大公众提供越来越丰富的精神食粮。特色办学不是为特色而特色。特色办学要办出成就,形成特色文化,结晶出具有鲜明个性的大学精神,必须遵循大学自身的发展规律以及经济社会发展规律,顺势而为,为特色而特色,或为"赶时髦"而特色都只会适得其反。

4. 积极创新制度管理,为大学运行发展提供宽松的环境氛围

大学是环境与遗传的产物。环境,除却物理环境,还有文化、传统等。制度管理则是最为重要的文化环境,它以种种规则的形式规约人们的行为及各项工作开

展。适应大学本质及其规律的合理制度管理,有利于培育大学精神,传承大学精神,偏离甚至背离大学本质及其规律的制度管理则遏制大学精神,消弭大学精神。美国中世纪史学家哈斯金斯在阐发中世纪大学对现代大学的影响时,就认为中世纪大学给现代大学最直接的遗产不在建筑物或建筑模式上,也不体现在教学的形式和仪式上,而是最直接地表现为一种教师和过着共同求学生活的学生联系组成的大学这个名称,以及它的学位制度和学术风格等。[22]

我国现实的大学行政化严重,行政权力压制学术权力,偏离学术发展逻辑;崇尚市场趋利,学商交易、学权交易、学钱交易盛行;功利文化严重,为名为利为权为钱而学术的现象十分突出,文化自醒自觉意识弱化,虚假文化、低俗文化大量出现;人才培养中心地位削弱,名目繁多的"项目"、"工程"泛滥。严重偏离大学精神的现象之所以屡禁不止,深层根源就在于大学的行政化管理制度和体制。大学领导体制往往按照地方党委和政府体制设置,从中央到地方政府对大学的诸多方面直接行使管理权,大学内部管理又往往以对应政府要求为导向,行政权力官僚化,尤其是涉及学术事务方面,缺乏超脱和适当。这种情况深刻表明:要有效培育、积淀大学精神,推动大学高水平发展,创新制度管理具有极为重要的意义。具体说来:一方面需要政府根据高等教育改革、发展需要,逐步减少对大学的直接管理,使大学真正在学术意义上自治、自理;另一方面,大学内部需要逐步建立教育家治校、教授治学、行政管理者精于治事、教职工广泛参与的民主管理体制,实现管理民主化、科学化,着力凸显学术权力在大学发展过程中的核心地位,不断提升学者、学术的崇高地位。学者、学术的地位在人们心目中地位提高了,蕴涵以育人为核心的学术工作在大学的核心地位确立了,大学精神自然会持续积淀和升华。

参考文献:

[1]刘宝存. 大学理念的传统与变革[M]. 北京:教育科学出版社,2004.

[2]顾红,陈桂香. 试论大学精神的内涵、价值意蕴及其实现[J]. 教育探索,2012,(11).

[3]储朝晖. 大学精神研究的论域初探[J]. 河北师范大学学报(教育科学版),2012,(5).

[4]李有亮. 大学精神的缺失与重建[J]. 现代大学教育,2009,(5).

[5]蒋德勤弘扬以求真创新为内蕴的大学精神[J]. 学术界,2011,(5).

[6]颜昌廉. 质疑、探究、求真、创新[J]. 钦州学院学报. 2011,(10).

[7]张建鲲,郗海霞. 中国大学精神的本土传统与当代传承:教育文化学的尝试[J]. 江苏高教,2011,(4).

[8]明廷华. 寂寞与大学精神[J]. 煤炭高等教育,2011,(1).

[9]项瑞芳.论大学精神的复归[J].太原师范学院学报(社科版).2010,(9).

[10]张君辉.当代大学精神论析[D].东北师范大学,2003.

[11]李辉,钟明华.大学精神的本质特征及其建设思路[J].中山大学学报(社科版),1999,(3).

[12]刘选会,赵琳.论重塑大学精神[J].学理论,2011,(20).

[13]蒋德勤弘扬以求真创新为内蕴的大学精神[J].学术界,2011,(5).

[14]金耀基.大学之理念[M]北京:生活.读书.新知三联书店,2001.

[15]弗朗索瓦·夏特莱.理性史[M].北京:北京大学出版社,2004.

[16]中国蔡元培研究会.蔡元培全集.第三卷[M].杭州:浙江教育出版社,1997.

[17]张楚廷.大学独特性[J].高等教育研究,2011,(1).

[18][西]奥尔特加.加塞特.大学的使命[M].徐小州,陈军,译.杭州:浙江教育出版社,2001.

[19]盛玉红.哈佛大学将改变重科研轻教学传统[N].文摘报,2007-05-02(6).

[20]徐平.大学师生关系缘何陷入功利化冷漠化境地[N].教育文摘周报,2011-02-02(1).

[21]杨兴林.关于创业型大学四个基本问题的思考[J].高等教育研究,2012,(12).

[22]方光宝.中世纪的大学精神:基于哈斯金斯与涂尔干的比较研究[J].黑龙江教育(高教研究与评估),2011,(6).

大学文化的真谛、动力与建设之要

近年来,大学文化一直是我国学术界的重要话题。然而现实的研究却不尽人意,要么雾里看花、玄而又玄,要么具体琐碎、实而又实,甚至于仅仅把文艺、宣传等活动视为大学文化的全部。看来,到底何为大学文化,实有必要作一番从现象到本质的深入考察。

一、生活视角的大学文化真谛

大学到底是什么?基于不同视角的回答林林总总,五花八门。有的认为大学是传播高深学问的社会组织,有的认为大学是从事知识扩大再生产的社会组织,有的认为大学是负有实现富国强民重要使命的社会组织,有的认为大学是培养高级人才的社会组织,有的认为大学是集人才培养、科学研究、社会服务、文化传承于一体的社会组织。但是,就其基本主体而言,大学无疑是教师与学生共同从事知识学习和探索的专门场所。大学始终离不开教师与学生,离不开教师的教与学生的学。正因为如此,大学在本质上就是教师与学生的大学。在这一点上,大学甚至与小学、中学没有区别,否则它就不具有学校的本质属性。不过,与小学、中学不同的是,大学耕耘的是高深知识,不仅教师需要以高深的文化修养教书育人,而且要主动地探索和创新知识、发展知识,进而以创新、发展的知识教书育人,引领学生走向高深知识的前沿,这也是大学作为文化高地的本质涵义。大学学生学习的目的,也不仅仅在于接受人类世代积淀的高深知识,学会如何运用高深知识,而是要在刻苦学习的基础上,借助教师的指导,自觉地从事探索高深知识、创新高深知识的活动,养成对高深知识的良好接受能力与探索能力。关于大学之"大",人们曾有多种解释,如学问之大,大师之大,校园之大,大楼之大,大树之大,气魄之大,度量之大等等,但是归根到底还应该是教师之大,学生之大,否则大学的一切之"大"都无从提起。百余年前的哈佛哲人詹姆逊曾言"构成一所大学最本质的品质是什么?多年前在新英格兰,据说路边的一根圆木上,一端坐着一个学生,另一端坐着马克·霍普金斯,那便是一所大学",[1]其深层涵义正在于此。

　　关于大学文化的基本内容,学术界的基本共识是包括精神文化、制度文化、物质文化和环境文化四大方面。不过,立足大学的基本主体就是大学的教师和学生却不难发现,无论精神文化、制度文化,还是物质文化、环境文化,其主线及核心都是大学教师与学生的文化,都建立在活生生的大学教师与学生的生活、学习基础之上。大学的精神文化,究其实质是以大学教师和学生为主体的"大学人"学习和生活所凸显的特殊文化品质及品味;大学的制度文化,无论具体形态多么复杂,其实质都是大学在服务于大学教师与学生工作、学习、生活需要过程中形成的特殊活动规则和秩序;同样,大学的物质文化、环境文化,其实质亦是器物层面逐渐形成的服务大学教师和学生的工作、学习与生活的特殊文化。离开了大学教师和学生,大学的精神文化、制度文化、物质文化、环境文化都无从生根,更谈不上发展。

　　有人曾介绍两则案例,很能深刻地说明大学文化的真谛就是生动体现大学教师和学生生活的文化。一则发生在耶鲁大学教授身上。2011新年伊始,美国东部连续遭受了数场规模惊人的暴风雪袭击。一天早晨,某教师起来打开电脑,接到同事转来的系主任通知:如果风雪太大,交通困难,今天的课程可以取消。然而,此时的耶鲁校园,尽管风雪弥漫,但各门专业课程的开学第一堂课大都在按部就班地进行,58门专业课,有50门课如期开讲。50多位资深教授接到暴风雪来临的天气预报后,提前住进校园,连续多日不回家,有的自掏腰包入住附近旅馆,有的干脆就在办公室里过夜,以便不受风雪干扰,全力以赴地为新学期开课启程。令人十分可敬的是,这并不是耶鲁校方的硬性要求,而是因为耶鲁大学有300年来不因天气状况而停课的传统。[2]另一则反映的是哈佛大学学生生活的真实一幕。我国中央电视台《世界著名大学》制片人谢娟曾带领摄制组到哈佛大学采访,到达哈佛校园时正是深夜两点,意想不到的是,校园内依然灯火通明,餐厅、图书馆和教室里很多同学都在看书,似乎哈佛大学的学习时间没有白天、黑夜之分,至于学习场所,似乎也没有教室、图书馆和餐厅之别。在餐厅,每个学生端着比萨、可乐一坐下,顺手把大衣往地上一扔,边吃饭边看书,或是边吃饭边作笔记,没有哪个学生只吃饭不读书,或者边吃饭边闲聊,仿佛哈佛大学的餐厅就是哈佛大学100个图书馆之外的另类图书馆。[1]

　　大学文化就是大学教师与学生的文化,还体现在学术大师们的逸闻趣事往往成为大学文化中最易流传的精彩之笔。我国民国时期学术大师们上课的开场白就极具这种韵味,他们有的幽默地介绍自己,有的一张口就不同凡响,有的信口开河却意蕴深邃。清华国学导师梁启超上课,第一句话就是:"兄弟我是没什么学问的。"稍微顿顿,等大家的议论声小了,眼睛往天花板上看着,又慢悠悠地补充一句:"兄弟我还是有些学问的。"头一句话谦虚得很,后一句话又极自负,先抑后扬,立即把学子引入深深的好奇之中。西南联大中文系著名《庄子》专家刘文典教授，学问大，口气大，脾气也大，上课第一句话："《庄子》，嘿！我是不懂的喽，也没有人懂。"闻一多先生上课，先是美美地抽上一口烟，然后便用顿挫鲜明的语调说道："痛饮酒，熟读《离骚》——乃可以为名士"！民国怪人辜鸿铭学贯中西，名扬四海，自称"生在南洋，学在西洋，婚在东洋，仕在北洋"，辛亥革命后，他拒剪辫子，拖着一根焦黄的小辫给学生上课，学生笑声一片，他却习以为常，待大家笑得差不多了才慢吞吞地说"我头上的小辫子，只要一剪刀就能解决问题，可要割掉你们心里的小辫子，那就难了。"顿时全场肃然，再听他讲课，果如行云流水，恰似天花乱坠，无人不深深佩服。章太炎先生进教室不仅架子大，而且一开口就是"你们来听我上课是你们的幸运，当然也是我的幸运。"幸亏有后一句，要是只有前一句，那可真是狂到天上去了。不过，学子们都认为这老头儿真不是虚夸，确有真学问。[3]

大学文化作为大学教师和学生的文化，往往形成一种特殊的文化效应，这就是：人们一提起那些知名的教授和学者，就会立即联想起他们所在的大学，不仅对这些教授和学者们油然起敬，而且对他们曾经生活、工作和学习的那些大学油然起敬。譬如，一提起梁启超、陈寅恪、王国维、赵元任，人们就自然联想起昔日清华大学国学院的文化辉煌，联想起清华大学的文化辉煌；一提起蔡元培、陈独秀、李大钊、胡适，就自然联想起当年北京大学的风雨兼程及其"思想自由""兼容并包"的文化宽容；一提起20世纪美国最伟大的工程学家冯·卡门教授，人们自然就会联想起大名鼎鼎的加州理工学院；一提起20世纪德国数学家克莱因、物理学家普朗特，人们就会联想起当年哥廷根大学的学术业绩和慧眼识人。同样，人们一提起那些杰出的学术大师或某方面的成功巨人，也总会情不自禁地联想起曾经是哪所大学给了他们以良好的教育。譬如，一提起诺贝尔奖得主杨振宁、李政道先生以及邓稼先、屠守锷等"两弹一星"元勋，人们便自然而然地联想起他们是代表我国20世纪大学最高水平的西南联合大学的校友，联想起这所大学在极度艰难的时局下立足大学本质，遵循大学规律，对我国高等教育发展作出的重大贡献；再如，一提起比尔·盖茨这位世界信息行业的巨头，人们自然便会联想起曾经哺育过他的世界著名学府——哈佛大学。

总之，大学文化无论从怎样的角度去审视，也无论多么神奇和富有魅力，在主体层面上，它都是属于大学教师和学生的，大学师生共同学习、生活、工作的场面、情景、轶闻趣事、人格品性，甚至于痛苦或欢乐等等，无不构成大学文化的特殊元素，形成大学文化的特殊场域，编织为大学文化的多彩画面，这就是大学文化的真谛。

二、归因视角的大学文化原初动力

大学文化,主要是大学教师和学生的文化,是就大学文化的主体层面而论,但大学文化之所以能够形成和发展,从其源头考察,却是由于大学的本质所涵养。大学作为一个特殊的社会文化组织,一方面因应社会对高深知识的探求而诞生、而发展,始终对知识抱以敬畏与追求的态度;另一方面始终把传播高深知识,培育社会栋梁作为自己的根本使命。关于大学文化形成的原因和动力不论有多少个因素可分析,但这两个方面确为其原初动力。

1. 对知识的敬畏与追求孕育大学文化

知识是人类社会实践的总结,又进一步引导人们从事新的或者更加深入的实践。人类社会初期极度蒙昧,人因无法了解置身其中的自然界运行变化的特点和规律,常常在各种极端的自然现象极度恐惧,逆来顺受,任其主宰。人类历史上,宗教也曾经至高无上,欧洲中世纪更是宗教愚昧统治的黑暗世纪,压抑科学,奴役人性,钳制思想和自由,人们饱受迫害与窒息,而引导人类突破自然恐惧及宗教窒息的正是知识。欧洲 14 至 16 世纪的文艺复兴运动、18 世纪的思想解放运动、始于 17 世纪的资产阶级革命和十八世纪的工业革命,逐步恢复了人的个性,确立了人的权利,开阔了人的视野,提升了人类处理自然和社会关系的能力,这些运动从根本上说无不源于知识的力量。马克思曾经指出,人类解放包括从对自然界的恐惧、压迫下解脱出来,从宗教愚昧的压迫下解脱出来,从阶级剥削与压迫下解脱出来,从自身身心的束缚与桎梏下解脱出来,此所谓自然解放、宗教解放、政治解放和人自身的解放,其中每一步解放无一不以知识为利器,无一不体现出知识对社会发展的巨大推动。

大学因应人类社会对知识的敬畏与追求而诞生,又因应人类社会对知识的进一步追求而发展,无论是早期的意大利波洛尼亚大学、法国巴黎大学这样的"僧侣居住的村庄",还是后来德国的柏林大学、美国的哈佛大学这样的"由知识分子垄断的城镇",抑或今日大学成为"一座充满无穷变化的大都市",大学的规模在变、形式在变,组织结构在变,社会关系在变,作为主体的大学师生在变,教育教学方式在变,但万变未离其宗,大学对知识的敬畏与追求始终未变。大学之所以为大学,之所以为人仰慕,之所以成为社会的良心和文化高地,究其根本,就在于此。因为,敬畏知识使"大学人"对知识产生由衷的崇敬和景仰,既推动"大学人"为获得自然、社会及自身的科学认识,严肃认真地去学习,老老实实地去探索,以开启智慧之门,通向自由的境界,又使"大学人"形成严格的自律,时刻警醒自己:在浩瀚似海的知识面前,任何人都显得异常的渺小和微不足道,只有虚心地学习,用心地学习,专心地学习、持之以恒地学习,才能了解知识的真谛,才能利用知识为自己、为他人、为社会谋福,否则轻者难以成事,重者甚至会因为违背自然和社会发展规律受到惩罚。正是有了这样一种谦逊和自律,大学对科学知识的探索及其价值的追求才会永无停息,大学才会成为"学术勃发的世界",[4]150"大学人"的科学和文化素养才会不断提升,既成为社会的表率,又使大学始终呈现出引领社会发展的勃勃生机。

特别值得强调的是,大学对知识的敬畏与追求,不仅仅体现在对知识的崇敬、景仰与追求,人际关系上更为突出地体现在对学术前辈、大师的崇敬、景仰及其学术境界、学术精神的学习与追求。大学是知识精英汇聚的家园,德高望重的学术前辈、大师是灯塔,是火炬,带领年轻学者和学子在知识的海洋中畅游,峻岭上攀登,年轻学者与学子则在学术前辈、大师无私地传道、关心与提携下,在尊重中学习,敬仰中前行,即使在学术探讨过程中产生不同看法,也立足知识认知规律发表意见,达成学术共识,推动学术发展,以此薪火相传。大学对知识的敬畏与追求,还尤其体现在大学追求知识,追求真理,其重要目的之一,就在于着力激活学习者身上内蕴的天真,即那种类似达尔文的天真,爱因斯坦的天真、黑格尔的天真。这样的天真虽然在一些思想"成熟之人"看来是不屑一顾的"呆子气",但保持有这种天真却永远不会受到"存在的就是合理的"的思维限制,[5]永远都会具有突破现实认识的激情和动力,进而才会无穷无尽地追问和探究关于自然、社会以及人身的真理。

2. 对大学根本使命的坚守与秉持生成大学文化

大学使命是大学承担的社会历史责任。大学使命与大学功能关系极其密切。大学使命是大学的价值追求,其根本使命则从本质上规定了大学是什么,从哪里来,到哪里去。大学功能是大学这一特殊社会文化组织对人类社会有机体所发挥的作用。大学使命从根本上规定大学功能,大学功能是大学使命的具体体现。同时,大学作为特殊的社会文化组织,其使命及功能又随社会发展而发展,否则大学无论如何都难以维持持久的发展和繁荣,另一方面,不管大学怎样发展和变化,在本质上,它永远都是学校,永远都以育人为其根本使命。中世纪的大学主要培养医生、律师、教师和牧师,以满足人口日益增长并且日益城市化的社会需要。[6]29 19世纪洪堡将科学研究引入大学,强调大学要进行专门的科学研究,创造新的知识,但是科学研究的引入并非以否定人才的培养为前提,恰恰是适应德国工业革命的需要,既为社会提供高深科学成果,更为人才培养注入引领时代发展所需的新知识、新内蕴。1876 年约翰·霍普金斯大学创立研究生院,将科学研究和高深专业人才培养的层次与水平进一步提升。20 世纪随着《莫雷尔法案》颁布,威斯康星大学进一步将社会服务引入大学,同样是适应美国工业革命推动大学逐渐由社会边缘向社会中心转移的趋势,为人才培养提供宽广的平台,使大学所育之人能够主动适应工业革命推动下社会进一步发展的要求和趋势。

特别值得称道的是,随着工业革命以来的人类社会快速发展,大学已经逐渐由远离社会的"象牙塔",在当代西方国家,由于政府大量减少对大学的财政拨款、大学之间竞争加剧使大学的办学经费不断增加、全球化的激烈竞争更是要求大学对提升国家竞争力作出直接的贡献等原因,创业型大学逐步出现,并且很快成为大学的一个重要类型,学术资本主义即"院校及其教师为确保外部资金的市场活动或具有市场特点的活动"[7]日趋频繁,在这种情况下,大学仍然矢志不渝地牢记自己的根本宗旨,"永远为根植于科研、教学和学习的价值所主宰"。[8]158牛津大学长期实行导师制,教授以"喷烟文化"培养名副其实的"牛津人"。哈佛大学面对教师群体中出现的重科学研究、轻人才培养偏向,及时作出决定适当降低科学研究在教师评价中的比重。[9]耶鲁大学,为始终保证学生培养的高质量,长期坚持小班化、个性化教学,75%以上的本科教学班都少于20人。[10]实际上,绝非耶鲁大学是如此,自20世纪80年代开始,小班教学已是西方高校极其普遍的做法。《美国新闻与世界报道》的大学排名,小班教学是一项重要的参考指标,而所谓"小班",人数通常都在20以下。在我国,20世纪30年代,叶企孙教授主持的清华物理系,每班人数不超过14人,以"不使青年徒废其光阴于彼所不能学者"。近年来,北京大学、四川大学等均对小班教学进行尝试,北大以优势学科经典课程为小班教学的主要试点项目,川大强调大班授课、小班讨论,实行25人的小班化精英教育。[11]2014年夏天北京大学古生物学专业毕业生仅有1人,华中师范大学则为3名学生开设哲学专业,所有这些都绝不计较经费投入与学生的人数是否能成比例,[12]计较的仅是大学必须坚定不移地坚持以育人为中心的根本使命。事实上,也正是因为有了这样一所所大学、一代代"大学人"对自身根本使命的坚守与秉持,才不仅培育出了一批又一批引领未来的领袖、行业的精英,而且逐步积淀了大学的独特气质,形成了为大学特有的文化氛围和大学生存发展的肥沃土壤与命脉。

三、建设视角的大学文化之要

大学文化是大学在发展进程中逐步积淀、养成和升华的文化,具有自然性,但是大学文化作为一种特殊的人文现象,又需要特别的关注与建设。这种建设对于今日的中国大学而言,尤其重要和迫切。之所以如此,原因在于今日的我国不少大学,随着国家改革开放和现代化建设快速推进,一方面得到了快速发展,另一方面也一定程度地出现了方向迷失,造成了大学理想和大学文化的茫然。根本扭转

这种状况,有效建设我国大学文化,除却社会须作相应努力外,从大学自身来考虑,现阶段最为要紧的有三个方面:

1. 注重大学形象的塑造,按大学的本质要求办大学

在西方,大学(University)一词源自拉丁文,有"社会、整体、世界、宇宙"之意。大学在欧洲中世纪时的崇高荣耀和地位,从当时学术界流行的一句经典"意大利人有教皇,日耳曼人有帝国,法兰西人有大学"可见一斑。大学之高贵,就在于它的特殊本质,这种特殊本质体现在大学形象上就是:大学是淡泊的,大学是理想的,大学是深刻的,大学是坚守的,大学是批判的。按大学的本质要求办大学,就是要按照这样的要求办大学。

大学是理想的,是因为大学作为"一个以理性为基础的国家的神殿,是奉献给纯粹理性的",[13]264它崇尚学术,追求学术,志在探索自然、社会和人伦,也志在培育社会精英,养成社会良心,造福人类。这就决定了大学绝非官僚机构,热衷于行政命令和官职高低。即使在大学已经巨型化,科层制成为大学内部管理常态的情况下,所有的行政机构和人员,无论级别高低,都仍然应当一心为教师和学生服务,而不是动辄发号施令。同时,大学必须牢固确立大师意识、教授意识,培育浓厚的学术氛围。

大学是淡泊的,是因为大学是从事探究真理、培育人才的崇高事业,绝不是追求产值和利润的企业或产业,"办大学需要钱,办好大学要花很多的钱"[8]97但是,发达国家的大学发展表明:即使在财政拨款不断减少的情况下,大学需要大幅筹资,有效提升筹资能力,也仅在于办好大学,绝不仅在于以纯粹经济利益为目的。

大学是深刻的,是因为大学是思想的殿堂。学术研究需要艰苦的探索。王国维先生在《人间词话》中曾描述过这种探索的三重境界:"昨夜西风凋碧树,独上高楼,望尽天涯路";"衣带渐宽终不悔,为伊消得人憔悴";"众里寻他千百度,蓦然回首,那人却在灯火阑珊处"。学术探索需要有相应的学术成果来体现,但学术成就的高低又绝非仅仅与学术成果的数量成正比。当年梁启超向清华大学推荐陈寅恪,曾言自己虽然著作丰硕,却不如没有任何著作的陈寅恪先生的几句话深刻。梁启超先生是何等的学术大师,以此来评价陈寅恪先生的学问,其中内蕴的大学深刻性思想是如此明白,似乎再作什么解释都已经成为多余。

大学是坚守的,这是因为大学作为人类社会有机体的重要文化组织,需要随时代发展而发展,但更要坚守自己的历史使命与价值追求,"在人类的种种创造中,没有任何东西比大学更经受得住漫长的吞没一切的时间历程的考验。"[14]27大学适应社会需求、事实和理想而变化是明智的,但大学不是风向标,不能什么流行就迎合什么。大学应不断满足社会的需要,而不是它的欲望。[15]3

大学是批判的,这是因为大学对知识和真理的追求本身就意味着批判,大学对社会的引领依靠的正是自己的批判精神。在经济、政治、社会发展极其复杂的今天,大学尤其应当坚持这样的精神,诚如 1998 年世界高等教育大会主题报告所阐述,大学不仅要完全独立和充分负责任地就伦理、文化和社会问题发表意见,成为社会所需要的知识权威,以帮助社会去思考、理解和行动,而且还要对新出现的社会、经济、文化和政治趋势进行分析,加强自己的批判和前瞻功能,为社会提供预测、报警和预防的信息。[16]

2. 注重校长形象的塑造,按大学校长的本质要求当校长

"地无分中外,时无分古今,大学校长这一职位,总让人有仰之弥高的感觉——学识渊博,道德崇高,见人之所未见,言人之所不敢言,既是社会清流,也是国之栋梁。"[17]169校长的形象直接代表大学的形象,校长的文化意识直接体现大学的文化高度。这也相应地决定了今日的中国大学文化建设,必须高度注重大学校长形象的塑造,按大学校长的本质要求当校长。

其一,大学校长必须具有较高的学术造诣。大学"是一种学者的共和国(Republic of scholars),一种同僚的社区",是专业人士依据专业精神(Professionalism)处理彼此之间关系的地方。大学校长作为学者"共和国"的一员,依照专业精神,自当具有高度的专业成就。[17]92诚然,现代社会赋予了大学太多的责任,大学校长必须具有多方面的管理能力与技巧,但是首当其冲的资质仍然在于较高的学术造诣。否则,他就难以与从事高深知识传承与创新的学者沟通,很难真切体会他们所从事工作的崇高与艰辛,诚心诚意地为他们提供条件和帮助。正因为如此,大学校长的遴选必须首先考虑的是学者。同时,大学校长自身也必须十分自觉地以学者标准要求自己,不断提升学术造诣,而不是以官员自居。

其二,大学校长必须着力追求大学的学术卓越。大学的声誉和地位取决于它的学术卓越程度。牛津大学、剑桥大学、哈佛大学、耶鲁大学等声誉远播,为全球莘莘学子所魂牵梦萦,根本原因就在于它们的辉煌学术成就。香港科技大学建校 10 年就在竞争激烈的当代世界高校赢得一席之地,辉煌的学术成就同样是其重要原因。学术卓越是大学的全部生命力和吸引力之所在,具有强烈的学术卓越意识,带领大学不断地追求学术卓越,是大学校长的根本任务。政府沟通、社会沟通、筹款能力等对大学校长都很重要,但与追求学术卓越相比,它们只能是第二位的要求。有幸成为大学校长者应该牢固地确立这样的文化自觉。

其三,大学校长必须具有深刻的治校理念。台湾大学经济系朱敬一教授言:"好的大学校长才了解什么是'好大学',才可能将大学引领向上;一位够差的大学校长不但对学校发展不利,也能将大学带向持续堕落的境地。"[17]152"好的大学校

长",标准无疑是多重的,但是至关重要的标准却是要有深刻的治校理念,能够从根本上把握大学发展的正确方向,确保大学始终是社会的文化高地。这也相应地决定了大学校长不仅应当是管理者,而且更应当是思想家。建设高质量的大学文化,首先应当从大学校长的治校理念做起。

其四,大学校长必须具有高度的文化情怀。大学的根本使命是以文化人,大学育人也绝非仅在于课堂教学,很大程度上在于环境育人、氛围育人。大学校长不仅应当注重大学的制度文化建设,还应当注重深刻反映大学本质的物质文化建设、环境文化建设。这方面的论述颇多,此处不拟赘言。不过,有一句话倒值得一提,此为台湾成功大学医学院创院院长黄昆岩所言:"西方的一流大学,一律具有深厚的人文素养,而校长多数实际上是人文方面为背景出身而有管理才华的人物居多。这会立即带给大学一种崇高的书香风气,校园才容易为适于熏陶学习者的良好环境。"[17]165

3. 注重教授形象的塑造,按教授的本质要求当教授

大学是师生共同探究高深知识、追求真理的场所。在大学师生共同体中,教授的地位尤其重要。建设大学文化,尤其要注重教授的形象,按照教授的本质要求当教授。强调这一点,对于今天的我国大学尤其具有重要意义。教授的形象,概括起来有两大方面:

一是学术形象。教授是大学学术水平的代表。大学不是一般的文化组织,或教育机构,而是学术高地。在知识视野上,大学之大的要义在于学术之大。教授是大学高深知识传承和创新的代表,尤其是大师级教授,本身就是大学学术发展的丰碑,人们对大学的高山仰止,其实是对大学教授特别是大师级教授的高山仰止。按照教授的本质要求当教授,为大学树立崇高的学术形象,首先要求教授必须以学术为志趣,全身心投入高深知识的传承和探究,不断丰富自身的学术修养,不断提升学术探究的水平和层次,为其他教师和学生树立敬畏知识,潜心为学的学术形象。作为教授,还必须善于立足学术发展规律,把握学术发展趋势及需求,着力引领学术发展,不断拓宽学术研究领域,开辟学术方向,造就学科发展重镇,为大学学术卓越的不断提升奠定坚实的基础。再者,学术是薪火相传的事业,教授作为某一方面的学术领路人,不仅要关爱学生,培养学生,而且要高度重视年轻教师的成长,培养、提携学术后人,不断提升所在学术团队的实力,使大学的学术事业不断发扬光大,为大学的人才培养、科学研究和社会服务作出实实在在的贡献。

一是道德形象。学为人师,行为示范。大学教授不仅要有高深的学术修养,崇高的学术形象,而且要有高深的道德修养,崇高的道德形象。这种形象,一为淡

泊名利,经得起种种功名利禄的引诱,潜心学术事业,深入探索研究,对重大社会问题、学术问题发表意见,不为利益俘获,坚持公平正义。二为大爱情怀。没有爱,就没有教育。没有大爱,就没有大学教育。作为大学教师群体中高深学问的代表,教授必须同时充满大爱情怀,自觉地以学术专长奉献社会,奉献公众,关爱后学,关爱弱势群体,并以此影响其他的教师及学生。三为道义担当。维系人间人道,评判社会善恶是大学的本初使命,更是大学教授的天职。蔡元培先生因为北洋政府逮捕学生拍案而起,哈佛大学教授会拒绝授予美国前总统里根先生名誉博士学位,芝加哥大学师生抗议越战决策之一的前美国国务卿基辛格先生来校担任教职,无不是这种道义担当的体现。我们的现实环境还是一个泥沙俱下的环境,公平与非公平、正义与非正义、道德与非道德、善行与恶行时时都在激烈地碰撞,弱势群体的利益还屡遭侵犯,我们的大学教授面对这样的情况,尤其需要以自己的专业知识和特殊方式为社会"铁肩担道义",为公平正义呐喊,这是对社会正气的弘扬,更是对大学文化本身具有特殊意义的塑造。

参考文献:

[1]刘铁芳. 大学文化建设:何种文化,如何建设[J]. 高等教育,2014(1):11～16.

[2]陈炜. 教书比天大[N]. 报刊文摘,2011-03-02,(3).

[3]苗子. 民国时期大师们上课经典的开场白[N]. 报刊文摘,2012-11-03(3).

[4]雅斯贝尔斯. 什么是教育[M]. 邹进,译. 北京:生活·读书·新知三联书店,1990.

[5]刘瑜. 哈佛大学的核心课程[N]. 报刊文摘,2014-07-21(3).

[6]伯顿. 克拉克. 高等教育新论:多学科的观点[M]. 王承绪,等译. 杭州:浙江教育出版社,2001.

[7][美]希拉·斯劳特,拉里·莱斯利. 学术资本主义[M]. 北京:北京大学出版社,2014:8.

[8][美]伯顿·克拉克. 建立创业型大学:组织上转型的途径[M]. 人民教育出版社,2003.

[9]盛玉红. 哈佛大学将改变重科研轻教学传统[N]. 文摘报,2007-05-02(6).

[10]徐平. 大学师生关系缘何陷入功利化冷漠化境地[N]. 教育文摘周报,2011-02-02(1).

[11]温才妃. 小班教学的中国之路[N]. 中国科学报,2014-09-25(5).

[12]韩琨. 华中师大为3名本科学生开设哲学专业[N]. 中国科学报,2014-09-25(5).

[13]布鲁姆. 走向封闭的美国精神[M]. 缪青等,译. 北京:中国社会科学出版社,1994.

［14］约翰．布鲁贝克．高等教育哲学［M］．王承绪等译．杭州：浙江教育出版社，1987.

［15］亚伯拉罕．佛莱克斯纳．现代大学论——英美德大学研究［M］．徐辉，等译．杭州：浙江教育出版社，1996.

［16］钱志刚，祝廷．大学自治的意蕴：历史向度与现实向度［J］．高等教育研究，2012（3）：11－17.

［17］黄俊杰．大学校长遴选理论与实务［M］．北京：北京大学出版社，2006.

大学教学文化的内涵、基本问题及建设思考

近年来,源于国外的大学教学文化研究逐步为我国学术界所重视,有关研究相继展开,特别是随着 2012 年 7 月教育部《关于启动国家级教师教学发展示范中心建设工作的通知》明确提出"推动营造重视和研究教学的氛围,建设具有本校特色的教学文化"以来,[1]这一问题进一步为国内研究者所重视,厦门大学、上海交通大学、北京师范大学等相继展开实践探索,学术界研究大学教学文化的成果也进一步增多。然而,整体审视现实研究,到底何为大学教学文化,它的基本内容到底有哪些,在我国现实条件下建设大学教学文化需要重点解决哪些问题,仍然值得深入探讨。

一、关于大学教学文化的基本界定

何为大学教学文化,学术界看法多种多样。2012 年曾有学者做过比较仔细的归纳,大体有八种视角之多,[2]此后又有生态学视角的研究,[3]大学使命视角的研究等。[4]从研究结果看,相当部分的研究过于注重抽象思辨,表述玄而又玄,概念模糊难辨,让人很难比较清楚地理解和把握其内涵;有的实而又实,将大学教学文化简单地等同于具体的教学行为,缺乏必要的思维抽象,很难为进一步的理论研究提供借鉴或启示。其中最为突出的问题是:或者机械地立足文化视角而展开,存在套搬套用的痕迹;或者对大学教学文化主体、载体等问题的学术边界界定不清,常常将大学教学文化与其他文化形式相混淆,出现明显的"跑偏"。

立足于概念的自身逻辑与现实逻辑统一,笔者以为大学教学文化只能蕴涵于大学教学活动之中,展现的是大学教学活动内部的有机联系与关系,其基本要素既包括教师,也包括学生,更包括教师与学生之间的互动,否则就不可能有大学教学文化可言。大学教学有广义与狭义之分,广义者包括课堂教学与课外一切具有教育意义的活动,狭义者专指课堂教学——基本理论的课堂教学与实践意义的课堂教学。大学教学文化主要立足于狭义的大学教学而言。在这样的意义上,笔者认为大学教学文化就主体而论,应当是反映教师与学生之间教学互动的文化;就

载体而论,应当是反映大学教学过程及其特点的文化;就特质而论,应当是反映大学教学活动的特殊气质及其氛围的文化;就价值追求而论,应当是体现大学使命、履行大学功能的文化。着力于这样的思考,大学教学文化似可界定为教师与学生在教学活动中逐步积淀和形成的反映大学教学活动的特殊本质、功能及其特色的文化,它紧紧围绕大学教学"为何教、为何学","教什么、怎么教","学什么、怎么学"这一基本问题而展开。大学教学文化源于大学教学活动,又能动地作用于大学教学活动。一所大学越注重研究教学,探究教学,就越能够积淀教学文化,进而越有利于高素质教师的塑造及其对学生的滋养。当下,教育部提出"推动营造重视和研究教学的氛围,建设具有本校特色的教学文化",根本意旨是提升我国大学教学活动的成效与水平,为国家培养更多的高质量人才。大学教学文化与大学文化、大学教育文化是比较相近的概念,在研究和实践中很容易相混。厘清它们之间的关系,诚为恰切界定和有效推进大学教学文化理论研究与实践发展的重要方面。

1. 大学教学文化与大学文化

二者有密切联系,但有重要区别。联系主要体现在:一方面大学教学文化是大学文化的重要组成部分,没有高水平的大学教学文化,绝不可能有高水平的大学文化。在大学使命意义上,大学教学文化甚至可以近似地等同于大学文化,是大学文化的主体和核心;另一方面大学文化是大学教学文化形成和发展的重要基础、环境与氛围,高水平的大学文化,不仅有力地促进大学教学文化的发展及提升,而且大学文化越深厚,也越有利于促进大学教学文化的培育和升华。相反,低水平的大学文化不仅难以有效促进大学教学文化的发展,而且还会程度不同地制约大学教学文化的发展。区别表现在:大学教学文化反映的是大学教学活动、教学实践的特殊精神追求与气质,是大学教学活动与实践精神的凝聚与提升,又能动地作用于大学教学活动的开展,促进大学教学水平的提升,体现的是大学教学活动的文化自醒、自律和自觉。大学文化主要是大学这个特殊社会文化组织在生存、发展、运行过程中逐步积淀和升华的特殊精神追求与气质。从根本上说,大学文化反映的是对"什么是大学,如何办大学"这一根本问题的文化自醒、自律和自觉。从概念之间的关系看,大学教学文化与大学文化之间的区别也很明显,二者是"包含于"和"包含"的关系,不是平行关系,更不是同一关系。二者之间的内在关系相应地决定了研究、建设大学教学文化,既需要联系大学文化,以便于汲取有益的养料和支持,又须十分注意厘清二者之间的边界,避免将二者相混淆,以增强大学教学文化研究和建设的针对性与有效性。

2. 大学教学文化与大学教育文化

二者同样有密切的联系,也有重要区别。前者主要体现在大学教学文化是大学教育文化的主体及核心,在一定意义上,大学教学文化甚至可以近似地等同于大学教育文化,是大学教育文化中极为重要的主体,大学教学文化的水平高,一定程度上意味着大学教育文化的水平高,大学教学文化建设越有效,大学教育文化就越有利于得到有效的发展;另一方面,大学教育文化同样有利于促进大学教学文化的发展,是大学教学文化发展的重要环境与氛围。后者主要表现在大学教学文化是就大学教学活动而言,大学教育文化是就大学教育活动而言。大学教学活动主要指课堂教学、实践教学和生产实习、实践等,大学教育活动则是包含教学活动及各种社团活动、党团活动、班级活动等在内的活动。大学教学活动中承担教学任务、组织教学活动的是教师,而不是所有的教育工作者。大学教育活动中,从事教育管理和服务的教育工作者除教师外,还包含各级管理者、辅导员、班主任及其他人员。二者的活动范围及主体不同相应地决定了两种文化的外延自然也不同,大学教学文化的外延远小于大学教育文化的外延。有学者认为,大学教学文化的主体不应当是大学教师,而是大学。原因在于:在文化意义上大学是一个整体,不可化约。现实中,大学教师"对教学文化的变迁往往表现出既无所谓,又无可奈何"的情形,根本原因就是受到了大学的制约。[3]这一观点(下简称"大学主体论")在逻辑上很难成立,它严重忽视了大学教学文化形成、发展的根基在于大学教学活动的开展,在于这一活动中教师与学生之间的互动。按照"大学主体论"的逻辑来推论,在我国现有高等教育体制下,大学教学进而大学教学文化一定程度上还受到上级政府的影响和制约,对这样的影响和制约,大学教师也往往表现出"既无所谓,又无可奈何"的情形,上级政府岂非也是大学教学文化的主体?果真如此,大学教学文化的主体,进而大学教学文化势必宽泛到难以界定的地步。

二、关于大学教学文化的基本内容

关于大学教学文化的基本内容,学术界同样见仁见智。基于以上有关大学教学文化的界定,联系自己多年在高校工作的实践与感悟,笔者认为大学教学文化实则是体现大学教学活动的教学观念、教学行为、教学方法、教学制度的文化,是四种具体形态文化的统一。

1. 大学教学文化是一种观念形态的文化

西班牙哲学家、美学家、人文主义者,现代大众社会理论的先驱奥尔特加·加塞特认为:"把大学当作一种精神比把它当作一个机体更为合适"[5]96。大学首先是一种精神,大学教学活动首先是大学精神浸润师生的活动,因此大学教学文化首先体现为观念形态的文化,源于实践,又高于实践,是实践的理性升华,是对大学教学"为何教、为何学","教什么、怎么教","学什么、怎么学"的最为集中和深刻的回答。观念形态的大学教学文化,集中地体现为对自然、社会和人类真善美的追求。所谓真,就是不虚假、不虚伪。科学领域的真,是事物的内在本质和规律。求真,就是顺应客观事物的本性,探求事物的本质和规律,进而为人类服务,造福人类。人际关系领域的真表现为我就是我,不虚情假意,阳奉阴违,不因任何外在因素影响人与人之间健康、和谐、纯真的关系。在科学领域,客观规律没有善恶之分,但是人们把握和应用客观规律的科技发明和创造在运用上却有明显的善恶之分。科学界强调科学伦理,本质上就是强调科技发明的运用要远离功名利禄等外在因素的干扰,确保善的运用,远离恶的运用,实现科学理性和价值理性的统一。美,是人们关于规则和秩序的愉悦的知觉方式,也是真和善的本质展现,人和人类社会作为具有丰富情感和智慧的活的有机体,需要外在的美,也需要内在的美。自然形态的美是美,精神的美、心理的美,更是反映人及人类社会本质特点的美。大学是以人才培养为根本使命的社会组织,人才培养的首要任务在于品格的培养和精神的化育,作为大学所有活动核心的教学,进行真善美的化育正是其首要价值功用,大学教师不仅要以精湛的专业知识传道、授业和解惑,更应在传道、授业、解惑的过程中着力展现对真善美的追求,引导学生实现学习科学知识与养成真善美品质的内在统一。在这样的教学文化中,教师与学生之间的关系是教育者与受教育者之间的关系,也是真善美的平等追求者和探寻者之间的关系,相应的教学过程是教师与学生之间启发与受启发的过程,更是教师与学生共同明辨真善美,摒弃假丑恶的过程。在这样的意义上,大学教学文化是一种实际呈现为双主体性的文化。

2. 大学教学文化是一种行为形态的文化

大学教学文化不仅是观念形态的文化,更是具体的教学行为文化,没有具体的教学行为就没有大学教学活动,更谈不上大学教学文化的生成和提升。立足大学教学活动的本质和规律,大学教学行为文化主要蕴涵四个方面:其一,它是大学师生以宗教般的虔诚从事科学、社会、人文知识学习与探索的行为。大学,无论是早期"僧侣居住的村庄",还是后来"由知识分子垄断的城镇",抑或今日成为"一座充满无穷变化的大都市",[6]535其教学活动的目的都是对高深知识的追求。其二,它是给学生以大爱的文化。大学教学中,教师不仅要对学生在知识学习及成长过程中遇到的困惑给予无私的点拨,更要尊重学生的天性及其成长的规律,鼓励学生大胆地尝试、冒险和探索,为学生兴趣与爱好的发展提供条件和帮助。与此相应,学生同样要由衷地尊重教师,热爱教师,真心诚意地将教师当作人生的引路人和未来事业发展的奠基人。尊师重教,尊师是重教的前提,没有尊师就没有重教,自然不可能有教学文化。其三,它是给学生以严格要求的文化。大学教学是接受、探索高深知识的神圣活动,要引导大学生进入高深知识的海洋,学习科学知识,掌握科学方法,养成科学思维,生成运用科学知识从事科学实践的能力,养成对真善美的热爱与追求,必须在各个环节上严格要求,坚定地引导学生养成珍惜光阴,刻苦攻读的自觉性和主动性。其四,它是为人师表的文化。大学教师不仅是高深知识的探索者、传承者,更是学生的人生导师,一言一行都可能对学生的言行,甚至是世界观、人生观、价值观产生各种不同的影响,因而大学教师在教学活动中不仅要注意谨严、规范和有度,充分体现对高深知识的尊重与热爱,还要特别注意展现乐观、豁达、大度、宽容、积极、向上的人生态度与追求,作好学生的表率和楷模。梅贻琦先生曾言师生犹鱼,行动犹游泳,大鱼前导,小鱼尾随,从游既久,其濡染观摩之效,不求而至,不为而成,所强调的正是这种特殊的为人师表的大学教学文化。[7]这样的教学文化看似无形,实则深刻地体现出教学文化的本真,是促进师生共同发展进步的教学文化。

3. 大学教学文化是一种方法形态的文化

大学教学作为一种实践活动,是教师通过一系列教学方法将学生引入高深知识殿堂进行学习和探究的活动,这也相应决定了大学教学文化不仅是一种观念形态的文化、一种行为形态的文化,而且是一种方法形态的文化,是教师对适应学生特点、符合教学规律的教学方法不断地进行探索、运用和升华的文化。现实教学活动中,具体的教学方法多种多样,颇具个性,但其中也有一些居于一般性层面,便于传播、学习和借鉴,诸如被誉为美国最好大学老师之一的肯·贝恩在《如何成为卓越的大学教师》一书中所总结:教师要将教学视为一种严肃的智力活动,注意了解教学的对象,充分把握学生的特点,精心设计每节课的内容及形式,有效激发学生学习的兴趣;教师要善于抓住和保持学生的注意力,善于利用学生关心或知道的问题,或者他们自认为了解的问题导入新知识,而不是一走进课堂就展示蓝图、大纲、数据或理论;教师要注意传授最能帮助和激励学生课外学习以及与教师交往的方式和方法,激励学生从专业的角度想问题、提问题,指导学生就一些文章或章节的观点、论点与难题进行充分的讨论,进行深入的思考;教师要善于激励学生就学习过程中碰到的问题相互质疑和争论,并在认真倾听的基础上指出各方信仰和态度中的契合与对立,再恰当地提出问题,进一步开阔其思路;教师要善于给学生以更多的期待,善于寻找和欣赏每一个学生的价值与闪光点,对易受伤害的学生和学生群体要给予高标准要求,但更要善于激发他们的自信心,增强他们自觉学习的意愿和动力,等等[8]1-184。大学教学的过程,究其本质正是广大教师对类似一般性教学方法以及大量带有个性色彩的教学方法进行反复探索和自觉运用的过程,更是在反复探索和自觉运用过程中逐步凝聚各种方法的精髓,升华为各种方法性技巧,甚至于方法性艺术的过程。这种反复探索、自觉运用以及在思维和行动中适时凝聚与升华的习惯与风气,究其本质正是一种源于教学过程,但又高于教学过程的教学方法形态的文化。实践证明,这一形态的教学文化最有利于推动大学教学活动的开展,也最有利于提升大学人才培养的质量与水平。

4. 大学教学文化是一种制度形态的文化

大学教学是教师与学生共同进行的活动,是遵循大学教育教学规律所开展的活动,是保证人才培养达到一定目标与要求的活动,必须有章可循,有矩可守,并且这种"规"必须是良规,这种"矩"必须是良矩,对教师、对学生既有明确的要求和规范,又有鲜明的引导和示范,集规范性与激励性和引导性的辩证统一于一体。与此相应,大学教学文化也就不仅仅是观念、行为、方法形态的文化,而且是一种具有丰富内涵的制度形态的文化。大学教学活动的基本目的、环节、要求及其内容的选择、方法的创新等都需要相应的制度来固化、来规范,进而引导人们形成一种自觉遵从制度的习惯和心理。这样的制度建设及其文化具有显明的内生性特点:①它是大学教学活动实践、经验的凝结和升华,反映大学教学活动的内在规律与要求。②它不仅为大学教学活动的有序开展提供规范性要求,更为大学师生从事教学活动提供鼓励性要求,同时也反映学术伦理与学术规范的要求,是学习与规范的统一。③它集组织规范与自觉信守于一身,制度文化发挥作用的过程是一个规范师生教学行为的过程,也是师生自觉遵守和趋赴的过程。总之,制度形态的大学教学文化十分重要,它是观念、行为和方法形态的大学教学文化探索、运用、凝聚和升华的结果,又是这些形态的大学教学文化得到进一步探索、运用、凝聚和升华的重要保障,更是它们各自有效发挥自身特殊作用的重要保障。

大学教学文化的上述四个方面围绕大学教与学的关系而展开,教学关系是贯穿大学教学文化的主线。在这样的意义上,大学教学文化可以进一步概括为教的文化、学的文化以及教学互动的文化,是大学教师以大爱研究教学、实施教学、升华教学的文化,也是大学学生以对人类高深知识的无限崇敬与追寻的态度将大学教师作为自身的引路人,自觉学习,主动学习,不断丰富自身文化素养,提高自身科学文化技能,陶冶自身精神情操,实现全面发展的文化,更是大学师生教与学相互促进、相互砥砺,共同为学习、探求人类高深知识努力耕耘和提升的文化。大学文化是文化,也是艺术,是氛围,也是精神,根本缘由正在于此。

三、我国大学教学文化建设迫切需要解决的重要问题

当下,教育部明确提出建设大学教学文化,具有极强的现实针对性,然而从我国高等教育现实出发,要有效进行这一建设,首先迫切需要在一般性层面上解决若干极为重要的问题,这里略述三个方面:

1. 牢固确立人才培养在大学工作中的中心地位是其根本前提

人才培养的中心地位是指大学一切工作均须围绕人才培养而展开,坚定不移地以促进人才培养为根本价值追求。强调这一问题,在我国现阶段尤其具有重要的意义。当今世界正处于大发展、大变革、大调整之中,多极化、全球化深度发展,新一轮科技革命风起云涌,"美国创新战略"、欧盟"地平线2020"科研计划、日本"I-Japan战略2015"、德国"工业4.0"战略相继推出。科技竞争、人才竞争空前激烈,发达国家更是保持着对我国科技优势和经济优势的巨大压力。国内经济社会发展进入新阶段,步入新常态,"创新、协调、开放、绿色、共享"成为重要的科学发展理念,也蕴涵着严峻的压力与挑战。为应对国内外发展带来的巨大压力与挑战,尤其是创新的巨大压力与挑战,党中央及时颁布了《国家创新驱动发展战略纲要》,明确提出建设创新型国家"三步走"发展目标:到2020年进入创新型国家行列,到2030年进入创新型国家前列,到新中国成立100周年时成为世界科技强国。创新的关键是拥有大批高素质创新型人才,与此相应广大高校尤其要牢记人才培养的根本使命,更加自觉地将人才培养置于学校工作的中心地位,努力为国家培养大批富有创新意识及创新能力的高素质人才。纵观改革开放以来的我国高等教育发展,确实取得了重大成就,从精英教育快速进入到大众化教育,人民群众接受高等教育的机会显著增加,但在快速发展进程中,由于各种复杂因素的影响,人才培养的中心地位在一些学校也出现了一定程度的事实性偏移,办学指导思想名义上以人才培养为中心,实际则因为各种各样的原因,人才培养的中心地位被屡屡动摇或偏离,导致人才培养成为名义上重要,实际次要的工作,部分教师不用心向教,部分学生不用心向学的情况相当严重,人才培养质量出现不同程度地下滑,甚至是严重下滑。这种状况也从一个侧面表明,要有效建设富有特色的我国大学教学文化,从国家教育主管部门到具体高校都牢固地将人才培养置于学校工作的中心地位,并确保其得到实实在在的落实,无疑是其首要前提。这一前提不具备,富有特色的大学教学文化建设就只会是一句空话。

2. 切实破除政绩思维的影响,尊重大学规律办大学是其重要要求

现阶段,影响我国大学教学文化建设的另一重要问题是政绩思维。所谓政绩思维,特指领导干部在履行职务过程中完全以获得某种标志性政绩为宗旨开展工

作的思维方式。其突出特点是:或者以单纯完成工作的心态完成组织交办的工作,只要按部就班地达到了一般性要求,取得了政绩就算大功告成;或者在其工作范围内,把注意力倾注于创造某种标志性"工程"或"成果",不管这样的工程或成果是否与其所在单位的中心工作有无重大关系,只要能为自己带来政绩光环,花费多少人力、物力、财力都在所不惜。如此政绩思维本质上是对党和人民事业的不负责任,与我们党的性质及广大人民群众的利益要求格格不入。现阶段,这种政绩思维同样反映在大学办学层面,主要表现有四:一是在对待本科教学质量工程方面,注重获得标志性成果,轻视实实在在的日常工作:不是踏踏实实地按照教育部本科教育质量工程的要求找问题,培育严谨的校风和学风,提高人才培养质量,而是花费大量人力、物力、时间等资源积极争取教育部设置的反映教学质量的各种荣誉称号及资金。二是在实施人才强校方面重门面装饰,轻实际效果。例如为了提高教师队伍的水平和层次,一些学校盲目外聘院士或特聘教授,但一些院士或特聘教授却从不到校从事教学与科研,仅仅是为学校的政绩及其宣传增添了金字招牌。再如,一些学校通常用诱人的年薪、住房等招徕各类"学者"和"专家",但往往招进了事,至于其能否发挥作用却很少考虑。三是在教学与科研关系方面,一些学校为急于提升办学声望,对教学得过且过,对科研全力以赴,甚至因片面追求科研获奖而滋生造假丑闻,严重扭曲高校及其教师的价值追求,对人才培养的消极影响十分突出。四是在人才培养与其它工作关系方面,人才培养的注意力往往被分散。在一些学校,一些分管校领导与职能部门通常在重视政绩的价值导向下,千方百计地追求分内工作出政绩,客观上分散了学校对于人才培养的精力投入。如上政绩思维无论表现如何不同,都严重影响大学本质和根本使命的贯彻,动摇人才培养在大学的中心地位。在这一意义上,我国大学要切实建设富有特色的教学文化,首先必须毫不动摇地切实破除政绩思维的影响,自觉地将大学治理严格地置于按大学规律办大学的基础之上。

3. 着力提升大学教师的事业心、责任感是其强大的内在动力和保证

事业心是指主体努力成就一番事业的奋斗精神和积极的心理状态。责任感是主体自觉做好分内外一切有益事情的精神状态。从本质上讲,事业心、责任感既要求利自己,又要求利他人、利国家、利社会,当个人利益同国家、社会和他人利益发生矛盾时,个人要主动地以国家、社会和他人利益为重。事业心、责任感是主体奋发进取的不竭动力。教师集传道、授业、解惑于一身,肩负学生的希望、家长的希望、民族的希望和人类的未来,必须有强烈的事业心和责任感。对我国大学而言,广大教师更是肩负为中国特色社会主义事业和现代化建设培养合格建设者和接班人的历史重任,要培养具有强烈创新意识和能力的创新型人才及数以亿计

的高素质劳动者,引导学生以社会主义核心价值观武装头脑,养成对国家、对社会的强烈责任意识和奉献精神。这是无尚光荣的任务,也是极其艰巨的任务,完成这样的任务,践行这样的历史使命,自然要求我们的大学教师必须首先拥有更高的事业心和责任感。现实中,我国大学教师的主流是好的,但有部分教师在事业心、责任感方面确实存在不容忽视的问题。诸如,受市场经济利益驱动的影响一心"钻钱眼儿",将主要精力用于第二职业,以将就应付的态度对待人才培养;片面重视科研,教育教学的重要性在其心目中被严重地侵蚀,糊弄应付成为常态;教学活动的开展仅限于课堂,与学生的课外沟通完全缺失。清华大学"中国大学生学习性投入调查"课题组曾就中国"985 工程"高校与美国研究型高校本科生学习情况进行比较,提供了有力例证,例如在"生师互动水平"方面:"985 工程"高校学生在"学习表现得到任课教师及时反馈"以及"与任课教师讨论自己的职业计划"问题上大大低于美国同类大学的学生,28% 的"985 工程"高校学生反映自己的学习表现从未得到教师的及时反馈;55% 的"985 工程"高校学生反映从未与任课教师讨论过职业计划。[9]面对如上种种突出的问题,党和政府要致力于引导我国大学探索、建设富有特色的教学文化,各大学要切实开展富有特色的大学教学文化建设,自然应当在立足大学办学规律的前提下,采取切实措施,从多个方面激发广大教师的事业心和责任感。这一问题得到了有效解决,富有特色的大学教学文化建设也就有了强大的内在动力和保证。

以上是着眼我国高等教育发展现实,从一般性层面阐述的大学教学文化建设迫切需要解决的三个极为重要的问题,在此前提下,大学教学文化建设说到底还是需要每所大学都牢牢立足自身办学定位,坚持以人才培养为中心,着力营造重视和研究教学的环境与氛围,引导广大教师在教学活动中深入进行多方面的探索、积淀、凝聚与升华。

参考文献:

[1]教育部高等教育司.关于启动国家级教师教学发展示范中心建设工作的通知[EB/OL].http://www.ustc.edu.cn/ggtz/jiaoxue/201209/P020120902425359328949.pdf.

[2]龚孟伟.当代教学文化内涵之盘点与重构[J].江苏高教,2012(3):70 - 73.

[3]别敦荣,李家新,韦莉娜.大学教学文化:概念、模式与创新[J].高等教育研究,2015(1):49 - 56.

[4].邬大光.教学文化:大学教师发展的根基[J].中国高等教育,2013(8):34 - 36.

[5][西]奥尔特加.加塞特.大学的使命[M].徐小州,陈军,译.杭州:浙江教育出版社,2001.

［6］贺国庆．外国高等教育史［M］．北京：人民教育出版社，2003．

［7］徐平．大学师生关系缘何陷入功利化冷漠化境地［N］．教育文摘周报，2011－02－02（1）．

［8］［美］肯·贝恩．如何成为卓越的大学教师［M］．明廷雄，彭汉良，译。北京：北京大学出版社，2007．

［9］清华大学课题组．本科教育怎么办？［N］．光明日报，2012－06－19（15）．

美中高校校友文化培育的三维比较

随着我国高校校友工作的开展,近年来校友文化逐渐引起学术界关注。从研究情况看,比较多的是从如何认识校友资源对推动学校建设发展的视角进行讨论,也有关于国外一流大学校友文化建设经验的介绍,还有的从文化学的视角展开探讨。所有这些都为进一步开展校友文化研究提供了有益借鉴。本文拟在现有研究基础上,对美中两国高校校友文化培育进行三个方面的比较,以期为我国高校校友文化建设提供某些有意义的借鉴或启迪。在此之前,有必要先对校友及校友文化作一基本界定。

关于校友,学术界主要有"广义"与"狭义"之说。[1]广义校友既包含所有曾经在校学习、培训或工作的人士,也包含为学校发展作出贡献的所有人。狭义校友指曾经在同一所大学接受系统教育,获得毕业或肄业证书的毕业生和曾经在校工作的教职工。然而,由于大学的根本使命所决定,校友无论是广义还是狭义,居于基本地位的无疑是其曾经培养的各类毕业生。在这类校友中,曾经接受全日制教育的毕业生又居于基本地位。本文的校友在这一层面上使用,并且主要是相对本科这一重要层次而言。毕业生与在校生关系极为密切,今日的毕业生正是昨日的在校生,今日的在校生则是明日的毕业生亦即未来的校友,故而本文的校友包含在校生在内,本文的校友文化培育包含在校生与毕业校友在内的校友文化培育。

校友文化本质上是一种"给予——感恩"文化。不过,虽然"给予——感恩"贯穿于学校与在校生及毕业校友互动的全过程,但相对而言,学校对在校生的无私给予对于培植其与学校的深厚情感,激励其日后感恩学校,尤其居于基础性地位。诺博(Noble)等人对波士顿大学二年级和最高年级在校生的调查表明,学生对学校强烈的归属感、较高的价值评判和满意度会增强他们对学校的依恋与感激,增加毕业后与学校的联系及捐赠。学生认为自己所受教育物有所值,才会对学校有较高的满意度。同时,学校的后勤管理和财务运营状况等与学生切身利益相关的方面对学生也影响较大,住宿费用、条件和质量,医疗卫生及校内外环境、学校的贷款、奖学金的发放、规章制度、奖惩措施、考试考核方法及其公正性、事故处理是否及时等都影响学生对学校的评价及其对学校的感情。[2]这也相应地决定了大学要建设良性发展的校友文化,首先必须将重心牢牢地置于在校生的精心培育基础之上。

一、在校生的感情认同培植比较

1. 美国高校的在校生感情认同培植

美国高校特别是名牌高校对在校生的感情认同培植极为重视。主要表现有三:

其一,高度重视在校生的知识教育,为在校生的未来发展奠定坚实的基础。所谓知识教育,通俗地说就是培养学生把握科学知识,养成相应能力与技能的教育,是学生走出校门后顺利就业和发展的重要基础。为筑牢这一基础,每所大学的管理形式尽管各有特点,但无不实实在在,抓铁有印,踏石有痕。一是,正确处理教学与科研的关系,确保教学工作高质量。学生是大学的主体,没有学生就没有大学。大学最重要的产品不是科技专利,而是它的高素质毕业生,是美国高校的核心价值理念。[3]二是,不惜人力投入,坚持小班教学。不仅一些名牌高校长期坚持20人以下的小班教学,而且自20世纪80年代开始,小班教学成为美国高校极其普遍的做法。[4]三是,倾力打造本科课程,确保高质量课程教育。美国高校,特别是顶尖高校的本科课程是一个完整的体系,一门具体课程虽然由一位教授主持,但整个课程体系却由专门的课程委员会集中力量反复雕琢,花费大量的时间和精力。四是,注重生师互动,激活学生思维。美国高校的课堂讲授与学生讨论并行,教师授课过程即伴随学生的积极提问与讨论,而且专门安排多次课堂讨论,培养学生的批判性思维与能力。五是,作业形式多样,任务十分饱满。包括课前阅读、课堂讨论、课后作业、课堂报告、课堂测试、读书报告、研究论文等,每一环节都有相应的成绩评定,都影响最终成绩的获得。尽管课程性质不同,具体教学方式会有不同特点,但要获得课程学分,所有学生都必须付出全部的努力。

其二,高度重视在校生的价值观教育,为学生未来发展指明正确的人生方向。价值观教育,在本质上是使受教育者正确认识和处理自身与社会关系的教育,其核心是培养受教育者对国家、社会和公众的高度责任感与奉献精神。因此,美国高校特别是名牌高校十分注意通识教育,虽然哥伦比亚模式、芝加哥模式、斯坦福模式、哈佛模式等各有特点,[5]但其共同点却是强调经史传统的经典阅读与自然科学的基础教育,其主要目的,不仅是引导学生通过阅读经典、理解经典,为相关专业学习提供重要的思维和认识前提,而且旨在使其了解和把握人类社会的永恒价值与真谛,"鼓励年轻人认识自我,并发现自己生活的道路",深刻认识"自己应对社会知恩图报,应该利用自己掌握的知识为人类谋福利,而不仅仅追求自身的经济富足"[6]。与此同时,美国高校十分重视引导学生利用专业知识为社区、公众和弱势群体等提供公益服务,实际培养学生的奉献精神和博大胸怀。

其三,高度重视为学生参与科研活动及发展兴趣提供条件,促进学生多方面发展。名牌高校尤其突出,如麻省理工学院,其电子工程系一门课程的投入,多的高达30万美元,少的也高达10万美元,主要用于分配给学生小组开展科技活动,实际培养学生的创新意识和能力。哈佛大学不仅重视解决家庭困难学生的经济负担,而且注重通过各种资助,赋予学生以多方面发展的自由,使学生有条件做自己想做之事,放飞和实现自己的梦想。[7]

2. 我国高校在校生的感情认同培植

我国高等教育师法西方,一起步就在动荡的社会局势中蹒跚前行。新中国成立后,学习苏联经验对高等教育进行重大改组,时隔不久又陷入"文化大革命"的严重灾难,进入改革开放新时期,高等教育迎来快速发展的春天,教育改革深入推进,但市场经济发展及高等教育大众化快速进入等复杂原因,仍然使我们的高等教育在探索中前行,直至今天,虽然我国高校在坚持以学生为本,爱护学生,促进学生发展方面作出了许多探索和努力,但同时又存在偏离高等教育本质和规律,学生中心地位未能牢固确立等突出问题,一定程度上影响了广大学子更好地成人成才,消解了广大学子对学校的感情认同。

前者主要体现在:我国高校历来重视对困难学生的关心和爱护,进入大众化教育以前,大学生学费全免,并且设立有奖助学金制度,进入大众化阶段,实行学生交费上学,国家在高校普遍建立起奖贷助勤免助学体系,为资助家庭经济困难学生开辟绿色通道,一些高校还根据本校实际灵活制定出各种帮扶政策,确保经济困难家庭子女顺利完成学业。在思想教育方面,进入改革开放新时期,各高校顺应社会和高等教育发展需求,逐步探索出"三下乡"及各种形式的志愿者活动等社会实践形式,引导大学生了解社会,养成关爱社会、关爱他人、扶弱济困、志愿奉献等精神。同时,为有效挖掘不同学生的自身潜力,提升其不同兴趣和特长,有条件的高校普遍重视引导学生开展各种形式的科技创新和创业活动,促进学生成长成才。为应对我国特殊国情条件下的就业难问题,各高校充分利用各方面社会关系,举办多种形式的就业招聘,在学生与用人单位之间牵线搭桥。所有这些,无不生动地凸显出我国高校对莘莘学子的无私关爱,成为我国高校校友文化培育的重要组成部分。

后者主要反映在:一方面是对教育质量重视不够。"文革"以前及进入改革开放之初,我国高等教育尽管存在不少问题,但教育质量整体上还是得到了有效保证。然而,此后由于市场经济等复杂因素的影响,我国高校普遍出现了重经济效益,轻社会效益;重科研、轻教学等突出问题,直接影响到教育质量的保证和未来校友对学校感情认同的培育。(1)在班级学生容量上,百人以上的大班授课呈常态之势。课堂学生多,讨论式教学,批判性、创新性思维及合作性学习能力培养受到严重限制,课下生师互动更是严重地付诸阙如。有调查表明:我国"985"高校学生在"学习表现得到任课教师及时反馈"及"与任课教师讨论自己的职业计划"上大大低于美国同类大学学生,28%的"985"高校学生反映学习表现从未得到教师的及时反馈(美国同类院校约8%);55%的"985"高校学生反映从未与任课教师讨论过职业计划(美国同类院校约25%)。[8](2)在教学方式上,比较普遍地呈现为教师一言堂,不仅缺乏提问与讨论,而且教师无视学生而"教",学生无视教师而"学"同样成为常态。[9](3)在学生选课情况上,每生每学期选修课程通常高达10多门,每门课程投入的学习精力严重"缩水",批判性、创新性思维及其能力培养无从言及。另一方面,世界观、人生观、价值观教育滞后、流于形式,特别是进入改革开放和现代化建设新时期后,一段时间内,由于不能适应社会利益巨大调整的深刻影响,高校在这方面的教育几乎不知如何作为,致使大学生群体中不同程度地出现理想信念模糊、价值取向扭曲、诚信意识淡薄、社会责任感缺乏等突出问题。[10]20世纪90年代中后期,我国高校开始倡导和推行素质教育,继而又学习、借鉴欧美通识教育经验,具体方法却是简单地大量增加选修课程,根本不问课程之间是否存在必然的逻辑和联系,教学要求十分宽松,导致通识课成为学生轻松拿学分的便宜捷径,深入的世界观、人生观、价值观教育自然无从提起。

"欲求木之长者,必固其根本,欲流之远者,必浚其泉源"。美国高校尤其是名牌高校,无不具有深厚的、充满生机的校友文化,其根基、其泉源正在于其卓越的在校生教育,保证学子成人成才,进而牢固地培养他们对母校的深厚感情。相比较而言,我国不少高校尚未很好地端正指导思想,不是视学生为学校主体和未来社会的主人,全力以赴地引导其成人成才,而是在不自觉中将学生当成学校的历史过客,对其最关心的教育质量在无形中放松,有的甚至于放任自流,不仅严重消解各种教学改革、探索的成效,而且严重消解学校在学子心目中的感情积淀。现实中,某些欧美名牌高校的校友,原本毕业于中国的名牌高校,却更愿意给国外母校以巨额捐赠,更愿意认为国外母校才是其"生命中重要的一部分",自己只是在国外母校才学会"给予的精神",[11]另有材料表明:美国常青藤大学的毕业生对学校有归属感者一般在80%左右,我国"985"高校毕业生对学校有归属感者,一般只有40左右。[12]这种情况不能不值得我们深刻反思,而不能简单地以爱国不爱国的政治伦理来评判。厦门大学高等教育发展研究中心主任别敦荣教授曾言:"要增加捐赠收入，我国高校还要在教育教学改革上有大的突破，提高教育教学水平和质量，让学生热爱学校，在学校得到优良的发展，对学校忠诚、有归属感"，[13]这话虽然立足于我国高校如何提高募捐水平而论，却也同时点出了我国高校在培养学子对母校的感情方面存在的突出问题，值得人们很好地重视和思考。

二、校友的沟通、联系形式比较

1. 美国高校校友的沟通、联系形式

校友的沟通、联系是校友文化的重要组成部分，也是培植校友文化的基本形式。美国高校均有健康发展的校友文化，另一重要原因，就在于十分注重与校友的沟通和联系。在多数高校，新生一入学，校友办公室或对外关系办公室，即开始与其联系和沟通，为其提供学习与生活咨询，帮助解决生活和学习中遇到的种种困难，同时引导新生熟悉和使用庞大的校友网络，学会与校友联系与沟通，为自己的大学学习和未来就业发展提供帮助。在校期间，校友会或对外关系办公室，还会注意引导学生为学校进行每次5美元或10美元的小额捐赠，以培养其对学校的感恩之情。哈佛大学的校友沟通、联系更是提早进行，招生宣传阶段就通过教师、在校生及学友之口宣传哈佛，凸显哈佛的浓郁人文气息，让"准校友"们感受哈佛充满人情味道的校友文化。录取阶段，哈佛对新生更是满怀尊重和关爱，学校发出的所有新生录取信，无不充分体现出对被录取者才智的欣赏，并对其入学事宜进行周到的考虑。新生正式入校之前，都会收到一封来自学校某位官员、学生、教授及校友充满关爱的电子邮件或纸质信件，并询问其需要帮助的事宜，充分展现出学校的高度关爱之情。

对毕业校友，美国高校致力于让其知道母校对他们一直都在关心、注视和帮助，进而激励其不断地关注母校，以母校发展为荣，同时利用母校的影响不断增强自己发展的社会资本。美国许多高校都建立有完整的信息数据库和形式多样的信息沟通渠道，保证与校友及时沟通。[8]常春藤八大盟校，更是每年都出版校友指南、校友通讯录，加强与校友之间的联系；定期举办全体校友动员会或有钱的校友专门会，动员校友为母校发展作贡献；同时通过组织校庆活动、联谊活动、评选杰出校友、组织校友旅游、野营度假、根据校友的行业或兴趣爱好组织兴趣小组、建立校友分会、校友俱乐部、校友专业协会或校友联谊会等措施加强与校友之间的联络与沟通。

尤为重要的是，美国高校十分注重立足本校实际开展活泼多样的校友活动，不断加深校友与母校之间的感情联络。其中，密歇根大学一直注重创造校友与学校之间的联系，[7]一方面利用自身拥有学科门类齐全的综合大学优势，通过不断

设计、开发校友服务项目,集中校内多方面资源,为校友服务,使在校生及毕业校友真切感受学校或母校的深切关爱;另一方面为校友创造联系机会,建构沟通桥梁,将学校、毕业校友、在校生、校外组织及在校生家长联系到一起,进而通过提供诸如校友事业扶持、帮助寻找失去联系的校友或室友、校友作品出版辅助、校友子女入学或就业辅助等项目,深化校友与学校、校友与校友之间的感情及价值认同。普林斯顿大学则立足班级处于校友文化建设最前沿的特点,特别强调班级校友的沟通和联络,创造出班级校友会和班级聚会、班级常青藤、"班虎活动"等生动活泼的活动形式,提高校友对活动的参与度及对母校发展的关心与支持。哈佛大学不仅致力于为每一个校友提供成长、发展的机会,通过开展众多校友活动项目,助力校友成长,而且校友会与校友之间的联系极其精细,包括对身处世界各地校友的电话慰问及校友信息的及时变更。据统计,哈佛 70% ~80% 的毕业生与母校保持着密切联系,其中 1938 年毕业的校友,1998 年举行毕业 60 周年同学聚会时,参与校友高达 92%。[10]

2. 我国高校校友的沟通、联系形式

我国高校同样有重视校友工作的历史。复旦大学 1905 年建校,10 年后即成立第一个校友会,到 2008 年 1 月,海内外校友会达到 80 个。作为校友活动的重要载体,复旦大学"世界校友联谊会"从 1990 年到 2008 间共召开 10 届,成为全球"复旦人"的盛大节日。[14]但是,由于多方面复杂的原因,我国高校校友工作整体发展很不平衡,水平较低。

进入改革开放新时期,随着高等教育创新发展,校友工作逐步引起普遍的重视,多数高校陆续建立校友会,负责母校与校友之间的沟通和联系,同时在国内及海外校友集中的区域建立校友分会,开展校友联络。各高校校友沟通、联系方式虽然不尽相同,但归结起来大致有如下方面:一是,利用现代信息技术手段,开设网络平台,建立校友网页,设立校友论坛,开设校友 QQ 群,多方面加强校友与校友、校友与母校之间的联系。二是,编发《校友通讯》,刊发母校及校友信息,推介成功校友创业事迹、经验和体会,为校友打开信息窗口,提供交流平台;三是,建立校友信息库,编辑校友名录,为校友之间联系提供方便;四是元旦、春节给校友寄贺卡,为校友送祝福。五是,组织校友参加校庆、院庆等活动,或开展定期"校友回访问日""校友活动日"等活动,增进校友对母校的情感。[15]六是,建设特色校园文化,深植校友的母校之情。一些高校采取校友在校园认捐风景树、风景石、栽种感恩树、建造校友文化墙、建设蕴涵不同行业校友特色的文化景点等,在校园里培植起一道道各具特色的校友文化风景,彰显校友对母校的深厚感情。七是举办校友企业家联谊会、校友回校报告会、在校生及青年教师座谈会,相互交流,增进感情。

八是,有条件的地方,组织校友开展健身、旅游、体育、摄影等兴趣交流,增进校友感情,凝聚校友力量。

总的看,我国高校比较广泛地建立校友会,与广大校友开展沟通和联系的时间不长,但在积极借鉴国外高校经验基础上,已经探索出不少富有成效的渠道和方式,重视校友、关注校友的理念已逐步确立,校友文化正在得到逐步地培育和发展。然而,与美国高校校友沟通和联系相比,我国高校确实还存在明显不足:一方面,就与在校生的沟通和联系而言,虽说在我国高校,新生特别是家庭经济困难的新生一入学就受到学校的多方面关爱,学校对学生的就业也给予多方面帮助,但在办学指导思想方面,不少高校还是简单地停留在学生仅仅就是学习者的思维水平基础之上,甚至于简单地视其为高等教育的消费者,而不是未来的校友,因而不能自觉地从未来校友的角度培养在校生的爱校与感恩之情。同时,由于复杂因素的影响,后致性因素在社会就业中仍有其强大的作用,弱势家庭出身的学生就业常常面临种种困难,严重影响他们的社会上行流动,但我们的高校在注重学生整体就业工作的同时,对弱势学生的关怀恰恰比较缺失,以至于不少学生因此心生怨言,对学校的感情相应削弱。另一方面,各高校的校友工作开展很不平衡,一些学校开展得比较扎实,与广大校友建立了多方面联系和沟通,一些学校尚处于浅层次之上,仅仅停留于成立校友会,开展校庆活动等,校友往往成为学校制造"活动效应"的"亲友团",[16]毫无实质内容。一些学校的校友沟通、联系甚至存在严重的"官本位"色彩。校友聚会,按官排序,官越大,地位越高,越受到学校重视;校友联络,对象按官位选定,官员校友经常受到学校问候,无官无权的校友则成为被遗忘的角落,既助长了某些人的"官气"、"傲气"和"霸道"之气,也伤害了多数校友的感情,严重影响校友文化的发展。在这一意义上,我国高校校友文化要普遍地提升品质,尚需要一个从思想到实践的深刻转变过程。

三、校友在母校的地位比较

1. 美国高校校友在母校的地位

密歇根大学校友会原执行董事罗伯特·弗尔曼(Robert Forman)曾言:"谁将给学校提供永久的支持? 答案是'校友'"。校友对母校有终生的义务,尽管他们在社会上的地位,某种程度上依靠社会对学校质量的评价,但他们依然是母校的支持力量,他们对母校的爱,虽然看不到、摸不着,难以量化,却实实在在的存在。校友总是与母校有一种难以释怀的情感,这种对于母校的感情深厚自然,超越功利,具有特殊价值。[10]正是基于校友对母校的特殊情感,美国高校校友一直在学校处于重要地位,受到学校高度重视。

（1）校友是学校内部治理的重要主体。美国高校董事会由利益相关方代表组成，校友代表是董事会成员的重要组成部分。在美国，早期高校校友会建立的原因之一，就是校友争取在高校治理中的发言权，参与高校发展政策的制定。当时，在东部地区，高校一般都接受私人捐赠的支持，尤其是得到校友的强力支持，因此许多私立高校吸收校友为校董事会成员，直接参与高校的内部治理。20 世纪 70、80 年代开始，公立高校也逐渐意识到校友参与学校治理的必要性，开始鼓励和吸纳校友参与学校治理，以给母校施加追求卓越的压力。

（2）高度重视校友工作。美国高校，从领导层到普通师生都十分重视校友工作。校长通常用大量时间直接指挥和参与校友活动，使校友个体乃至群体深切感受母校的人性关怀，自觉自愿地反馈母校，为母校发展服务。美国高校校友会政策通常由校董事会制定，同时聘用一名执行董事管理所有事务并直接参与校友机构管理，董事会规模少则十几人，多则几百人。董事会成员都是专业人士，均为管理、市场和战略规划等方面的专家。各高校都设有专门工作机构和众多专职工作人员及校友工作志愿者。其中，斯坦福大学校友会，下设校友联络部、校友服务中心等 14 个部门，有 149 位正式人员。[10]

（3）为校友事业发展提供宽广平台。美国高校校友会的重要工作既是为学校发展服务，更是为校友发展服务，是沟通学校与校友之间关系的重要桥梁，也是校友事业发展的重要平台。特别是一些名校往往将校友会建成当地的政商名流聚集地，为校友们交友、发展提供巨大帮助。如在纽约的纽约俱乐部、耶鲁俱乐部等，不仅给当地校友提供集会、娱乐等场所，还经常邀请著名校友举办讨论会，邀请官员演讲。其中，成立于 1832 年的耶鲁大学"骷髅会"尤为著名，会员均为美国政商界、教育界精英，曾经有三人成为美国总统、两人成长为最高法院大法官，还有无数的国会议员及商界领袖，塔夫脱家族、布什家庭、哈里曼家族、洛克菲勒家族等美国名门望族成员，不少都是"骷髅会"的成员。[11] 显而易见，这样的关系网络，对校友事业发展的帮助无可估量。

（4）利用自身资源为校友发展充气、加油。美国高校注重向校友传递学校的先进理念及创新成果，通过为校友及其企业提供人才培养、在职培训、重大科研服务等，对校友提供源源不断的知识支持和智力支持，促进校友事业发展。当今社会是学习型社会，很多校友希望再次回到母校接受教育，母校也期望校友能回到母校继续学习，提高母校对校友的凝聚力和向心力。伊阿华大学校友会的詹姆斯·霍普森（James Hopson）1980 年曾进行过一项随机调查，结果显示将近 2/3 的校友渴望得到继续教育的机会。正因为如此，美国许多高校都有组织继续教育的经历，1959 年布朗大学成立第一所现代意义的校友学院（Alumni College），从此进入校友继续教育的新时代。[10]

2. 我国高校校友在母校的地位

关于校友在学校发展中的地位,我国高校有一个从缺少认识到逐步认识的过程,但是与美国高校视校友为学校的重要主体相比,我国高校形成的基本共识却是视校友为可开发的重要资源:其一,品牌资源。校友是高校向社会散发的名片,他们在不同岗位上做出显著成就,固然是其自身的重要荣誉,也同时是母校的重要荣誉。"校友的社会赞誉度越高,母校的社会知名度也越高"。[17]其二,育人资源。校友,无论是作出突出成就的校友,还是经受种种曲折的校友,其实践经历、社会阅历等,都可以为母校教育教学和人才培养提供重要借鉴,对在校生也具有重要的导向力和影响力。其三,信息资源。校友分布于社会各个行业、各个地区,无形中构成的庞大信息网,可以为母校制定发展战略,规划建设发展提供大量经济、政治、文化、科学、教育等重要信息。其四,人脉资源。学校发展离不开人脉资源,校友在社会各行业奋斗和成长,拥有广泛的社会联系,有的甚至成为著名企业家、管理者,这些条件既可以方便学校与社会沟通,为学校建设发展服务,又能够在大学生就业难的今天,为帮助母校解决大学生就业发挥极为重要的作用。其五,财力资源。经济上成功的校友不仅自己为母校慷慨捐赠,还能够带动他人或单位向母校捐赠,为母校建设发展提供重要的经济支持。

正是基于对校友资源的如上认识,现实中,一些高校十分注重挖掘本校成功的校友,并在校内外大力推介,着力提升学校的社会知名度;注重邀请事业成功的校友回校报告、座谈,汇报其成长的经历及经验,激励在校学子及青年教师以其为楷模努力学习;在学校重大建设中,邀请校友回校座谈,认真听取意见和建议,推进科学决策;在校园文化建设中,契合校友对母校的深厚情感,通过各种形式,建设反映校友特色的人文文化。此外,立足校友对母校的感恩心理,尤其注重利用校庆、院庆等形式广泛吸引校友捐赠,用于学校某些急需建设,或建立助学基金。然而,整体上看,现阶段这些工作在我国高校开展得很不平衡,有的有声有色,增进了学校与校友之间的感情,推进了学校与校友事业共同发展。也有不少学校对校友工作尚缺乏深刻的认识,工作尚未正式起步,或者尚处于初级状态,更为突出的是,一些高校的校友工作存在严重的实用主义,片面看重校友捐赠的功利价值,既不考虑母校如何更好地助力校友发展,也不考虑如何利用校友的精神资源,推动学校的精神文化建设。有人一针见血地指出:"大学看重的只是捐款,而非真正意义上的校友文化。学校之所以捧着校友,往往是出于功利诉求。这也是为什么国内各院校的校友仅仅出现在一些庆祝、联谊和捐赠场合,有些所谓的公共事务讨论也是'走走样子',学校并未给校友以应有的尊重"[18],导致校友认为校友活动就是"拉赞助",[7]以至于逐渐对校友活动失去兴趣。总结这样的经验和教训，我国高校尤其应当深入学习和借鉴美国高校视校友为学校重要主体的思想，注重给校友以多方面的关心和爱护，推动学校与在校生及毕业校友共同发展，而非仅将校友视为学校发展的重要资源，简单地予以单向度开发和利用。

总之，校友文化本质上是一种"给予——感恩"文化。美国高校校友文化的培育贯通于在校生及毕业校友的全过程、多方面，其中在校生的校友感情培植是校友文化建设的重要根基，毕业校友的沟通、联络是校友感情的进一步培植与升华，核心则在于在校生和毕业校友均为学校发展的重要主体。我国高校的校友文化建设，总体上看时间不长，在借鉴学习西方高校校友文化建设经验基础上取得了明显进步，也仍然存在不少亟待解决的问题，其中尤其应当牢固确立在校生和毕业校友均为学校发展主体的重要思想，这一根本性问题解决了，我国高校校友文化的建设就有了取之不尽、用之不竭的充盈源泉。

参考文献：

[1]黄飞,邢相勤,刘锐．我国高校校友资源的可持续性开发[J]．中国高等教育,2009(5):57~58.

[2]陆根书,陈丽．高校校友捐赠及其影响因素分析[J]．陕西师范大学学报(哲学社会科学版),2006(35):55~58.

[3]杨兴林．参访者眼中的美国大学管理精粹[J]．高校教育管理,2015(1):63-71.

[4]徐平．大学师生关系缘何陷入功利化冷漠化境地[N]．教育文摘周报,2011-02-02(1).

[5]甘阳．大学人文教育的理念、目标与模式[J]．北京大学教育评论,2006(3):38~190.

[6]哈瑞．刘易斯[美]．失去灵魂的卓越[M]．上海:华东师范大学出版社,2007:1.

[7]顾建民,罗志敏．美国环大学校友文化特色摭谈[J]．高等工程教育研究,2013(5):79~84.

[8]清华大学课题组．本科教育怎么办？[N]．光明日报,2012-06-19(15).

[9]何友晖．中国大学为何不能跻身世界一流[N]．参考消息,2014-10-28(16).

[10]邹晓东,吕旭峰．校友情结:美国高校捐赠的主要动因[J]．比较教育研究,2010(7):72~77.

[11]郭萍．富可敌国的美国大学[N]．作家文摘,2014-10-24,(12).

[12]袁振国．培养人才始终是大学的第一使命——大学变革的历史轨迹与启示之一[J]．中国高等教育(13-14):57-60.

[13]别敦荣．高校募捐别鸡蛋母鸡"一锅烩"[N]．中国教育报,2015-325(2).

[14]李国强. 感情校友文化[J]. 教育学术月刊,2008(5):94~95.

[15]龚宏富,陈民. 我院"校友文化"建设的实践与探索[J]. 中国职业技术教育,2011
(4):86~88.

[16]顾建民,罗志敏. 校友文化及其培育的阐释框架[J]. 高等教育研究,2013(8):15
~22.

[17]谢晓青. 高校校友资源开发与运用研究[J]. 高教探索,2010(2):27~30.

[18]刘涛. 校友文化不是捐款文化[N]. 中国教育报,2014-09-12,(2).